古典文獻研究輯刊

十八編

潘美月・杜潔祥 主編

第 1 冊

《十八編》總目

編 輯 部 編

中國傳統書寫用紙的文獻學研究
——以箋紙、套格紙爲中心

姜 昳 著

國家圖書館出版品預行編目資料

中國傳統書寫用紙的文獻學研究——以箋紙、套格紙為中心
／姜昳 著 — 初版 — 新北市：花木蘭文化出版社，2014〔民
103〕
目 2+226 面；19×26 公分
（古典文獻研究輯刊 十八編；第 1 冊）
ISBN：978-986-322-609-3（精裝）
1. 紙產品　2. 文獻學
011.08　　　　　　　　　　　　　　　　103001301

ISBN-978-986-322-609-3

9 789863 226093

古典文獻研究輯刊
十八編　第 一 冊　　　　　　ISBN：978-986-322-609-3

中國傳統書寫用紙的文獻學研究
——以箋紙、套格紙為中心

作　　者　姜　昳
主　　編　潘美月　杜潔祥
總 編 輯　杜潔祥
副總編輯　楊嘉樂
編　　輯　許郁翎
企劃出版　北京大學文化資源研究中心
出　　版　花木蘭文化出版社
社　　長　高小娟
聯絡地址　235 新北市中和區中安街七二號十三樓
　　　　　電話：02-2923-1455／傳眞：02-2923-1452
網　　址　http://www.huamulan.tw 信箱 hml 810518@gmail.com
印　　刷　普羅文化出版廣告事業
初　　版　2014 年 3 月
定　　價　十八編 22 冊（精裝）新台幣 40,000 元

《十八編》總目

編輯部　編

《古典文獻研究輯刊》十八編　書目

《十八編》各書作者簡介‧提要‧目次

第一冊　中國傳統書寫用紙的文獻學研究——以箋紙、套格紙爲中心

作者簡介

　　姜昳，女，1977 年出生於江蘇揚州。自 2002 年起，師從復旦大學古籍所陳正宏教授，開始中國古典文獻學的學習與研究。碩士階段主要關注中國傳統刺繡文獻，博士階段轉向中國傳統書寫用紙的研究。先後發表有《中國第一部刺繡專著〈繡譜〉及其作者丁佩》、《俞樾〈曲園墨戲〉與其自製墨戲箋》等專業論文，並編著有《繡譜》（收入中華書局《中華生活經典叢書》）一書。2009 年至今，任教於東華大學人文學院。

提　要

　　紙張的發明及大規模地用於文字書寫，是中國對於人類文明的重要貢獻之一。本書選取中國傳統書寫用紙爲題，運用文獻學的實證方法，以文獻記載和文獻實物爲據，著重探討通過染色、印刷等方式加工，主要用於日常書寫的箋紙，和通常用於古籍撰鈔的套格紙，這兩種歷史悠久又具有中國特色的書寫用紙的源流、形制及其與特定書寫的關聯等一系列問題，意在從一個前人較少關注的視角入手，彰顯中國發明的造紙術與中國傳統書寫文化的獨特意蘊與價值。

　　全書分上、下兩編。上編「箋紙研究」選擇薛濤箋、八行箋以及俞樾、徐琪兩家自製箋這幾種具有代表性的箋紙進行個案研究，以體現箋紙的工具

性和人文性。下編「套格紙研究」採用綜合梳理並舉例分析的方法，對中國傳統稿鈔本套格紙，特別是鑴字套格紙，進行分類介紹和舉例論述，並討論掌握套格紙特徵對於古籍寫本鑒定的幫助。附錄《古籍寫本套格紙譜》記錄了元代至民國共 229 家 360 種套格紙，除各家姓名、字號、生卒年、籍貫、室名、套格紙特徵外，每種套格紙均附古籍寫本例證及出處，爲迄今最爲完善的套格紙特徵著述。

目　次

第二冊　陳繼儒研究：歷史與文獻

作者簡介

　　高明，山東沂南人，2008 年畢業於復旦大學歷史系，獲歷史學博士學位。現供職於上海中國近現代新聞出版博物館（籌）編研部，主要從事近現代新聞出版史和明清江南地方史的研究。先後在《民俗研究》、《圖書館雜誌》、《中國學研究》、《韓國研究論叢》等雜誌發表論文十餘篇。

提　要

　　陳繼儒（1558～1639 年），字仲醇，號眉公、眉道人，松江華亭人，歷經嘉靖、隆慶、萬曆、泰昌、天啓、崇禎六朝，二十九歲時放棄生員的身份，終生未仕，縱情山水間，是晚明著名的文化名人。

　　本文在重新編寫《陳繼儒年譜》基礎上，擬對陳繼儒的生平、學術、交遊、著述諸方面做一個全面細緻的考察，還原一個歷史上眞實的陳繼儒，並嘗試分析陳繼儒在晚明江南社會的歷史定位。

　　全文共分四章。第一章通過探究晚明江南地區出版印刷業的發展與對陳繼儒之影響，考察現存署名陳繼儒之總集、叢書的成書過程，爲下文的研究

打下基礎。第二章討論陳繼儒的生活實踐與交遊，還原陳繼儒的生活趣味，展示出一個晚明江南士人的日常生活。第三章通過分析陳繼儒編纂的《虎薈》和《逸民史》，從文獻——社會風氣的角度來具體闡述陳繼儒在晚明江南地區社會風氣的影響。第四章通過討論陳繼儒的政治熱情，從關心地方公共事務和朝廷之政外交，得出陳繼儒實爲晚明江南社會中朝廷與地方的雙重聯係人，理應成爲明代社會主導群體的一員。

在此基礎上，本文嘗試分析明人和清人對陳繼儒評價的轉變，最後得出本文對陳繼儒的評價，分析陳繼儒在晚明江南社會的歷史定位和歷史作用。

目 次

第三冊、《古逸叢書》編刊考

作者簡介

　　蔣鵬翔，男，湖南長沙人，1980 年生，文學博士（專業爲中國古典文獻學），館員，2011 年畢業於復旦大學中國古代文學研究中心，現供職於長沙理工大學圖書館，主要研究方向爲版本目錄學。曾在《中國典籍與文化》、《歷史文獻研究》、《圖書館雜誌》、《儒家典籍與思想研究》等刊物上發表論文多篇，主編影印《四書章句集注（清吳志忠刻本）》、《阮刻毛詩注疏（清嘉慶刻本）》等書，主持課題「古籍影印出版的技術探討與前景展望」獲 2012 年湖南省哲學社會科學基金立項資助。

提　要

　　清光緒十年，中國駐日公使黎庶昌與其隨員楊守敬在日本東京合作刊成《古逸叢書》。該叢書共收書二十六種，其大部份皆覆刻自當時中國罕見的漢籍。本書的研究主題即《古逸叢書》的編刊過程及其與印本特點之間的聯繫。

　　底本方面，本書將《古逸叢書》分爲校正覆刻與集字成書兩大類，以《爾雅》、《易程傳》與《老子注》爲中心，分別探討覆刻型底本的源流演變、從底本到印本的過程中所作校改的意圖以及集字成書的方法得失。刻印方面，作者利用揚州中國雕版印刷博物館所藏版片、浙江圖書館所藏《原本玉篇零卷》試印本及多部《爾雅》印本等實物材料，對《古逸叢書》從刻版到試印到正式刷印的全過程進行了細緻深入的考察。主事者方面，本書權衡了黎、楊二人各自訪求底本之成績，並勾稽了黎庶昌刊刻其他書籍的事蹟。

　　本書以剖析典型個案的方式，比較眞切地還原了《古逸叢書》的編刊過程。在區分底本類型的基礎上，對其中具有代表性的印本及其相關版本加以校勘，辨明了其底本源流及校改內容，使學界得以更準確地理解近代所謂覆刻本的含義。同時，首次將《古逸叢書》的版片與其印本聯繫起來

加以研究，爲古籍版本研究如何利用版片等實物材料提供了操作性較强的例證。

目　次

第四、五、六、七冊　《淮南子》校補

作者簡介

　　蕭旭，男，漢族，1965 年 10 月 14 日（農曆）出生，江蘇靖江市人。中

國訓詁學會會員，中國敦煌吐魯番學會會員，江蘇省語言學會會員。現在靖江廣播電視臺工作。

無學歷，無職稱，無師承。竊慕高郵之學，校讀群書自娛。出版學術專著《古書虛詞旁釋》、《群書校補》（廣陵書社 2007 年、2011 年出版），參編《靖江方言詞典》（江蘇人民出版社 2008 年出版）。20 多年來，在海內外學術期刊《文史》、《中國語文》、《古漢語研究》、《語言研究》、《古籍整理研究學刊》、《江海學刊》、《敦煌研究》、《敦煌學輯刊》、《湖南省博物館館刊》、《古籍研究》、《傳統中國研究集刊》、《文津學志》、《人文論叢》、《漢語史學報》、《敦煌吐魯番研究》、《中國文字研究》、《語言研究集刊》、《澳門文獻信息學刊》、《書目季刊》（臺）、《敦煌學研究》（韓）、《東亞文獻研究》（韓）、《中國語學研究・開篇》（日）發表學術論文 70 餘篇，100 餘萬字。

曾任《嘉定王鳴盛全集》編委，新版點校本《史記》外審專家之一，二書中華書局分別於 2010、2013 年出版。

提　要

《淮南子》21 卷，「牢籠天地，博極古今」，是西漢以前學術集大成之作。是書文辭古奧，多用淮楚方俗語辭，是兩漢最難讀的書之一。東漢許慎、高誘曾爲之作注（今本二注相雜）。有清以降，眾多學者整理此著，成就斐然。王念孫作《讀書雜志》，其中《淮南子雜志》王氏用力最勤，所得最多。然千慮一失，智者難免。析疑訂誤，固有俟乎方來者也。

本書以《道藏》本爲底本，廣泛參考相關校釋著作，包括高誘注、許慎注、陳觀樓《正誤》、王念孫《雜志》、劉台拱《補校》、顧廣圻《校補》、陶方琦《許注異同詁》、錢塘《天文訓補注》、蔣超伯《讀淮南子》、李哲明《義訓疏補》、吳汝綸《點勘》、劉家立《集證》、易順鼎《許注鉤沉》、陶鴻慶《札記》、吳承仕《舊注校理》、楊樹達《證聞》、方光《要略篇釋》、劉文典《集解》、胡懷琛《集解補正》、于省吾《新證》、劉盼遂《許注漢語疏》、沈延國《補證》、向宗魯《簡端記》、馬宗霍《舊注參正》、徐仁甫《辨正》、王叔岷《斠證》、蔣禮鴻《札記》、劉殿爵《札記》、鄭良樹《校理》、于大成《淮南雜志補證》、張雙棣《校釋》、何寧《集釋》、趙宗乙《札記》、陳廣忠《斠詮》，以及清代以來各種涉及《淮南子》的學術筆記。在前修、時賢的基礎上作校補，其誤者正之，是而不盡者申證之，諸家未及者補之。

我崇尚「考本字、探語源、尋語流、破通假、方俗、系同源」的治學理

念，故所作校補，非僅僅對對甲本乙本，查查字書韻書，寫寫敘錄校記而已，此有異於時下之流行者也。

目　次

第八冊 《尚書》與《逸周書》比較研究

作者簡介

胡宏哲，女，一九八零年生人。二○○八年畢業於北京語言大學，文學博士，研究方向爲先秦兩漢文學及文獻，就職於國家圖書館，發表《尚書與先秦早期儒家道統關係》、《清末民初新聞漫畫述略》、《閒話毛邊書》等文。

提 要

《尚書》與《逸周書》是兩部重要的先秦典籍，二者之間存在著千絲萬縷的聯繫。對其中任何一部進行全面深入的研究，都無法繞開另外一部。兩部典籍中所記載的史料、所蘊含的思想，對先秦思想史、政治史等方面的研究來說，都是極爲重要的。兩部典籍在思想內容、文體風格等方面的異同，對我們來說也非常重要。然歷年來研治《尚書》者固已不勝枚舉，即近年來研治《逸周書》者也與日俱增，卻始終沒有學者將這兩部關係異常密切的典籍放在一起進行比較研究。有鑒於此，本論文即選取《尚書》與《逸周書》的比較作爲研究課題，對兩書在諸多方面的異同進行比較研究。

全文由六部分組成：緒論、第一、二、三、四章和結語。

緒論部分首先強調了對兩部典籍進行比較研究的意義，在對兩部典籍的研究現狀分別作出回顧與述評的基礎上，指出當前研究中的成績與不足，提出本論文所要解決的問題及進行研究的方法。

第一章對兩部典籍進行溯源。主要對兩部典籍的成書，以及兩書歷史上的重要問題進行分析和研究。本文認爲《尚書》乃是經過孔子整理，用以教學的教本。這一點漢儒多有記載，本文在漢代典籍的相關內容的基礎上，對這一觀點進行論述。《尚書》學史中最爲重要的問題之一就是梅賾所獻古文《尚書》是否爲僞作。自宋代吳棫始獻疑以來，經過歷代學者，特別是清代學者閻若璩的考辨，晚出古文《尚書》爲僞作幾成定論。然而，經過我們對閻若

璩考辨方法的研究，認為閻氏的考辨存在許多漏洞和不合理之處，其結論有待商榷。故本文認為，不能輕易斷定古文《尚書》為偽作。歷代學者對《逸周書》的成書與性質向來眾說紛紜，未有定論。本文從先秦典籍稱引《逸周書》的情況入手，對其資料來源進行分析，認為其主體部分當為孔子刪書之餘的原始「書」篇，再混以西周時期的其他文獻編定而成，並從文體與內容兩方面考證其脫離《尚書》序列的原因。最後一部分對《逸周書》與汲塚的關係進行分析，從《晉書》、《顏氏家訓》等書的相關記載切入進行分析，最終得出二者並無關聯這一觀點。

第二章對兩部典籍所存的西周初年的重要史料進行分析研究。主要集中在兩方面，一是對兩書中的月相詞語進行分析，並在此基礎上排列出武王克商的行程。二是從兩書的相關篇章中對營建洛邑的記載進行分析，結合相關今文材料對營建洛邑的整個過程進行細緻的分析。並且對這一歷史事件中所體現的周公的建都理論進行闡述與分析。

第三章從歷史、政治、軍事三方面對兩書的思想進行比較研究。第一節對其中所蘊含的天命觀、史鑒觀以及聖王崇拜等觀念進行闡述與分析。第二節對政治權力的獲取與傳承的狀況進行分析，並詳細闡述了先秦時期的官人之法。第三節則對兩書中所記載的關於軍備與戰爭的內容進行係統梳理。

第四章對兩書在敘事時所採用的策略及所使用的修辭手法進行比較與分析。詳細分析和比較了對偶、頂真、以數為紀這三種辭格在兩書中的運用，並指出兩書在我國修辭學史上所產生的作用和影響。

結語部分是對全文的一個總結，說明對本課題進行研究的意義所在，並指出研究的不足和努力的方向。

目　次

第九冊 《今文尚書》文本結構研究

作者簡介

　　王媛，女，1978 年出生，籍貫遼寧省。2001～2008 年就讀於首都師範大學，師從趙敏俐教授專攻中國古代文學專業。研究方向：先秦兩漢文學。2004 年獲文學碩士學位，2008 年獲文學博士學位。博士在讀期間（2005～2006 年），公派至日本廣島大學留學，師從野間文史教授，致力於儒家經學在日本的傳播與研究。近年來，先後在《文獻》等學術刊物發表《曾國藩、李鴻章、洪汝奎等致張文虎函箚》等多篇研究論文。現就職於中國戲曲學院。

提　要

　　《尚書》是我國最早的歷史文獻，也是我國文學史上一部具有母體性質的經典。由於長期以來，人們對《尚書》史書性質與經學意義的強調與關注，在一定程度上消解了它的文學價值。本書認為，《尚書》的文學性與其史書性質之間並不是矛盾對立的關係，而是相輔相成地構建了《尚書》的典型結構模式，而這正是《尚書》文學成就的集中體現。本書對《尚書》文學成就的研究，是以正確理解《尚書》泛文學特徵為前提，在對其作為記言史書的本質屬性與文學形式之間的關係進行重新思考的基礎上，結合對《尚書》文本的細讀而逐步展開的。

　　本書的內容主要包括六個部分。

　　緒論部分主要對現代《尚書》研究的總體狀況與文學研究狀況進行考察，總結《尚書》文學成就的特殊性，與其他先秦典籍一樣，《尚書》也具有鮮明的泛文學特徵。這一點決定了在探討《尚書》文學成就時，必須突破狹隘的純文學視角，在重新認識歷史與文學的關係的基礎上展開進一步的研究。

　　第一章是對《尚書》文本生成過程的考察。主要包括《尚書》的傳承與演變兩方面內容。先秦時代是《尚書》由孕育到初生的一段時期。在此期間，《尚書》從最早的奴隸制王朝的歷史檔案和歷史文獻，經過不斷地積累、彙聚和結集，在周代史官的整理下初步建立起了按王朝分類的基本格局。在流傳過程中，它的內容多有散失。春秋戰國之際，諸子百家都在客觀上對古史資料的稽做出了努力，特別是儒家對《尚書》的整編和創制，奠定了後世《尚

書》的總體結構框架。進入漢代,《尚書》逐漸完成了由歷史典籍向經世大典的轉變。在流傳的過程中,《尚書》的篇目內容和數量遞經變遷,總體來看,《今文尚書》二十八篇基本上代表了先秦《尚書》的形制與面貌。

第二章《尚書》篇目編次的整體特徵。本章第一節,立足文本著重分析了《今文尚書》篇目編次的編年體特徵,即《書》篇之間的先後次序與其內容所涉之歷史年代的先後基本一致。在第二節中,主要分析了《尚書》編年體式的特殊性。通過對《書》篇實際作成時間進行考察發現,其與《尚書》在整體結構上的編年次序並不一致,《尚書》的編年體形式實際上是春秋戰國時代學者對《書》篇進行纂輯時賦予它的一種新的體例。

第三章《尚書》文本結構的兩種基本模式。本章第一節,主要分析了外在於《書》篇而存在的編年體形式。通過對《書》篇中時間要素的存在形式進行考察,可以看出《尚書》記言本質對其文本結構的內在規定性,《尚書》整體結構上體現出來的編年特徵,並不能說明它就是一部嚴格的編年體著作,而只是在篇目編次中具有一定的編年體意味。第二節,主要分析了《尚書》以記言為主體內容諸篇的結構特徵。通過對《書》篇中記敘部分基本形式的分析,確定其在構建《書》篇結構中的特殊作用,總結《尚書》記言的基本結構單元。在此基礎上,對《書》篇的兩種基本結構範式進行歸納與概括。

第四章《尚書》中敘事文本的結構特徵。《今文尚書》中還有四篇以記敘為主要內容的《書》篇,即《堯典》、《禹貢》、《金縢》和《顧命》。本章先在第一節對這四篇作品中記敘部分的結構分別進行具體分析,然後在第二節梳理和總結它們在記敘結構上的共同特徵。主要包括記敘部分在《書》篇中的地位、《書》篇中記敘與記言部分的結構關係、記敘的人稱以及記敘部分的語言特徵等四個方面。

第五章《尚書》記言部分的結構特徵。這一章是對《書》篇中的記言部分進行專門分析。第一節著重分析《書》篇中記言與記敘部分的不同形式特徵,說明二者是構建《書》篇雙重結構的重要方面。第二節說明《書》篇雙重結構的內部實際上包括兩個基本層次,表層是史官記敘,內核是篇中記言,前者是《尚書》記言的基本形式,後者是《書》篇內容的表意核心,二者在內容、職能與語言形式等方面存在巨大差異,同時又相互協調相互統一,共同生成《尚書》文本的典型結構樣式。第三節總結《書》篇中記言部

分的結構類型，首先從講話人數的角度，將言論劃分爲獨白式與對話式；再從對白式言論中論述形式的差異，劃分爲化解式與建設式；從對話關係的角度，將對話式記言劃分爲問對式與普通式。此外，對以記敍爲主要內容的《書》篇中記言部分的結構特徵，也進行相應的分析。

目 次

第十、十一冊　小學要籍引《國語》研究

作者簡介

　　郭萬青，山東寧津人，1975 年生。廣西師範大學漢語言文字學碩士畢業，南京師範大學中國古典文獻學博士畢業。現任教於河北省唐山師範學院。著有〈《國語》動詞管窺〉、〈《國語補音》異文研究〉、《論語》（編譯）等書，發表學術論文六十餘篇。近期主要從事唐宋類書徵引《國語》資料的研究、《國語》研究史的研究與《國語》勘校詁正研究。

提　要

　　本書主要對《原本玉篇殘卷》、玄應《眾經音義》、慧琳《一切經音義》、希麟《續一切經音義》、《切韻》與《唐韻》殘卷、《說文解字繫傳》、《宋本廣韻》、《宋本玉篇》、《集韻》、《類篇》、《韻補》、《六書故》、《古今韻會舉要》

等小學要籍中引用的所有《國語》引例進行了斠證。在參考小學要籍較早版本的基礎上，參考小學要籍的各種版本以及相關的校勘成果；同時參照《國語》的各種版本和重要的類書以及群書引《國語》資料進行對勘比較。每一條《國語》引例的辨正都包括四個方面的內容：（一）引小學書各本進行辨正，確定各本引例之是非；（二）以《國語》各本和類書、群書引《國語》資料和引例進行比較，確定小學書引《國語》例與今傳《國語》各本之是非；（三）對相關引例中的有可討論之處的文字、詞語進行文字字形上的辨正和語義疏通與訓詁；（四）凡涉及《國語》舊注之處對《國語》前後注釋的異同原由進行探討。所附〈甘肅藏敦煌殘卷《國語・周語下》校記〉是對《國語》的早期傳本進行的文字、訓詁的校勘，可藉以瞭解韋注之外其他注本的吉光片羽並有助於今本的比勘。整體而言，本書可以爲《國語》和相關小學要籍的進一步整理與研究提供借鑒與幫助。

目　次

第十二、十三冊　清代直隸方志研究

作者簡介

　　方廣嶺，生於 1963 年 12 月，河北省冀州人。1986 年獲得吉林大學歷史學學士學位，1989 年獲得南開大學歷史研究所歷史學碩士學位，2010 年獲得南開大學歷史學院歷史學博士學位，現為天津圖書館副研究員。長期從事地方志史和民俗學的研究，獨立主持完成一項天津市市級社會科學文化藝術課題項目，參與主持完成多項國家級和市級重點社科項目。參與撰寫論著多部，並在各類學術期刊上獨立撰寫、發表論文五十餘篇，其中部分成果獲得國家級和市級獎勵。

提　要

　　直隸在清代屬於政治、經濟、文化發達地區，因此這一區域的地方志編修活動十分繁榮，產生了許多的優秀作品，數量位居全國前列，代表清代地方志編修的最高水平。以往學術界對於清代直隸方志的研究，只是從個別角度和淺層次進行探討，缺乏從多角度、深層次進行綜合性的研究。主要表現在這些論文和論著都是將直隸歷代編修志書整體狀況作為考察的對象，清代方志只是作為其中附屬的一部分內容，而對於清代直隸方志的史料價值，則缺乏深入研究。本書詳細介紹清代直隸地區行政管轄區域的沿革與變化，清代直隸方志的編修源流及其演變，志書的編纂組織與經費保障，清代直隸方志的體例、理論與類型。概述清代直隸方志的主要內容，探究志書的續修和增修狀況，研究志書編修的發展和變化狀況，探討清代直隸方志興盛的原因，以及對後世方志編修產生的影響。本書在充分運用大量清代直隸地方志資料的基礎上，結合明清時期有關正史、文集、筆記等文獻中的相關內容，認真進行分析和研究，認為清代直隸方志的史料價值，主要體現為「詳正史之略，補正史之缺，糾正史之誤。」

　　清代是中國方志編修及方志學發展過程中的重要階段。晚清社會的現實環境，促使很多直隸方志編修者更加注重結合社會的現實。當時伴隨社會的逐步轉型，西方進化論觀念不斷深入人心，注重經濟，發展實業，作為一條救國救民有效的途徑，發揮日益重要的作用。因此方志編修者的理念，開始向「變法維新」、「振興實業」的思想方向轉變，目的就在於喚起全社會的憂患意識，改革積弊，救亡圖存。這些觀點已經超越了舊志編纂僅僅側重於資

政輔治，訓化臣民和供史籍取材等要旨的藩籬，是方志基本功能的一次昇華。晚清直隸方志在體例和內容上都補充了不少新的內容，設置了許多新的門類。如政治上第二次鴉片戰爭中清政府與西方列強簽定不平等條約的過程及主要內容，西方列強在天津強行設立「租界」的情況，以及十九世紀末，二十世紀初清政府施行「新政」，其中涉及「警政」等內容。經濟上有關鐵路運輸、郵政、電報、採礦等內容，教育上清末各類新式學堂的設立等內容，都開始見諸於直隸方志。而涵蓋這些新內容的「經政」、「鐵路」、「礦山」等，逐步成爲當時方志編修中設立的新門目。本書對此都能夠給與充分的重視，進行深入的分析。

正確認識清代直隸方志的歷史地位具有重要的意義。清代直隸方志既是中國古代方志編修活動發展到鼎盛階段的產物，爲研究中國古代方志的編修情況，提供了很多有價值的佐證；又是中國近代方志編修活動開端的重要標誌之一，包括直隸方志在內晚清方志編纂活動中出現的變化，爲中國方志學的進一步發展提供了鋪墊和橋梁。而民國時期方志編纂的發展和成就，正是在這一基礎上取得的。

另外目前學術界有關清代直隸方志整理的著述和書目較多，其中對於清代直隸方志數量、卷數、編修者、編修刊刻時間以及版本情況的介紹，都存在許多缺漏和舛誤之處。筆者在繼承學術界既有成果的基礎上，經過認真的梳理，並參考其它有關文獻的記載，對現存清代直隸方志種類、纂修者、卷數、版本、存佚情況，做一次比較全面的整理和考證。經過本人的考辨，並結合有關文獻的記載，大體確定現存清代直隸各類地方志文獻應爲 519 種，另外還有佚書 75 種，均高於學術界以往有關文獻中的記載。

目 次

第十四冊　明代《文選》學研究

作者簡介

　　郝倖仔，女，1981 年生。北京大學中文系博士，中國古典文獻學專業，先秦兩漢方向。美國加州大學聖・芭芭拉分校（UCSB）訪問學者，師從斯坦福大學東亞語言文化系 Ronald Egan（艾朗諾）教授。美國東方學會（American Oriental Society）會員。現為國家清史纂修領導小組辦公室助理研究員。

　　博士學位論文《明代〈文選〉學研究》得到北京大學博士研究生出國研究項目基金資助；承擔全國優秀博士學位論文作者專項資金資助項目「《文選》學史」的子項目「明代《文選》學」。

　　從大學二年級（2000 年）開始發表學術論文，在《中國典籍與文化》、《文史知識》、《浙江社會科學》、《江淮論壇》、《遼寧師範大學學報》、《江蘇師範大學學報》等刊物獨立發表論文十餘篇，研究領域涉及先秦、晚唐、明清及近代文學文獻學，一文被《人民大學複印資料》全文轉載。並有編著《胡適傳論》（中國發展出版社 2008 年版）出版。

提　要

　　清儒以來，學界長期無視明代選學價值。近年研究新氣象也僅僅局限在版本源流方面，缺乏獨立且體系化的論著。本書意圖將明代選學置於《文選》學史和明代思潮的時空坐標中，構成獨立的研究點。在梳理版本的基礎上，將明代的選學研究著述劃分為刪述本、選本、廣續本、評點本四類，系統化地論述明代《文選》學在出版、傳播、教育普及、大眾文化等方面的影響與貢獻，以此證明其在思想史和文化史上的意義，以及在中國近代文化轉型期中的地位。

目　次

第十五、十六、十七冊　清代散見戲曲史料彙編
（詩詞卷・初編）

作者簡介

　　趙興勤，1949 年 7 月生，江蘇沛縣人，江蘇師範大學文學院教授，中國古代文學、戲劇戲曲學研究生導師。兼任中國元好問學會理事、中國《金瓶梅》研究會（籌）理事，江蘇省明清小說研究會副會長、《西遊記》研究分會常務理事、常州市趙翼研究會副會長等職。已出版的學術著作有《古代小說與倫理》、《明清小說論稿》、《趙翼評傳》（南京大學版）、《中國古典戲曲小說考論》、《古代小說與傳統倫理》、《趙翼評傳》（江蘇人民版）、《理學思潮與世情小說》、《元遺山研究》、《話說〈封神演義〉》、《趙翼年譜長編》（全五冊）、

《古典文學作品鑑賞集》、《趙翼研究資料彙編》（上、下冊）、《趙興勤〈金瓶梅〉研究精選集》、《中國早期戲曲生成史論》等 21 種，主編、參編《中國風俗大辭典》、《中國古代戲曲名著鑑賞辭典》等 30 餘種，在海峽兩岸發表論文 170 餘篇。

　　趙韡，1981 年 4 月生，江蘇徐州人。大學二年級開始發表論文，迄今已有 60 餘篇，散見於《民族文學研究》、《文獻》、《戲曲研究》、《晉陽學刊》、《東南大學學報》、《中華詩詞》、《博覽群書》、《古典文學知識》、《社會科學論壇》、《長城》、《作品與爭鳴》、《語文月刊》、《中國文化報》、《中國社會科學報》、《中國勞動保障報》、《歷史月刊》（台灣）、《書目季刊》（台灣）、《戲曲研究通訊》（台灣中央大學）、《澳門文獻信息學刊》（澳門）等兩岸三地刊物，參編（撰）《趙翼研究資料彙編》（上、下冊）、《元曲鑑賞辭典》、《徐州文化博覽》等著作 8 種。

提　要

　　清代戲曲價值大而研究者少，下筆易而突破難，關鍵問題是研究資料的難以蒐訪。儘管經過眾多學者的不懈努力，資料搜集工作已取得階段性成果，但相對清代戲曲史料尤其是散見戲曲史料的總量而言，搜羅還是相對有限，仍難以滿足研究者的需要。鑒於此，本書編者承前賢時彥之餘緒，計劃編纂一套《清代散見戲曲史料彙編》，分為《詩詞卷》、《筆記卷》、《小說卷》、《方志卷》、《書信日記卷》等，將依次推出，以期對清代戲曲的整體研究有所助推。本卷所收，主要為涉及戲曲、曲藝以及各種與戲曲相關的雜要等方面內容的約 300 位作家的詩、詞作品，凡 1519 題（2000 首左右）。從中約略可以看出詩詞類散見戲曲史料的學術價值：一是所收詩、詞，涉及劇目接近五百種，在這類詩詞中，有的是文友或劇作者的題贈之作，有的是讀劇之時的即興發揮，但有相當數量的作品，是抒寫觀劇之感受。直接描寫觀看戲曲演出的，約有二百首。二是反映較有規模的戲曲活動一百餘次，且演出類型多樣。如演戲酬神、朋儕應酬、村民娛樂等等。其中透露的一些信息，可補戲曲史研究之不足。三是敘及家班四十餘個，通過對所收文獻的梳理，可以發現乾隆以後家班明顯減少，一般伶人不再依附於達官貴人、權豪富紳而生活，而是將所學表演伎藝推向文化消費市場。四是涉及百戲表演及伶人生態。戲曲文化對文人生活濡染之深，藉此可見。

目　次
上　冊

第十八、十九冊　小說林社研究

作者簡介

欒偉平，女，1977 年生於山東省平度市，2003 年畢業于山東大學中文系，獲文學碩士學位，2009 年畢業於北京大學中文系，獲文學博士學位，現就職於北京大學圖書館。主要研究方向爲近代中國報刊雜誌研究、小說出版研究、版本目錄學。撰有《近代科學小說與靈魂　由〈新法螺先生譚〉說開去》、《〈舫庵漫筆〉作者考》等十餘篇論文。

提　要

小說林社爲晚清著名的小說書局，但學界此前對其並無系統研究。本書的目的是通過大量第一手材料，縷述小說林社發展的歷史，並對其各項出版事業、經營管理策略作一個相應勾勒，而將重點放在小說林社的小說出版和《小說林》雜誌的理論成就上。

本書分兩編：上編爲小說林社研究，下編爲小說林社小說研究。

本書上編包括三章。前兩章主要考察小說林社的創辦、發展、結束和它的各項事業。小說林社由以曾樸爲首的常熟籍新知識分子創立，主要活動於1904～1908 年，正式結束於 1909 年。該社辦有《女子世界》、《理學雜誌》與《小說林》三種刊物，還出版有近百種單行本小說，其中偵探和言情小說占百分之七十以上。

本書第三章主要討論小說林社的商業運營。小說林社是一個股份制的民營出版社，要想維持生存發展，必須適應市場需求。爲此，小說林社採取了多種市場營銷策略，在後期的出版中，更是不得不偏向市場——1906 年開始發行的「小本小說」叢書，價廉便攜，宗旨也相應改爲提倡消遣娛樂。作爲一個經營實體，小說林社還必須面對同行的競爭。本書認爲，商務印書館加入翻譯小說出版市場，並迅速佔有市場的最大份額，是導致小說林社衰落的一個重要原因。

本書下編包括四至六章。

　　第四章研究《小說林》雜誌的小說理論。《小說林》雜誌同人提出「小說者，文學之傾於美的方面之一種也」，確定了小說的審美本質與獨立性；並客觀評判小說與社會的關係，對糾正小說過分政治化的時論有一定的反撥作用。黃人是《小說林》的理論靈魂，徐念慈次之。徐念慈和黃人之所以能高出同儕，乃是由於吸收了日本和西洋的文學及美學理論。此章除了探討黃人和徐念慈小說理論的東學與西學來源，還試圖還原《小說林》雜誌創刊到結束期間的上海小說期刊界的原生態，論述了《小說林》雜誌上諸種論說與《月月小說》雜誌及吳趼人小說觀的爭鳴與呼應。

　　小說林社是一個以出版翻譯小說為主的書局，多達 123 種的單行本譯作奠定了它在晚清小說書局中的獨特地位。本書第五章主要分析了小說林社翻譯外國小說的動機、稿源，以及譯者情況、讀者接受情況和翻譯小說概貌。本書認為，小說林社的翻譯動機主要是傳播新知和新民，出於文學藝術方面的考慮較少。造成此現象的原因，與譯者群的外語多依靠自學、很少有人具備系統的西方文學知識有關，也與當時讀者的接受興趣或在新知或在情節上有關。但經由翻譯引進的一些外國小說的結構、技巧，確實為晚期小說界帶來了新氣象。

　　本書第六章為小說林社科學小說的專門研究。科學小說是小說林社所有出版物中最具特色的小說類型，小說林社編輯部主任徐念慈帶頭翻譯並創作，留下了《新法螺先生譚》等一系列精品。小說林社的科學小說中，既有對於物質科學神奇美妙力量的鋪，也有對於精神和靈魂力量的讚美；既有對科學力量的傾心推崇，也有對科學以及科學家能力的懷疑。總體而言，這些作品呈現出一種紛雜的面貌，其中不乏裂隙和相互牴觸之處。這也引起我們思考，晚清科學小說究竟在多大程度上能夠承擔起傳播新知的功能。

　　通過以上分析，本書得到下列結論：小說林社同人的小說理論極其出色，這得益於他們對東學和西學的吸收借鑒。然而，理論和實踐之間有著巨大鴻溝，小說林社出版的小說中，多是通俗小說，鮮有經典之作。這與民營出版社的商業化有關，與核心成員的知識結構、譯者的整體水平、讀者的接受心理等等都有很大關係。小說林社小說出版的主要成就，在於以大量的翻譯小說，引起了國人對於西方小說的興趣，並促進了商務印書館小說叢書的擴大發展。

　　由此，本書進而希望反省學界對於「小說界革命」的研究。學界一般把

二十世紀的第一個十年看作「小說界革命」時期，認爲此時期主要提倡利用小說進行社會改良和國民教育，而新小說的商業化以及由此帶來的消遣娛樂觀，要到辛亥革命後，才由鴛鴦蝴蝶派作家提出和貫徹。通過對小說林社的研究，本書認爲這種觀點太過表面化。新小說的商業化早在一九〇〇年代就已經開始。晚清大量的新小說是由民營書局出版發行的。民營書局要生存和發展，離不開對市場的把握。正是由於民營出版業的商業化，促進了新小說的商業化，使得新小說迅速普及並取得重要地位，從而爲五四接受西方小說奠定了心理基礎。

目 次

第二十冊　戰國竹書研究方法探析

作者簡介

　　牛新房，1981 生，河南省衛輝市人，歷史學博士，現任華南師範大學歷史文化學院副教授，主要研究方向為出土文獻與古文字、先秦史。在《古文字研究》、《中國歷史文物》、《中國文字學報》、《中國文字研究》等刊物發表研究論文十餘篇。

提　要

　　本書把戰國竹書從出土戰國文獻資料中分離出來，作為一個獨立的研究對象，探討其研究方法，為以後的研究提供借鑒。

　　本書分為三個部分：

　　第一部分是緒論，首先是對戰國竹書的界定；其次是有關戰國竹書發現的簡介，包括歷史上發現的戰國竹書和現代發現的戰國竹書，本書的研究對象主要是郭店、上博、清華三批竹書；最後是對近年來戰國竹書研究情況的概述。

　　第二部分是本書的主體，分為三章，分別從竹書復原、文字考釋、文獻比勘三個方面探討戰國竹書的研究方法。竹書復原一章，首先探討竹簡形制與竹書復原的關係，其次探討竹書復原的過程與方法及應注意的問題；文字考釋一章，首先探討戰國竹書文字的考釋方法及應注意的問題，其次探討利用戰國竹書文字的考釋成果研究其他古文字的問題；文獻比勘一章，首先探討戰國竹書和傳世典籍的篇章和個別詞句的對比及文獻比勘過程中應注意的問題；其次探討判定戰國竹書學派屬性問題時應注意的問題。

　　第三部分是筆者學習研究戰國竹書過程中的一些成果，如《老子》甲篇

中一個學者一般都釋爲「守」的字，筆者認爲應釋爲「御」；對《成之聞之》篇「受次」及相關文字的釋讀；對《容成氏》篇的編聯、篇題、學派歸屬等的探討。

目 次

第二一、二二冊　東晉南朝墓誌研究

作者簡介

　　朱智武，1978 年生，安徽望江人。南京曉莊學院教師教育學院副教授，歷史學博士，江蘇省六朝史研究會理事。2006 年畢業於南京大學歷史系，獲歷史學博士學位。先後任教於徐州師範大學、南京曉莊學院，主要從事六朝歷史與文化、中國歷史人文地理研究。截止目前，已在國內外學術期刊發表論文 40 餘篇，參與撰著出版學術著作 5 部，主持研究中國教育部社科基金青年項目、江蘇省社科基金項目、江蘇省高校哲社基金項目及參與各類橫項課題研究多項。

提　要

　　作為出土文物資料的一種，東晉南朝墓誌既是彼時歷史的實物見證，又是傳世文獻資料的補充，具有重大的資料價值和學術意義。本書選擇東晉南朝墓誌作為專題研究對象，綜合傳世文獻著錄及新出土的墓誌材料，進行了全面系統的整體考察；且重新梳理了前人相關研究成果，並有所補正和深入。研究視角的新變，不僅是對既往研究的突破和深化，也有利於從整體上推進東晉南朝墓誌的研究。

　　在研究過程中，本書採用動態、分類以及比較研究的手段，從墓誌的形制、材質、書法、文字、文學等不同角度入手，闡述了東晉南朝墓誌的特點、價值和意義；並適當地將東晉南朝墓誌同十六國北朝墓誌作橫向比較，同魏晉、隋唐墓誌作縱向比較，概述東晉南朝墓誌的發展狀況，進而準確定位其地位與價值。運用多樣化研究手段所取得的成果，可以在一定程度上彌補既往研究中存在的缺憾與不足。

　　鑒於墓誌內容豐富異常，涉及社會科學的眾多領域，本書採用了歷史學、考古學、文字學、文學、書法、歷史地理學等相關學科的現代研究理論與方法，結合傳統金石學的考證方法與手段，致力於綜合性探討。同時，還注意定量分析與定性分析、個案研究與整體研究的綜合運用。多學科結合、現代研究理論與方法的運用，正是本書研究的重要特色之一。

目　次
上　冊

中國傳統書寫用紙的文獻學研究
——以箋紙、套格紙爲中心

姜　昳　著

作者簡介

姜昳，女，1977 年出生於江蘇揚州。自 2002 年起，師從復旦大學古籍所陳正宏教授，開始中國古典文獻學的學習與研究。碩士階段主要關注中國傳統刺繡文獻，博士階段轉向中國傳統書寫用紙的研究。先後發表有《中國第一部刺繡專著〈繡譜〉及其作者丁佩》、《俞樾〈曲園墨戲〉與其自製墨戲箋》等專業論文，並編著有《繡譜》（收入中華書局《中華生活經典叢書》）一書。2009 年至今，任教於東華大學人文學院。

提　　要

　　紙張的發明及大規模地用於文字書寫，是中國對於人類文明的重要貢獻之一。本書選取中國傳統書寫用紙爲題，運用文獻學的實證方法，以文獻記載和文獻實物爲據，著重探討通過染色、印刷等方式加工，主要用於日常書寫的箋紙，和通常用於古籍撰鈔的套格紙，這兩種歷史悠久又具有中國特色的書寫用紙的源流、形制及其與特定書寫的關聯等一系列問題，意在從一個前人較少關注的視角入手，彰顯中國發明的造紙術與中國傳統書寫文化的獨特意蘊與價值。

　　全書分上、下兩編。上編「箋紙研究」選擇薛濤箋、八行箋以及俞樾、徐琪兩家自製箋這幾種具有代表性的箋紙進行個案研究，以體現箋紙的工具性和人文性。下編「套格紙研究」採用綜合梳理並舉例分析的方法，對中國傳統稿鈔本套格紙，特別是鐫字套格紙，進行分類介紹和舉例論述，並討論掌握套格紙特徵對於古籍寫本鑒定的幫助。附錄《古籍寫本套格紙譜》記錄了元代至民國共 229 家 360 種套格紙，除各家姓名、字號、生卒年、籍貫、室名、套格紙特徵外，每種套格紙均附古籍寫本例證及出處，爲迄今最爲完善的套格紙特徵著述。

目次

導　論

　　本書選擇《中國傳統書寫用紙的文獻學研究》爲題，以箋紙、套格紙爲中心進行研究。箋紙是經過染色、砑光、刻印等工藝加工而成的，專門用於寫詩、寫信的紙張。套格紙是仿照印本古籍單葉版式、繪製或刷印而成的、供寫鈔書籍之用的中國傳統書寫用紙。本書運用文獻學的實證方法，以文獻記載和文獻實物爲據，著重探討箋紙和套格紙這兩種歷史悠久又具有中國特色的書寫用紙的源流、性質及其與特定書寫的關聯等一系列問題，意在從一個前人較少關注的視角入手，彰顯中國發明的造紙術與中國傳統書寫文化的獨特意蘊與價值。

　　以箋紙和套格紙爲中心，對傳統書寫用紙進行系統的文獻學研究，迄今國內外尚無相同主題的論文及專著發表。相關的研究，古代主要是與紙張有關的雜說辭賦的收集、整理，造紙方法的介紹等；現代主要集中在通論性的中國古代造紙史、箋紙史和資料性的紙、箋譜及圖錄編纂方面。

　　專門討論紙張的古代文獻，主要有宋蘇易簡《文房四譜‧紙譜》、元費著《箋紙譜》、元鮮于樞《紙箋譜》、明高濂《遵生八箋‧論紙》、明屠隆《紙箋》等。清張燕昌著有《金粟箋說》一文，廣採前人著說，並證以平生所見金粟箋實物，對金粟箋的源流、形制、實用情況等均做了具體記述。其他如皇家典則、譜錄雜說、方志類書以及詩文別集等，對中國傳統書寫用紙也有零星著錄。

　　上世紀初，日本的內山彌左當門在《日本工業化學雜誌》上發表了《中國製紙法》一文。二十世紀下半葉，劉仁慶《造紙與紙張》，潘吉星《中國造紙技術史稿》、《中國造紙史話》，盧嘉錫、潘吉星著《中國科學技術史；造紙

與印刷卷》相繼出版，對中國傳統書寫用紙的原料、造紙技術、發展史等問題進行了科學的研究分析。錢存訓爲李約瑟《中國科技史》撰寫了其中的《紙與印刷》分冊，並發表了一系列相關論文，在更廣闊的文化視野下探究中國紙史與書籍文房用紙等問題。同時在西方，Floyd A. McClure 出版了《Chinese Handmade Paper》一書，在東鄰日本，久米康生對和紙與中國傳統手工紙進行了比較研究。新世紀以來，相繼有楊巨中《中國古代造紙史淵源》，張秉倫、方曉陽、樊嘉祿《造紙與印刷》，王菊華、馬永春《中國古代造紙工程技術史》等專著面世，陳剛等人對中國傳統書畫用紙的製造與保存的研究，臺灣王詩文《中國傳統手工紙事典》的出版，也都推進了研究向更加系統的方向發展。

　　近年來，一批古籍修復專家先後出版了專業著作，如朱賽虹《古籍修復技藝》、杜偉生《中國古籍修復與裝裱技術圖解》、童芷珍《古文獻的形制和裝修技法》等，在科技方法之外，更是從各自豐富的經驗出發，介紹了古代紙張尤其是書籍用紙的相關知識。

　　有關古紙的圖錄，比較重要的有田洪生《紙鑒——中國古代書畫、文獻用紙鑒賞》一書。該書將從古籍、書畫原物中採集到的唐代到民國舊紙近兩百種，以彩照上版，除紙張的普通外觀圖外，還有透光狀態下的照片，紙張纖維、紋路、紙簾等清晰可辨，並有紙張特徵的詳細文字描述。但此書也存在一些問題。南京大學紙張修復專家丘曉剛先生就指出：書中收錄的 193 張紙樣圖譜，並不能鑒定中國流傳近千年的 10 萬種 5000 萬冊的古籍用紙；書中「對一種紙品有兩種解釋，並且前後矛盾」，如前稱「連史紙是宣紙的一種」，宣紙爲皮紙，後稱連史紙「原料以嫩竹爲主」，意指其爲竹紙；且邱先生工作中收集的古紙樣與書中紙樣無法進行對照和對證。因此他對此書能否稱爲工具書產生質疑，認爲將《紙鑒》更名爲《紙譜》，似更爲確切。〔註1〕

　　劉仁慶先生先後出版有《中國古代造紙史話》、《紙的發明、發展和外傳》、《紙張解說》等專著，探討中國傳統紙張相關問題。在其於 2009 年出版的《中國古紙譜》中，劉先生對多年收藏的歷代手工紙進行了歸納整理，每種釋名之餘，輔以文獻解讀和實物照片的直觀呈現，兼具專業性和通俗性，可謂古紙入門必備之書。

　　在箋紙研究方面，民國初年，魯迅、鄭振鐸兩位先生將雕版製箋納入中

〔註1〕 詳見丘曉剛《讀〈紙鑒〉後有話要說》，《中華讀書報》2004 年 12 月 24 日。

國版畫史的範圍內進行研究，他們挑選當時坊售信箋之佳者，採用餖版技術印製出版了《北平箋譜》，並在序文中對清末民初坊間售箋進行了品評。〔註2〕

現代薛濤詩文研究專家張蓬舟先生在其著作《薛濤》、《薛濤詩箋》後都附有「薛濤箋」研究，對歷代薛濤箋的文獻資料進行了較爲完善的收集整理，並從文獻出發，對薛濤箋做了簡單的分析介紹。

上世紀末，王樹村先生出版了其私人收藏箋紙的合集《花箋掇英》。在是書引言中，王先生對從南朝到民國的中國傳統花箋歷史做了簡要的回顧，強調了各朝花箋發展的特色。《花箋掇英》共收晚清到民國時期的箋紙337種，幾乎全是未經使用的空白信箋，根據箋紙內容如人物、景物等大略分類，每種箋紙均記名稱、朝代、尺寸、畫家，並對箋紙內容、創作背景等有簡單介紹。全書採用彩版印刷，是對中國傳統箋紙入門、欣賞的一部重要圖鑑。

近年來，上海圖書館的梁穎先生對箋紙研究著力頗多。梁先生著有《說箋》一書，在廣泛涉獵歷代箋紙實物的基礎上，對箋紙的發展歷史，尤其是形制上的特徵進行了梳理，又著重介紹了私家製箋的文獻著錄，如李漁的《閒情偶寄》和徐琪的《喜箋序目》。他將箋紙分爲沒有花紋圖案的素箋、有花紋或圖案的花箋和印有繪畫的畫箋三大類。所附彩頁，大多爲名人書札，可直觀瞭解箋紙的實際書寫狀況，如箋紙圖案與書信文字的結合、信文內容與箋

〔註2〕中國傳統箋譜可以分爲兩類，一類純作賞玩之用，以明末《蘿軒變古箋譜》和《十竹齋箋譜》爲代表，另一類有一定實用價值，以清末民初各大紙店印製出版的箋譜爲代表。《蘿軒變古箋譜》和《十竹齋箋譜》採用餖版拱花技藝印製，精美異常。二譜產生於明末，就時代來看，似應納入本書的研究範圍。但譜中共收箋紙三百餘幅，迄今尚未發現實際用於書寫的譜中箋紙實物。從二書的序文，如顏繼祖爲《蘿軒變古箋譜》所作《箋譜小引》、李于堅和李克恭爲《十竹齋箋譜》所作《箋譜小引》和《敘》來看，都對雕工的細緻、畫面的清雅和刷印的精美大加讚賞，認爲是賞玩佳品，而對箋紙的實用功能——寫詩或寫信卻隻字未提。因此我們認爲，明末這兩部箋譜，與此前零星製作、使用的箋紙，在功能上並不一樣，因此不列入本書「中國傳統書寫用紙」的討論之內。清末民初紙鋪印製出版的眾多箋譜，有紙鋪售箋的合集，如《文美齋詩箋譜》、《清秘閣箋譜》，也有畫家繪箋的合集，如張和庵繪《百花詩箋譜》、齊白石等繪《北平榮寶齋詩箋譜》等。有黑白印製的，主要是起到貨物樣本的作用，也有一些木刻水印，色彩艷麗，還具有賞玩功用。此類箋譜雖然產生時代較晚，但根據存世信札實物來看，譜中箋紙都於坊間售賣，所以雖然其本身不用於書寫，但作爲一種文獻資料，可以與箋紙實物相印證，具有一定的實用價值和研究價值。本書由於時間和資料的限制，並未專闢章節進行論述，日後如有可能，當對此內容做深入研究。

紙選擇的關係、書寫的格式等。書後附有彩版影印上海圖書館珍藏明清手札四十八種，可供參考。自 2007 年至 2008 年，梁先生在《收藏家》雜誌連載《漫話彩箋》一文，利用大量實物例證，對箋紙發展歷史的重要問題，如形制、加工工藝等問題進行了更加深入的探討。在《說箋》和《漫話彩箋》的基礎上，《說箋（增訂本）》於 2012 年問世。該書分「形制與染色」、「套印、拱花與研光」、「花箋：底紋與邊匡」、「畫箋：花鳥與博物」、「畫箋：山水與人物」、「文人製箋及其他」六章，對歷代箋紙的形制演變、製箋技術、花箋及畫箋的特色與類別、文人製箋以及傳統箋紙在近現代的變遷等問題做了全面且獨到的考證。書中收錄歷代箋紙圖版 255 例，更加直觀地印證了相關論述。《說箋（增訂本）》堪稱迄今最爲完善的箋紙研究著作。梁穎先生又從上海圖書館藏近十二萬通明清尺牘中，精選近千通採用各種技藝製作的彩箋，彩版印製《尺素風雅·明清彩箋圖錄》一書。此書通過大量彩箋實物，展現出明、清兩代彩箋發展的眞實面貌，尤其是明末到清代乾嘉年間彩箋製作工藝的極高藝術成就。書中重點收錄清中期以前的彩箋作品，彌補了其他尺牘圖錄以清道咸以後手札居多的缺憾。對照此圖錄，當對其《說箋》有更深入的理解。

影印技術開始使用後，民國年間相繼有《明清名人尺牘墨寶》、《明清兩朝畫苑尺牘》等尺牘合集的出版，但質量欠佳，重點在尺牘書法、內容，而信箋圖案就非常模糊甚至完全被忽略。值得高興的是，近年來，各圖書館、博物館都相繼出版了彩版精印的尺牘圖錄，爲信箋研究提供了資料。如上海圖書館就先後出版了《上海圖書館藏明代尺牘》、《錢鏡塘藏明代名人尺牘》、《顏氏家藏尺牘》、《上海圖書館藏明清名家手稿》等。自 2010 年起，上海圖書館又推出館藏歷代手稿精品叢刊，已出版翁同龢未刊手稿和俞曲園往來書札兩種。《俞曲園手札·曲園所留信札》收錄俞樾往來書札二百餘通，其中用箋，有紙鋪所售，也有文人自製。此書大開本彩色精印，極具賞玩及研究價值。上海書畫出版社也出版有《翰札精華》叢書，收錄了朵雲軒收藏的曾國藩、翁同龢、俞樾、羅振玉等人的手札精品。此外，如《浙江圖書館館藏名人手札選》、《廣東省立中山圖書館館藏名人手札選萃》、《吉林省圖書館藏名人手札五輯》、《復旦大學檔案館藏名人手札選》、北京大學圖書館的《清代名人手札彙編》、太平天國歷史博物館的《曾國藩等往來信稿眞迹》、《江紹原藏近代名人手札》、《魯迅手稿全集·書信》、《中國古籍文獻拍賣圖錄》等書也

都印刷精美，可供鑒賞、參考。

　　在套格紙研究方面，繆荃孫《藝風藏書記》、傅增湘《藏園群書經眼錄》、李盛鐸《木犀軒藏書書錄》、王欣夫《蛾術軒篋存善本書錄》、王文進《文祿堂訪書記》等書目題跋，在著錄古籍時都會提及其寫本套格特徵，可供參考。但是這類私家著錄並沒有統一標準，版式特徵的記錄不甚完備，間或也有兩家記載同一部書但版式相異的情況，有待查知是書今存何處，親自調閱辨明是非。上世紀初，葉德輝在《書林清話》中對明清名家稿鈔本的版式特徵進行了簡單的匯總介紹。近年來，陳先行先生輯有《明清名家稿鈔本特徵列表》，附於其著作《打開金匱石室之門——古籍善本》書後，取明清名家 46 家，以表格的形式，一一列舉其字號、生卒、籍貫、室名、稿鈔本特徵，對鑒定明清諸家稿鈔本極有助益。

　　近年來海內外各大圖書館均有中國古籍書目、書志的編訂與出版，很多有詳細的版格特徵的記錄，為套格紙研究提供了更為可靠的信息，如《柏克萊加州大學東亞圖書館中文古籍善本書志》、《北京師範大學圖書館古籍善本書目》、《南京大學圖書館館藏古籍善本圖書目錄》、《山東師範大學圖書館館藏古籍書目》、《山東大學圖書館古籍善本書目》、《中國人民大學圖書館古籍善本書目》、《煙臺公共圖書館館藏古籍書目》等。此外，王重民《中國善本書提要》、沈津《中國珍稀古籍善本書錄》、崔建英《明別集版本志》等書，都注明古籍現藏何處，也為後人的查證提供了依據。

　　尤為可喜的是，除了古籍書目外，很多圖書館、博物館近年紛紛出版了古籍圖錄、書影，更加直觀地將很多珍稀古籍的面貌呈現出來。臺灣國立中央圖書館編印的《國立中央圖書館善本題跋真迹》，每種古籍均有書影，並旁注有版本情況、版式特徵，可惜未記錄版格鐫字情況，黑白影印僅右半葉書影，亦無法準確加以判斷。陳先行等編著的《中國古籍稿鈔校本圖錄》，是迄今規模最大、最為完備的一部古籍稿鈔校本的圖錄。《上海圖書館藏明清名家手稿》、《常熟翁氏藏書圖錄》、《中國國家圖書館古籍珍品圖錄》等書也都用彩版精美印刷，對於套格紙的使用情況和版式特徵都有清楚的展現。

　　前人、今人的書目題跋，各大圖書館的古籍書目、書志，信札和古籍圖錄、書影等，以及大量實際目驗的箋紙和套格紙實物，是本書的主要資料來源，對傳統文獻記載亦多加參考引用。

　　本書以作者完成於 2008 年的博士畢業論文為基礎，在保持論文框架基本

不變的前提之下，參考最近幾年出版的文獻資料，對一些章節內容進行了增刪改訂。全書分爲上下兩編。上編爲箋紙研究，下編爲套格紙研究。

上編首先對箋紙進行了界定，對其發展、種類進行了簡要的介紹。此部分爲新近增補的內容。接著選擇了薛濤箋、八行箋、俞樾、徐琪兩家自製箋這幾種具有代表性的箋紙進行研究，以體現箋紙的工具性和人文性。

第一章討論薛濤箋。通過整理薛濤本人及友人的存世詩文及其他文獻資料，討論了薛濤本人用箋的情況和對箋紙史的貢獻，並通過文獻記載與幾種現存彩紙印刷薛濤箋實物相比較，說明唐代到清末的薛濤箋的發展，恰恰體現了箋紙由染色箋向刻印箋過渡的過程。

欄格箋與傳統俗套式書信習慣的養成有一定的聯繫，上編的第二章即以八行箋爲例，探討信箋樣式與書寫格式之間的關係。引用了從東漢到民國時期大量的文獻資料，結合現存八行箋尺牘實物的釋讀，分析各個朝代「八行箋」和「八行書」的關係，以及固定的「八行書」的寫作規範是從何時發展來的。

第三章和第四章分別以俞樾、徐琪兩家自製箋爲例，探討其花箋的製作、圖案樣式的選擇、實際使用情況，以及對以文人學者爲代表的傳統書寫文化特徵及審美趣味的反映。

第三章俞樾製箋研究，將調查發現的俞樾自製五十多種箋紙，根據內容進行分類。分別對箋樣、主題、使用等情況進行了闡釋。論文尤其重點考察俞樾獨創之墨戲箋、印章箋與鈐印箋。俞樾有《曲園墨戲》一書，收錄自創文字畫，其中一些用於製箋，稱「墨戲箋」，現存眾多尺牘實證。論文將文獻與實物相對照，探討圖、箋內容的差異、主題的選擇、創作的先後關係、俞樾「墨戲」的特點等問題。俞樾喜於素紙信箋上鈐各色印章。因多在寫信前鈐印，又有固定的鈐印位置，故將其認爲是一種獨創的花箋樣式，與以私章爲圖案的刻印印章箋有異曲同工之妙。得益於《俞曲園手札·曲園所留信札》一書的出版，本書補充了數種此前未見的俞樾自製箋，並利用其中收錄的百餘通曲園手札，對其自製花箋的使用年份進行了更爲詳細的考證，以更加準確地把握俞樾製箋的分期。

上編第四章對中國歷史上文人自製箋中數量最爲龐大的徐琪喜箋進行研究。喜箋是以「喜」字爲主題的大型套箋。現有三本喜箋《序目》行世，記載「喜」字的詩文出處。本書在研究喜箋《序目》版本、內容的基礎之上，

參證喜箋實物十餘種，對喜箋的特色進行了分析。

明清以後，很多套格紙上還鐫有文字，本書下編主要研究鐫字套格紙。套格紙的歷史、發展、特徵，前人研究較少，除零星著錄外並無專文論述。因此本書採用了綜合性梳理並舉例分析的方法，對其進行研究。

第一章爲中國傳統稿鈔本套格紙概述。首先介紹「套格紙」之得名，並將其分爲寫繪套格紙和刻印套格紙兩類，分別介紹其歷史及特徵。通過與印本版式和傳統欄格信箋樣式的對比，進一步說明套格紙的版式特徵。對各種顏色套格的歷史，也進行了簡單的回顧。論文本無此章，爲本書新增內容。

下編第二章研究鐫字套格紙。根據版格鐫字的內容，將套格紙分爲私家套格紙、公家套格紙、坊售套格紙及特殊套格紙幾類，分別結合古籍稿鈔本實例，對其源流、版式特徵進行了介紹分析。

下編第三章從辨析古紙和名家套格紙特徵兩方面入手，通過綜合考慮古紙、印刷與墨迹的三方關聯信息，探討了利用套格紙鑒定寫本古籍的有效途徑。

書後附錄《古籍寫本套格紙譜》。通過實際目驗現存古籍寫本，查閱歷代書目題跋、各大圖書館古籍目錄及古籍版本圖錄，於譜中記錄了元代至民國共 229 家 360 種套格紙，其中元代 1 種，明代約 70 種，清代約 270 種，民國約 20 種，爲迄今最爲完善的套格紙特徵著述。除各家姓名、字號、生卒年、籍貫、室名、套格紙特徵外，每種套格紙均附古籍寫本例證及出處，也爲紙譜的準確性和參考性提供了依據。紙譜採用表格的形式，清晰直觀，便於查找。相較論文而言，本書重新考訂了譜中各家的生卒年份，調整了部分排序；去除了個別不當的條目；也在參考近年出版的古籍圖錄的基礎上，增補了約 30 種套格紙。當然，這份套格紙譜仍遠不能概括中國傳統寫本套格紙之全貌，尚有待補充完備。

由於古代書寫用紙的實物比較難以查找、親見，資料的掌握非常困難，也由於本人的研究能力有限，對資料的分析、解讀還存在不足之處。種種遺憾，希望日後能夠通過繼續深入的研究加以彌補。

上編　箋紙研究

　　箋，本指寫有注文的狹條形小竹片，繫於原書簡冊之上，用作標誌。余嘉錫先生《書冊制度補考・箋》稱：「古無紙，專用簡牘，簡則以竹書之，而列毛公之旁，故特名鄭氏箋。」〔註1〕在紙張取代簡牘成爲古代中國的主要書寫材料以後，「箋」即轉指小幅紙條。南朝陳徐陵《玉臺新詠序》有「五色花箋，河北膠東之紙」之語，表明至晚在南北朝時期，「箋」已用於指稱經過加工的精美紙張。

　　歷代文獻中記載有五色箋、十色箋、蠟黃藏經箋、白經箋、金鳳箋、碧雲春樹箋、龍鳳箋、團花箋、金花箋、彩色粉箋等各色名箋，雖然實物大多已湮沒無存，但從其名，亦可推想其色、樣之美。這些以「箋」爲名的精美紙張，廣泛用於書畫、詔命等用途。如屠隆《紙箋》記「有彩色粉箋，其色光滑，東坡、山谷多用之作畫寫字」〔註2〕；鮮于樞《紙箋譜》記「玄宗令李龜年持金花箋宣賜李白進青平調詞」〔註3〕；蘇易簡《紙譜》「唐初將相官告，亦用銷金箋及金鳳紙書之，餘皆魚箋、花箋而已」〔註4〕；等等。

　　本書探討的「箋紙」，從用途來看，特指用於題詩、寫信的「詩箋」、「信箋」。最晚在南北朝，經過加工的精美紙張即已用於題詩。鮮于樞《紙箋譜》

〔註1〕　見《余嘉錫論學雜著》，中華書局，2007年，下冊，頁542～543。
〔註2〕　見明屠隆撰《考槃餘事》，明萬曆綉水沈氏刻《寶顏堂秘笈》本。
〔註3〕　見元鮮于樞撰《紙箋譜》，《說郛續》第三十六，收錄於影印本《說郛三種》，上海古籍出版社，1986年。
〔註4〕　見宋蘇易簡撰《文房四譜》，清光緒七年（1881）陸心源刻《十萬卷樓叢書》本。

記：「陳後主令婦人襞彩箋，作五言詩。」〔註5〕《古今事文類聚》記：「唐蜀妓薛濤造松花箋，好製小詩，惜其幅大，乃狹小之。人以爲便，號薛濤箋。」〔註6〕古人常有寫詩寄贈之舉，如北宋李石《續博物志》記：「元和中，元稹使蜀，營妓薛陶造十色彩箋以寄，元稹於松華紙上寄詩贈陶。」〔註7〕清末民國有《百花詩箋譜》、《文美齋詩箋譜》、《北平榮寶齋詩箋譜》等箋譜印行，以「詩箋」爲名，實是各箋鋪繪刻信箋之合集。故詩箋與信箋，實可混用，即本書討論之狹義的「箋紙」。箋紙除了題詩寫信的實際用途之外，亦是文房清玩佳品。

箋紙的加工方式，最早出現的當是染色，如前文所引「五色花箋」、「薛濤箋」均爲染色箋。染色的素箋一直到清末都在使用，而經砑光和刻印的箋紙，紙張本身也幾乎全部經過染色處理。

五代陶穀在《清異錄》中記載了一種用砑光法制作的五色箋：「姚凱子侄善造五色箋，光緊精華。砑紙板乃沉香刻山水、林木、折枝、花果、獅鳳、蟲魚、壽星、八仙、鍾鼎文，幅幅不同。文鏤奇細，號砑光小本。」根據今存尺牘實物來看，「明代花箋、畫箋如非套印即爲砑光，少有例外」〔註8〕。清初及乾隆前後，砑光箋都有推陳出新的發展，但乾嘉之後即銷聲匿跡。

雕版刷印欄格、花紋、圖畫，自明代中後期開始逐漸成爲箋紙製作的主流方式。根據雕板內容進行分類，主要有印有匡欄的欄格箋和印有花紋、圖畫的花箋兩大類。〔註9〕

在紙上印製邊匡、欄線製作欄格箋，主要是爲了方便書寫整齊。出於美觀的目的，欄格箋的版匡界欄通常會進行裝飾美化，如將天頭地腳的邊匡曲

〔註5〕 同註3。

〔註6〕 見《新編古今事文類聚》別集卷十四，明內府刻本。

〔註7〕 見《續博物志》卷十，明《古今逸史》本。

〔註8〕 見梁穎《説箋（增補本）》，上海科學技術文獻出版社，2012年，頁55。

〔註9〕 梁穎先生《説箋》將經過染色，進而手繪或刻印有花紋、圖案以及圖畫，主要用於題詩寫信的箋紙，統稱爲「彩箋」，並進一步將其分爲「色箋」、「花箋」、「畫箋」三類。色箋：經過染色，但沒有花紋圖案或圖畫的箋紙。花箋：通過染色形成花紋，及刻印有花紋、圖案的箋紙。畫箋：刻印有圖畫的箋紙。花箋和畫箋都以花鳥、山水、器物爲題材，二者的區分標準是，從設計的角度看，前者追求抽象的裝飾效果，不求形似；後者注重形象的再現，講究逼真，構圖與同類題材的水墨畫無異。這是採用美術視角從彩箋的面貌樣式上進行的區分。本書則更看重箋紙作爲傳統書寫用紙的實用性，試圖探討箋紙樣式與實際書寫的關聯，故分類方法有所不同。

成圓弧形、波浪形、蓮花瓣形，以形成「竹冊」等樣式；或在邊匡的天頭地腳或四周飾以花鳥、山水、博古等或寫實或抽象的圖案裝飾。裝飾匡欄有用彩色套印的，更顯精緻美觀。欄格少則四行、五行，多則十三行、十五行乃至更多。到了晚清及民國時期，紅欄八行箋較爲常見，或直接在染色箋紙上從頭到腳印上七道豎欄，將紙隔出八行，或有邊匡，匡內紅欄八行，但匡欄不再加以精心裝飾。欄格箋通常在匡外左下角（若無匡，則通常在最左欄左下角）鐫箋鋪名號，私人製箋則多署紙主室名齋號。清中期以後還出現了在花箋上加印欄格的做法。

　　花箋之名，原是對精美箋紙的通稱。薛冰先生撰有《花箋光華》一文，王樹村先生輯有《花箋掇英》一書，都用「花箋」一詞指稱所有製作精美的中國傳統信箋。梁穎先生則將通過染色形成花紋，及刻印有花紋、圖案的箋紙稱爲花箋，與刻印有圖畫的畫箋相區別。本書將除欄格箋之外的其他刻印箋紙都稱爲花箋。花箋內容，有花紋、字樣、繪畫等，又以繪畫內容的畫箋爲最多。「明萬曆至清乾隆前，是以餖版爲代表的套印箋主導畫箋製作的時期」〔註10〕，這時的餖版套印箋紙設色清雅，圖案多偏於箋紙左下角，不與書寫相衝突，但因工藝的複雜未能大規模推廣。清乾嘉時期，工筆白描的全景式構圖逐漸占據了花箋的主流，多以淺色染底，淡彩刷印，素潔雅致。同時套箋大量出現。套箋有的用同一圖案印在不同底色的箋紙上組成一套；有的是風格一致、圖畫內容相關、印刷規格也統一的系列箋紙；有的還標明套箋的名稱甚至編號，如本編第四章講到徐琪製喜箋，單葉喜箋上就署有「集蘇第八十二喜箋」、「集涪翁文五十五喜箋」字樣，意爲其所製集蘇喜箋之第八十二種，以及集涪翁文喜箋之第五十五種。同光以後，受到西式印刷術的衝擊，傳統製箋業日益衰微，市面流通花箋，多用色俗麗、製作粗糙。此時的文人自製箋卻改變了過去以欄格箋爲主、題款齋名別號的做法，多製有字樣、博古等花箋，且多以自己的字畫或收藏入箋，體現出與市售箋紙不同的文人趣味。

　　箋紙的形制，據梁穎先生研究，分爲折疊式和單葉式兩種。折疊箋是被折疊成數面、形同圖書中經折裝式樣的長條箋紙，應該是配合名帖的使用而產生的。單葉式則是不加折疊的單張長方形箋紙。二者的區別不在於用時是否折疊，而在於設計上的不同，如有無封面、封底。單葉箋大都爲長方形，有

〔註10〕梁穎《說箋（增補本）》，頁103。

立幅、橫幅之分；尺寸上，大則逾尺，小僅方寸，不一而足。傳世箋紙，絕大部分都是單葉式的。〔註11〕

　　傳統箋紙的實物不易得見，即使有，也多經裝裱成冊，加上經染色、砑光、刻印等方式加工，鑒定紙張的標準，如纖維、雜質、簾紋、色澤、抖動時的聲響等都無從掌握，很難準確判斷其材質。一般來說，箋紙所選用紙張的材質，與中國傳統紙張的發展是一致的，早期有麻紙，後來多用棉紙和竹紙，清末民初坊間也有用機製紙製造的箋紙。但相較書籍用紙，箋紙本身具備的文房雅玩的性質，使得它所用材質必然更加精良，再經過複雜的加工工序，成品方能呈現出雅致美觀的視覺效果。因此我們在討論箋紙時，一般不談其紙質，而將關注的重點放在染色的方式、色彩的選擇、花紋的暈染、欄格的製作使用、花箋主題的選擇、畫面的設計和刻印的技巧，以及與傳統書寫習慣的關係等方面。

　　本書研究的箋紙，爲經過染色、砑光、刻印等工藝加工而成的，專門用作寫詩、寫信之用的紙張，大多形制狹小，圖案美觀。本編第一章研究薛濤箋。唐代薛濤箋爲染色箋，清代以後仿製薛濤箋則多採用雕版印製，體現出傳統箋紙加工技藝的轉變。第二章研究欄格箋的典型代表八行箋，考證八行書與八行箋的關係，探討其從何時發展成爲一種格式箋。第三章和第四章分別以俞樾、徐琪兩家自製箋爲例，探討花箋製作的內容選擇、樣式特徵，以及對傳統文人趣味的反映。

〔註11〕　見梁穎《說箋（增補本）》，頁31。

第一章　薛濤箋研究

薛濤箋得名於唐代女詩人薛濤，相傳爲其所創制，初爲寫詩唱和之用，後代多作上貢佳品，晚清還出現了很多以「薛濤箋」命名的信箋。本章即對「薛濤箋」的涵義、形制、發展等問題進行初步探討。

第一節　蜀箋與薛濤箋

要研究薛濤箋，首先要清楚何爲蜀箋，二者關係如何。成都地區自古物產豐饒，造紙業也非常發達。文獻中對蜀地所產佳紙多有記載，李肇《唐國史補》稱「紙有蜀之麻面、屑末、滑石、金花、長麻、魚子、十色箋」〔註1〕，《蜀檮杌》記「王衍以霞光箋五百幅賜金堂令張蠙。霞光即深紅箋也。又有百韻箋，以其幅長，可寫百韻詩，其次學士箋，則短於百韻焉」〔註2〕等等，可見紙的材質、色彩花紋、尺幅大小均非常豐富。而薛濤箋，又可謂蜀地產箋中之尤爲著名者，據稱爲唐薛濤所製，初爲寫詩唱和之用，後代多作上貢佳品，堪稱蜀箋代表。文獻中關於「蜀箋」、「薛濤箋」有過各種定義，亦有說「蜀箋」即爲「薛濤箋」的。情況到底如何？下文稍作歸整分析。

一、蜀箋

查考文獻中「蜀箋」一詞，大致有以下幾種含義：

1.爲成都地區各色箋紙的總稱

宋蘇易簡《紙譜》：

〔註1〕見《唐國史補》卷下，唐李肇撰，明廣山毛氏汲古閣《津逮秘書》本。
〔註2〕見《蜀中廣記》卷六十七，民國盧江劉氏遠碧樓鈔本。

　　　　　桓玄詔平准，作桃花箋紙，及縹綠青赤者，蓋今蜀箋之制也。

〔註3〕

指出蜀箋有多種色彩。

　　　明高濂《遵生八箋》：

　　　　　蜀有凝光紙、雲藍箋、花葉紙、十色薛濤箋，名曰蜀箋。〔註4〕

這裡列舉了蜀箋中比較著名的幾種，其中就有薛濤箋。

　　　明何宇度《益部談資》：

　　　　　蜀箋古已有名，至唐而後盛，至薛濤而後精。據譜云：「箋之名

　　　　　不一，有曰玉版，曰表光，曰貢餘，曰經屑；或布紋，或綾綺紋，

　　　　　或人物、花木、蟲魚、鼎彝文。」唐韓浦詩云：「十樣鸞箋出益州，

　　　　　寄來新自浣溪頭。」則又倍多於濤製。更有小而僅可書一詩者，乃

　　　　　今蜀藩所造，僅純白一種，清瑩光細，長餘五六尺，寬僅二三尺，

　　　　　亦無諸花紋，遠讓古昔多矣。〔註5〕

指出蜀箋自古有之，至唐代薛濤以後益發精美聞名。其中引韓浦詩云「十樣
鸞箋」，「則又倍多於濤製」，顯然並不認爲薛濤箋爲「十樣鸞箋」。

　　　元費著有《箋紙譜》，又名《蜀箋譜》，記錄蜀地各色箋紙〔註6〕：

　　　　　紙以人得名者，有謝公，有薛濤。所謂謝公者，謝司封景初師

　　　　　厚。師厚創箋樣，以便書尺，俗因以爲名。

　　　　　謝公有十色箋，深紅、粉紅、杏紅、明黃、深青、淺青、深綠、

　　　　　淺綠、銅綠、淺雲，即十色也。

　　　　　濤僑止百花潭，躬撰深紅小彩箋，裁書供吟，獻酬賢傑，時謂

　　　　　之薛濤箋。

指出宋代謝師厚和唐代薛濤都以箋紙聞名。十色箋爲謝師厚所創，薛濤所製
爲深紅小彩箋。

　　　　　僞蜀王衍賜金堂縣令張蠙霞光箋五百幅。霞光箋疑即今之彤霞

　　　　　箋，亦深紅色也，蓋以胭脂染色，最爲靡麗，范公成大亦愛之。然

〔註3〕　見蘇易簡《文房四譜》卷四，清光緒七年（1881）陸心源刻《十萬卷樓叢書》
　　　　本。

〔註4〕　見高濂《雅尚齋遵生八箋》之《燕閒清賞箋》，明萬曆十九年（1591）刻本。

〔註5〕　見《益部談資》卷中，清道光間晁氏《學海類編》本。

〔註6〕　本書所引《箋紙譜》，用《天啓新修成都府志》本，《中國地方志集成》據1962
　　　　年熊承顯鈔本影印，上海書店，1993年。

更梅溽，則色敗萎黃，尤難致遠，公以爲恨，一時把玩，固不爲久計也。

紙固多品，皆玉板、表光之苗裔也。近年有百韻箋，則合以兩色材爲之，其橫視常紙長三之二，可以寫詩百韻，故云。人便其縱闊，可以放筆快書。凡紙，皆有連二、連三、連四。售者連四，一名曰船。箋又有青白箋，背青面白；有學士箋，長不滿尺；小學士箋又半之。仿姑蘇作雜色粉紙，曰假蘇箋，皆印金銀花於上。承平前輩，蓋常用之，中廢不作，比始復爲之。然姑蘇紙多布紋，而假蘇箋皆羅紋，惟紙骨柔薄耳，若加厚壯，則可勝蘇箋也。

蜀箋體重，一夫之力，僅能荷五百番。

余得之蜀士云澄心堂紙，取李氏澄心堂樣製也，蓋表光之所輕脆而精絕者，中等則名曰玉冰紙，最下者曰冷金箋，以供泛使。

廣都紙有四色，一曰假山南，二曰假榮，三曰冉村，四曰竹絲，皆以楮皮爲之。其視浣花箋紙最清潔，凡公私簿書、契券、圖籍、文牒，皆取結於是。廣幅無粉者謂之假山南，狹幅有粉者謂之假榮，造於冉村曰清水，造於龍溪鄉曰竹紙。蜀中經史子籍，皆以此紙傳印，而竹絲之輕細似池紙，視上三色價稍貴。近年又仿徽池法作勝池紙，亦可用，但未甚精緻爾。

雙流紙出於廣都，每幅方尺許，品最下，用最廣，而價亦最賤。雙流實無有也，而以爲名，蓋隋煬帝始改廣都曰雙流，疑紙名自隋始也，亦名小灰紙。

以上又列舉了一些著名的蜀箋，並對其掌故、形制、色彩花紋、用途、價值等稍加品評。

2. 為十色彩箋的總稱

明曹學佺《蜀中廣記》：

《成都古今記》云：蜀箋十樣，曰深紅，曰粉紅，曰杏紅，曰明黃，曰深青，曰淺青，曰深綠，曰淺綠，曰銅綠，曰淺雲。又有松花、金沙、流沙、彩霞、金粉、桃花、冷金之別，即其異名。〔註7〕

此段詳細記載了十色彩箋之名。

〔註 7〕見《蜀中廣記》卷六十七，民國盧江劉氏遠碧樓鈔本。

關於十色箋的製法，蘇易簡《紙譜》中記：

> 蜀人造十色箋，凡十幅爲一榻，每幅之尾，必以竹夾夾之，和十色水逐榻以染。當染之際，棄置捶埋，堆盈左右，不勝其委頓，逮乾，則光彩相宣，不可名也。〔註8〕

可見十色箋爲染色箋。

3. 特指薛濤箋

明屠隆《紙箋》：

> 元和初，蜀妓薛洪度以紙爲業，製小箋十色，名薛濤箋，亦名蜀箋。〔註9〕

認爲薛濤箋爲十色箋，並將其等同於蜀箋。

二、薛濤箋

薛濤箋原本是何模樣？文獻中也有不同答案。歸納之，有如下幾種：

1. 十色箋

上文引明高濂《遵生八箋》，中有「十色薛濤箋」之語。屠隆《紙箋》亦記薛濤「製小箋十色，名薛濤箋」。此外宋樂史撰《太平寰宇記》記：

> 成都府舊貢薛濤十色箋，短而狹，才容八行。〔註10〕

北宋李石《續博物志》也記：

> 元和中，元稹使蜀，營妓薛陶造十色彩箋以寄，元稹於松葦紙上寄詩贈陶。蜀中松葦紙、雜色流沙紙、彩霞、金粉、龍鳳紙，近年皆費，唯餘十色綾紋紙尚在。〔註11〕

也認爲薛濤造十色彩箋，元稹則用松花箋寄詩相贈〔註12〕。

明胡震亨《唐音癸籤》：

> 詩箋始薛濤。濤好製小詩，惜紙幅長勝，命匠狹小之，時謂便，因行用。其箋染潢作十種色，故詩家有「十樣蠻箋」之語。〔註13〕

〔註8〕 見蘇易簡《文房四譜》卷四，清光緒七年（1881）陸心源刻《十萬卷樓叢書》本。

〔註9〕 見《考槃餘事》卷二，明萬曆綉水沈氏刻《寶顏堂秘笈》本。

〔註10〕 見《太平寰宇記》卷七十二，清乾隆五十八年（1793）南昌萬延蘭刻本。

〔註11〕 見《續博物志》卷十，明《古今逸史》本。

〔註12〕 松花箋爲何物，下文有述。

〔註13〕 見《唐音癸籤》卷二十九，清康熙間雙與堂刻本。

這裡不僅說到薛濤箋爲十色染色箋，還指出薛濤爲寫詩方便，授意改小了紙張尺幅。

2. 紅箋

一說薛濤製箋僅止深紅一色，非有十色。如費著《箋紙譜》稱：

> 濤僑止百花潭，躬撰深紅小彩箋，裁書供吟，獻酬賢傑，時謂
> 之薛濤箋。……濤所製箋，特深紅一色爾。〔註14〕

百花潭在浣花溪的下游，他認爲薛濤在隱居浣花溪後，製作小紅箋用於吟詩酬贈，而造十色箋的是謝師厚。

> 師厚創箋樣，以便書尺，俗因以爲名。

> 謝公有十色箋，深紅、粉紅、杏紅、明黃、深青、淺青、深綠、
> 淺綠、銅綠、淺雲，即十色也。〔註15〕

謝師厚是北宋人，年代較薛濤爲晚。

明宋應星《天工開物》：

> 四川薛濤箋，亦芙蓉皮爲料煮糜，入芙蓉花末汁。或當時薛濤
> 所指，遂留名至今。其美在色，不在質料也。〔註16〕

這裡指出薛濤箋的製法，用芙蓉皮做原料，芙蓉花汁染色，重點強調了其「色」之美。

3. 松花箋

此說見《古今事文類聚》「薛濤箋」條：

> 唐蜀妓薛濤造松花箋，好製小詩，惜其幅大，乃狹小之。人以
> 爲便，號薛濤箋。〔註17〕

景煥《牧竪閒談》也記：

> 濤歸浣花，造小幅松花箋百餘幅，題詩獻稹。稹寄舊詩與濤云：
> 「長教碧玉藏深處，總向紅箋寫自隨。」〔註18〕

4. 雲母箋

此說僅見明方以智《通雅》：

〔註14〕同註6。
〔註15〕同註6。
〔註16〕見《天工開物》卷十三，明崇禎十一年（1638）刻本。
〔註17〕見《新編古今事文類聚》別集卷十四，明內府刻本。
〔註18〕見《說郛》卷十九下，中國書店，1986年影印本。

蜀雲母箋，薛濤之遺也。濤本小箋，而今則與連四同式，但加
礬與雲母粉耳。……又有百韻長箋；學士箋短於百韻。薛濤箋短，
可書四韻。〔註19〕

上述引用文獻，多是宋代以後的方志、類書、雜說，很多相互矛盾之處，
不可盡信。但我們仍可從中看出，成都地區紙業非常發達，自古就產各色佳
紙，尤以染色彩箋爲著名。薛濤箋以女詩人薛濤命名，爲染色小彩箋。因其
聲名遠播，後人常將薛濤箋等同於蜀箋，其實薛濤箋僅是蜀箋其中一種。

第二節　薛濤製箋考辨

歷來說到薛濤箋，都指其是箋紙發展史上的重大創新。從第一節諸多引
文中也可看出，其創新點主要有二：在箋紙的色彩上，製紅箋或十色箋；在
箋紙的形制上，將傳統箋紙「狹小之」，使其「才容八行」或「可書四韻」。
薛濤箋的本來面目，因爲沒有實物流傳，無人知曉。據《宣和書譜》等書記
載，薛濤工於書法，宮中藏有其行書《萱草》諸詩眞迹，可惜今皆亡佚。民
國十一年（1922），上海文明書局拓印本《女子習字帖》中收有薛濤書法手卷，
爲行書曹植《美女篇》，共一百五十字，落款書「錄陳思王美女篇，薛濤」。
關於此卷眞僞，後人多持懷疑態度〔註20〕。因此，公認爲薛濤所作且流傳至
今的，僅有數十首詩作而已。從薛濤及其他唐人詩文中，亦可一窺薛濤箋及
當時彩箋的風貌。

我們發現，薛濤本人詩作中僅提及「紅箋」，於其它各色箋紙則不著一
語：

《牡丹》〔註21〕：
去春零落暮春時，淚濕紅箋怨別離。
常恐便同巫峽散，因何重有武陵期。
傳情每向馨香得，不語還應彼此知。
只欲欄邊安枕席，夜深閒共說相思。

〔註19〕見《通雅》卷三十二，清光緒六年（1880）刻本。
〔註20〕見張蓬舟箋《薛濤詩箋》，頁125～127《薛濤字》。
〔註21〕《全唐詩》卷八百三，中華書局，1960年，頁9037。本書下引《全唐詩》版
本皆同。

《十離詩・筆離手》[註22]：

　越管宣毫始稱情，紅箋紙上撒花瓊。

　都緣用久鋒頭盡，不得羲之手裏擎。

《寄舊詩與元微之》[註23]：

　詩篇調態人皆有，細膩風光我獨知。

　月下詠花憐暗澹，雨朝題柳爲敧垂。

　長教碧玉藏深處，總向紅箋寫自隨。

　老大不能收拾得，與君開似教男兒。

而其他唐人詩中，亦多指其箋爲紅色。

李商隱《送崔珏往西川》[註24]：

　年少因何有旅愁，欲爲東下更西遊。

　一條雪浪吼巫峽，千里火雲燒益州。

　卜肆至今多寂寞，酒鑪從古擅風流。

　浣花箋紙桃花色，好好題詩詠玉鈎。

崔道融《謝朱常侍寄覘蜀茶剗紙》二首之二[註25]：

　百幅輕明雪未融，薛家凡紙漫深紅。

　不應點染閒言語，留記將軍蓋世功。

　那麼，紅箋確爲薛濤所創制嗎？調查文獻可知，紅箋早已有之。《玉臺新詠》就收有江洪《詠紅箋》詩[註26]：

　雜綵何足奇，惟紅偏作可。灼爍類蕖開，輕明似霞破。

　鏤質卷芳脂，裁花承百和。且傳別離心，復是相思裹。

　不值情幸人，豈識風流座。

可見早在南北朝時期就已有紅箋，並非薛濤所創。

　薛濤生於唐德宗建中二年（781）[註27]，卒於唐大和六年（832）。約於貞觀十二年（796）入節鎮幕府爲樂妓，歷經韋皋、劉闢、高崇文、武元衡諸

[註22]　《全唐詩》卷八百三，頁 9043。

[註23]　《全唐詩》卷八百三，頁 9045。

[註24]　《全唐詩》卷五百三十九，頁 6150。李商隱（約 813～858）。

[註25]　《全唐詩》卷七百七十四，頁 8210。崔道融（？～約 900）。

[註26]　《玉臺新詠》卷五，清康熙間硯豐齋刻本。

[註27]　見《薛濤生年考辨》，劉天文著《薛濤詩四家注評說》，四川出版集團巴蜀書社，2004 年。

西川節度使任。貞觀十六年（800）、永貞二年（806）兩度被韋皋、劉闢罰赴邊地，元和二年（807）獲釋回成都，旋脫離樂籍，後僑居浣花溪，或稱其創制薛濤箋，並以造紙爲業〔註28〕。而其《牡丹》、《十離詩》，據專家考釋，均作於青年時期，在隱居浣花溪造紙之前〔註29〕。由此可以推斷，薛濤詩中提到的「紅箋」，當非本人所製。

其他還有一些唐詩，提及蜀地紅箋，如：

何兆《贈兄》〔註30〕：

洛陽紙價因兄貴，蜀地紅箋爲弟貧。

南北東西九千里，除兄與弟更無人。

鮑溶《寄王璠侍御求蜀箋》〔註31〕：

蜀川箋紙彩雲初，聞說王家最有餘。

野客思將池上學，石楠紅葉不堪書。

根據以上諸詩可以確定，在薛濤所處的唐代成都地區，箋紙染色較爲普遍。〔註32〕而薛濤本人尤愛紅箋，用之寫詩唱和，故紅箋以薛濤名，以至成爲薛濤箋的代稱。

唐詩中還有韋莊《乞彩箋歌》，是詠薛濤箋的名作：

韋莊《乞彩箋歌》〔註33〕：

浣花溪上如花客，綠闇紅藏人不識。

留得溪頭瑟瑟波，潑成紙上猩猩色。

手把金刀擘綵雲，有時翦破秋天碧。

不使紅霓段段飛，一時驅上丹霞壁。

蜀客才多染不供，卓文醉後開無力。

孔雀銜來向日飛，翩翩壓折黃金翼。

〔註28〕 見傅潤華編《薛濤年譜》，收錄於《薛濤詩》書後，上海光大書局，1931 年。

〔註29〕 見劉天文《薛濤詩四家注評說》，四川出版集團巴蜀書社，2004 年。

〔註30〕 《全唐詩》卷二百九十五，頁 3354，記「何兆，蜀人」。此詩或記於范元凱名下，作《贈兄崇凱》。

〔註31〕 《全唐詩》卷四百八十七，頁 5537。

〔註32〕 此外，《全唐詩》中還有平康妓《贈裴思謙》，一作裴思謙詩，稱「裴思謙及第後，作紅箋名紙十數幅，詣平康里宿焉」。裴思謙爲唐文宗（826～841）時人，與薛濤年代相近。平康里在長安。名紙又稱名刺，爲古時名片。用紅箋做名紙，說明當時紅箋有多種用途。詩見《全唐詩》卷八百二，頁 9030。

〔註33〕 《全唐詩》卷七百，頁 8043。韋莊（836～910）。

我有歌詩一千首，磨礱山岳羅星斗。

開卷長疑雷電驚，揮毫只怕龍蛇走。

班班布在時人口，滿袖松花都未有。

人間無處買煙霞，須知得自神仙手。

也知價重連城璧，一紙萬金猶不惜。

薛濤昨夜夢中來，殷勤勸向君邊覓。

由首句「浣花溪上如花客」和末二句「薛濤昨夜夢中來，殷勤勸向君邊覓」推斷，此詩所詠可能就是薛濤箋。詩中對彩箋進行了極盡爛漫的描寫，「潑成紙上猩猩色」、「彩雲」、「紅霓」形容紅箋，「有時剪破秋天碧」則詠碧箋。雖不知此「彩箋」是否有「十色」，但顯然不只紅箋一色。

但考韋莊生年，約與薛濤卒年同時，則韋莊所乞「彩箋」，可能是蜀地出品，未必爲薛濤本人所製。

唐詩中還有楊巨源《酬崔駙馬惠箋百張兼貽四韻》：「百張雲樣亂花開，七字文頭艷錦回。浮碧空從天上得，殷紅應自日邊來。捧持價重凌雲葉，封裹香深笑海苔。滿篋清光應照眼，欲題凡韻輒裴回。」〔註34〕白居易《霓裳羽衣歌》「四幅花箋碧間紅，霓裳實錄在其中」同樣提及碧箋、紅箋。結合上述韋莊詩，所謂浮碧、殷紅似爲當時最受歡迎的流行色。

上述所引指薛濤箋爲松花箋的問題，《資暇集》有辨誤曰：

> 松花箋，代以爲薛濤箋，誤也。松花箋其來舊矣。元和初，薛
> 濤尚斯色，而好製小詩，惜其幅大，不欲長剩之，乃命匠人狹小之。
> 蜀中才子既以爲便，後減諸箋亦如是，特名曰薛濤箋。今蜀紙有小
> 樣者，皆是也，非獨松花一色。〔註35〕

《資暇集》成書年代不明。但它否認了薛濤製松花箋一說，指出松花色的箋紙古已有之。什麼是松花色？張蓬舟《松花箋考》，引《紅樓夢》中賈寶玉的松花綠汗巾，以及鶯兒用「松花色配桃紅」結梅花絡，引起寶玉「這才姣艷」的評價，認爲「松花色實爲嫩綠色」〔註36〕。而高濂《遵生八箋》中記有造松花箋法，稱：

> 槐花半升炒焦，赤冷水三碗煎汁，用銀母粉一兩礬五錢研細，

〔註34〕　《全唐詩》卷三百三十三，頁3727。

〔註35〕　《新刻資暇集》，唐李匡乂撰，明末刻本。

〔註36〕　《松花箋考》，見張蓬舟《薛濤詩箋》，人民文學出版社，1983年。

> 先入盆内，將黃汁煎起，用絹濾過，方入盆中，攪匀拖紙，以淡爲
> 佳，文房用箋外，此數色皆不足備。〔註37〕

這可能僅是明代松花箋的製法，但從中亦可以發現，製作松花箋的原材料中並無松花，並非由材質得名。高濂指出，松花箋係用炒焦的槐花加赤冷水煎出「黃汁」，再加銀母粉和礬染色而成，「以淡爲佳」，故應是一種染色製成的淺黃色箋紙。《成都古今記》說「蜀箋十樣，曰深紅，曰粉紅，曰杏紅，曰明黃，曰深青，曰淺青，曰深綠，曰淺綠，曰銅綠，曰淺雲。又有松花、金沙、流沙、彩霞、金粉、桃花、冷金之別，即其異名」，可見松花箋向爲蜀地名箋。

說到薛濤箋之形制，從文獻來看，「短而狹，才容八行」，爲薛濤命人裁制而成。類似的箋紙尺幅大小上的創造，還有如《箋紙譜》中所記的「百韻箋」，「其橫視常紙長三之二，可以寫詩百韻，故云。人便其縱闊，可以放筆快書」；「學士箋，長不滿尺；小學士箋又半之」等等，可惜製者爲誰，並無名號流傳。

八行詩箋之製，是否薛濤所創，在其本人及友人著作中亦未提及。後世文獻將其歸功於薛濤，可能因其身處彩箋產地，方便得用，又以吟詩爲業，確有裁紙寫詩之事。但這種僅容八行的小箋，當時是否流行，對後代詩箋、信箋的影響，現在尚未能夠發現。從宋代直到明代中晚期的信箋實物來看，多爲橫長折疊式，而非後代常用的單葉竪長形，且往往不止書八行。

綜上所述，薛濤本人是否親自創制了小幅供寫詩之用的箋紙，在現存幾十首薛濤詩作及友人的詩文作品中，都無確切證明。現在僅能肯定，薛濤本人多用紅箋，而這種紅箋與前代的紅箋有無聯繫、有何區別，因爲沒有實物佐證，也並不確定。後代文獻中記載的薛濤箋，如十色箋、松花箋等，可能都是成都地區繁榮製箋業的產物，薛濤可能使用，但未必是創制者。因爲薛濤才名遠播，蜀地彩箋亦隨之聲名鵲起，箋以人名，故得稱「薛濤箋」，實則與「薛濤製箋」或「薛濤用箋」並不能劃上等號。

第三節　後代仿製薛濤箋

薛濤爲一代女才子，「薛濤箋」也成爲其傳奇經歷中濃墨重彩的一段佳

〔註37〕見高濂《雅尚齋遵生八箋》之《燕閒清賞箋》，明萬曆十九年（1591）刻本。

話。成都地區本產佳紙，薛濤箋一出，箋名更盛，各色蜀箋都附會薛濤箋之名，亦成爲上貢佳品。如前引宋樂史《太平寰宇記》，稱：

> 舊貢薛濤十色箋，短而狹，才容八行。

元末明玉珍命專人於浣花溪上造箋。明孔邇《雲蕉館紀談》記載：

> 浣花溪，自唐薛濤後，能以溪水造箋者絕少。珍守蜀時，有郡人陸子良能之，巧過於濤。珍於溪上建搗錦亭，置箋戶十餘家，令子良領其事。箋有桃花、鳳彩、雲樣、錦幅等名。夏亡，子良又死，今不復有矣。〔註38〕

可知元末薛濤箋發展出「桃花」、「鳳彩」、「雲樣」等各種花色，其內涵已有所發展。

從明代開始，又有用薛濤井水造箋之說。明曹學佺《蜀中方物記》有「薛濤井」條，記其於萬曆三十八年（1610）曾經路過薛濤井：

> 予庚戌秋過此，詢諸紙房史，云：「每歲矣三月三日汲此井水，造箋二十四幅，入貢十六幅，餘者存留。」乃作詩云：「七八百年箋，陳事若俄頃。西川錦江畔，猶有薛濤井。照發春花艷，夕沉秋月冷。所以可傳故，問人人不省。但云造彩箋，直貢君王前。」市無貿者。惟坊間仿製之薛濤箋，仍極流行也。〔註39〕

可見明代除貢品外，坊間亦流行仿製薛濤箋。

到了清代，薛濤箋仍被反覆吟詠，如殷彝《薛濤箋》詩：

> 一樣箋分十樣箋，桃花面襯紙痕鮮。
> 堪憐玉筍新裁式，聊把衷情紀盛年。〔註40〕

坊間也多有「薛濤箋」流傳。如俞樾就有詩曰：「我寫濤箋寄夔府，可容一曲附鐃歌。」後小字注云：「余寫此詩即用公所贈薛濤箋。」〔註41〕

此時的薛濤箋，已非當年的染色素箋，而大多是雕版印製的花箋了。其樣式，也由早年薛濤所製「短而狹，才容八行」的橫長信箋，變爲後代多用的豎長形信箋。清代製薛濤箋，或取其色，製紅箋及各色套箋，或取「桃花

〔註38〕　見《古今說部叢書》第三集，上海文藝出版社，1991年影印本。
〔註39〕　見《蜀中方物記》，清刻本。
〔註40〕　《鴻雪偶存》上冊，清道光二十九年（1849）瀟水徐氏刻本。
〔註41〕　《春在堂詩編》卷二十《陳六笙方伯奉護理川督之命寄詩賀之仍用其軍中紀事原韻》詩，清光緒二十五年（1899）刊《春在堂全書》本，收入《續修四庫全書》1551冊，上海古籍出版社，1955年。

箋紙桃花色」詩意，印桃花圖案，各出機杼，繽紛奪目。

聊舉數種清代「薛濤箋」，以備一觀：

1. 薛濤花卉箋

今見清潘世恩手札花箋二葉，其一繪桃花，左下花梗處有「薛濤箋」三字；其二繪牡丹，右下花梗左側有「薛濤箋」三字〔註42〕。

二葉爲染色印箋，以「薛濤箋」爲名，可能取其染色彩箋之意。

2. 薛濤景物箋

此箋同見於潘世恩手札。繪樓閣聽雨圖，右側題句下有「薛濤箋」三字〔註43〕。

3. 松竹齋薛濤箋

八行箋，有版匡。版匡外散落桃花數十朵。匡外右中鐫「浣花箋紙桃花色」七字，匡外左下鐫「松竹齋薛濤箋」六字。

此箋一見《中國古籍文獻拍賣圖錄年鑒 2004》收錄翁同書書札，紙、圖案均用桃紅色〔註44〕。

又見同書收錄喬松年書札，紙、圖案均用杏黃色〔註45〕。

4. 薛濤金石箋

白紙上印紅色豎欄七條，無版匡，將信箋隔成八行。最左邊一欄左下鐫「薛濤箋」三字，下有印章三枚，辨識不清。右起第二欄中鐫金文「王作王母獸宮尊鬲」八字，右起三、四欄中鐫楷書「王作王母獸宮尊鬲」八字。左起第三欄中上鐫金文三字，下鐫「諸女奉尊彝」五字。左起第二欄中上鐫金文二字，下鐫「□造子摹」四字。

此箋見《中國古籍文獻拍賣圖錄 2001～2002》所錄張度尺牘一通〔註46〕。

〔註42〕見《尺素風雅‧明清彩箋圖錄》，梁穎編著，山東美術出版社，2010 年，頁420、421。潘世恩（1770～1854），字槐堂，號芝軒，吳縣（今蘇州）人，乾隆五十八年（1793）狀元，歷任內閣學士、軍機大臣等職。

〔註43〕見《說箋（增訂本）》，梁穎著，上海科學技術文獻出版社，2012 年，頁2。

〔註44〕《中國古籍文獻拍賣圖錄年鑒 2004》，姜尋編，中華書局出版社，2005 年。翁同書（1810～1865），江蘇常熟人，字祖庚，號樂房。道光進士，歷任編修、廣東鄉試考官、貴州學政、侍講、侍讀學士。

〔註45〕喬松年（1815～1875），山西徐溝人。字健侯，號鶴儕，室名蘿蘿亭。道光十五年進士，任江蘇松江、蘇州知府，安徽、陝西巡撫。

〔註46〕《中國古籍文獻拍賣圖錄 2001～2002》，姜尋編，北京圖書出版社，2003 年，

5. 衍波閣薛濤箋

六行箋，有匡。匡外四周飾以桃花，左下鑴「浣花箋紙桃花色衍波閣仿薛濤製」十四字。見《漫話彩箋》，清嚴沐湘詩柬。〔註47〕

6. 尺木堂薛濤箋

六行箋，有匡。匡外四周圍以桃花，左下鑴「浣花箋紙桃花色尺木堂仿薛濤製」十四字。

今見丁日昌尺牘一函三頁，收於《尺素風雅・明清彩箋圖錄》中。〔註48〕

7. 薛濤名箋

紅六行箋。白紙，紅色匡欄。欄內左下鑴「薛濤名箋」四字。見《中國古籍文獻拍賣圖錄（2001～2002年卷）》所收寶熙尺牘。〔註49〕

此外，《鄭觀應檔案名人手札》中亦見有鄭觀應收函幾通，用薛濤箋數種，均為紅紙紅欄八行箋，其一有版匡，匡外左下方鑴「薛濤箋　喜雲製」六字；其二無匡，左欄左下鑴「薛濤箋　上海朵雲軒監製」十字；其三無匡，左欄左下鑴「薛濤箋」三字；其四亦無匡，左欄左下鑴「薛濤箋　源亨監製」七字〔註50〕。以上諸函，除第一通年代無考，其餘均作於光緒三十四年（1908）之前，仍為清制薛濤箋。

民國以後，薛濤箋仍餘韻不絕。如費在山先生曾撰文，記其從友人處得到兩套薛濤箋，為成都望江樓公園1919、1920年間所製，均鈐有「薛濤箋」印。其中一套十頁不同色箋紙，每頁單色印刷，繪牡丹、竹、花女、井梧等內容，有題詩。另一套亦為十頁一套，白色箋紙，單色印刷，多為景色箋，題薛濤詩句〔註51〕。

頁628。張度（1830～1895），字吉人，號辟非，松隱先生，浙江長興人，官河南知府。善書，兼善山水、人物畫。嘗與潘祖蔭研討金石之學。
〔註47〕見梁穎《漫話彩箋》，《收藏家》2007年第12期，頁46。嚴沐湘其人無考。
〔註48〕見《尺素風雅・明清彩箋圖錄》，頁134～136。丁日昌（1823～1882），字禹生，別字雨生，廣東豐順人，歷任兩淮鹽運使，江蘇布政使，江蘇、福建巡撫等職。
〔註49〕見《中國古籍文獻拍賣圖錄2001～2002》，頁1293。寶熙（1871～？），滿洲正藍旗人。愛新覺羅氏，字瑞臣，號沈盦。室名獨醒。光緒十八年進士，歷任編修、國子監祭酒等職。
〔註50〕《鄭觀應檔案名人手札》，上海圖書館、澳門博物館編，上海古籍出版社，2007年。鄭觀應（1842～1921），字正翔，號陶齋，別號杞憂生、慕雍山人、待鶴山人，廣東香山（今中山）人。近代啟蒙思想家、實業家、教育家。
〔註51〕費在山《薛濤箋》，《朵雲》第六集，1984年1月，頁160～164。

　　「薛濤箋」的涵義，隨著歷史發展不斷變化。最初指薛濤本人用製的箋紙。前文已經分析過，薛濤「躬撰彩箋」一事尙無明證，其所用箋紙，可能僅是形制狹小的染色紅箋，而非十色彩箋。後代文獻中記載的彩色「薛濤箋」，可能由於薛濤才名，而將蜀地箋紙和他人製箋事附會而成。而歷代上貢佳品、染色美紙「薛濤箋」，其涵義已有所擴展，從薛濤本人用箋發展成爲箋紙中的一個固定種類，並逐漸成爲美麗彩箋的代稱。明清時期，人們根據當時信箋樣式，結合文獻中「薛濤箋」的「八行」、「桃花」、「彩箋」等元素來製作薛濤箋，不僅染色，還加以雕版印刷，內容豐富，精緻美麗。

　　薛濤箋的發展，可以看作是中國傳統箋紙發展的一個縮影。在加工技藝上，最早採用染色方法制作，明清以後普遍採用雕版印刷，並多將染色與雕版印刷相結合。在內容上，既有單純的欄格箋，也有花卉、景物、博古圖內容的畫箋，還有欄格與圖畫結合的樣式。明代以來畫箋的主題選擇，以及清末八行箋、欄格畫箋的流行等箋紙發展史上的重要內容，在同時代的薛濤箋上都有所體現。

第二章　八行箋研究

　　「八行」一詞，傳統意義有二：一指書信，讀作八行（háng），如《書敘指南》稱「能書尺曰八行之工」〔註1〕；二指孝、悌、睦、姻、任、恤、忠、和八種品行，讀作八行（xíng）。本書討論的是前一種即「書信」。仔細闡析此義，其中又有「八行書」與「八行箋」兩層意思。「八行書」指八行的書信或每葉八行的書信習慣。〔註2〕如鄭逸梅在《尺牘叢話》中所稱：「舊例作書，必以八行爲度，增損字句。」〔註3〕即是指這種書信習慣。而信紙每頁八行，即是八行箋。我們常見舊時的格式信箋上印有七條豎欄，供書八行，或印有版匡和欄線，每頁八行。其欄格以紅色居多，也稱「紅八行」。那麼，指代書信的「八行」源於何時？其「八行書」與「八行箋」兩種含義關係如何，怎樣發展、轉變？本章試圖通過對文獻記載和尺牘實物的考查，來探討這一系列的問題。

第一節　宋元以前的「八行」

一、「八行」之出典

　　「八行」典出東漢竇章。《藝文類聚》：

　　　　後漢馬融《與竇伯向書》，曰：孟陵奴來，賜書，見手迹，歡喜

〔註1〕　見《書敘指南》卷七，宋任廣撰，《景印文淵閣四庫全書》第920冊，臺灣商務印書館，1986年。
〔註2〕　文獻中的「八行書」一詞，與「八行」一樣，都有書信與信箋兩種含義，見下文論述。但本書爲闡釋方便，指「八行書」爲書信或書信習慣，而用「八行箋」一詞來指其信箋一義。
〔註3〕　見鄭逸梅《尺牘叢話》，上海古籍出版社，2004年。

何量，次於面也。書雖兩紙，紙八行，行七字，七八五十六字，百一十二言耳。〔註4〕

《後漢書・寶章傳》唐李賢注引馬融集《與寶伯向書》：

孟陵奴來，賜書，見手迹，歡喜何量，見於面也。書雖兩紙，紙八行，行七字。〔註5〕

《海錄碎事》中的記載也相似，但稱：

書雖多紙，紙八行，行七字〔註6〕。

不管這封手書到底用了幾張紙，記載強調的都是每紙「八行」。而「紙八行」，可以有兩種解釋。一是信紙一頁八行，二是寫信一頁八行。若是前一種，就是說信紙上確實有八行欄格。果若如此，此信紙就是現在所知最早的八行箋，也可將在紙上畫欄格用來書寫的歷史大大提前。因爲迄今爲止，這樣的實例僅可追溯至唐寫經。若是後一種意思，紙可能僅是素紙，但每張紙上規整地寫了八行字，那麼，這可能就是最早的八行書實踐。寶章的這封信寫得如此規整，是偶然爲之，還是當時的書信風氣呢？由於今天已難見漢代尺牘實物，相關文獻記載亦僅此一例，我們無法妄下判斷。信紙上到底有無欄格也不得而知。但值得注意的是，這樣的頁八行行七字的信箋應該是橫幅的，與我們今天常見的豎長形信箋不同。

《梁昭明太子文集》中有「聊寄八行之書，代申千里之契」之語〔註7〕，這是現存最早提到「八行書」的文獻。此後的詩詞文章中常以「八行」、「八行書」或「八行字」來指代書信。如北齊韋道遜《晚春宴》詩：

日斜賓館晚，風輕麥候初。詹喧巢幕燕，池躍戲蓮魚。

石聲隨流響，桐影傍巖疎。誰能千里外，獨寄八行書。〔註8〕

這裡也用「千里」來與「八行」對仗。

二、唐代的「八行」

1.唐詩中的「八行」

在唐代詩詞中，「八行」二字尤被頻繁使用。試舉例並稍加分析如下：

〔註4〕 見《藝文類聚》卷三十一，上海古籍出版社，1999年，頁560。
〔註5〕 見《後漢書》卷二十三，中華書局，1965年，頁821。
〔註6〕 見《海錄碎事》卷九上，宋葉廷珪輯，明萬曆二十六年（1598）劉鳳刻本。
〔註7〕 《梁昭明太子文集》卷三，《四部叢刊》本，上海書店，1985年。
〔註8〕 見《先秦漢魏南北朝詩》，逯欽立輯校，中華書局，1983年，頁2265。

　　孟浩然《登萬歲樓》

　　　　萬歲樓頭望故鄉，獨令鄉思更茫茫。

　　　　天寒雁度堪垂淚，日落猿啼欲斷腸。

　　　　曲引古堤臨凍浦，斜分遠岸近枯楊。

　　　　今朝偶見同袍友，卻喜家書寄八行。〔註9〕

此處的「八行」，可能實指收到的家書就是「八行」，即八行書，也可能家書
用八行箋書寫，故以八行代稱，當然也有可能僅是用前人之典。

　　李頎《送馬錄事赴永陽》

　　　　子爲郡從事，主印清淮邊。談笑一州裏，從容群吏先。

　　　　手持三尺令，遣決如流泉。太守既相許，諸公誰不然。

　　　　孤城臨海樹，萬室帶山煙。春日谿湖淨，芳洲葭菼連。

　　　　炊秔蟹螯熟，下筋鱸魚鮮。野鶴宿簷際，楚雲飛面前。

　　　　聽歌送離曲，且駐木蘭船。贈爾八行字，當聞佳政傳。〔註10〕

此爲送別之作，末句的「八行字」，當指本詩。詩寫八行，以代送別之書，「八
行」很可能是當時寫信或寫詩的習慣。或者信箋本爲八行，爲遷就信紙，故
詩作也書於八行之內。

　　權德輿《貢院對雪以絕句代八行奉寄崔閣老》

　　　　寓宿春闈歲欲除，嚴風密雪絕雙魚。

　　　　思君獨步西垣裏，日日含香草詔書。〔註11〕

如詩題所述，詩人以絕句代八行相贈，此處的八行是書信的代稱。

　　權德輿《唐開州文編遠寄新賦累惠良藥詠歎仰佩不覺斐然走筆代
　　書聊書還答》

　　　　風雨竦庭柯，端憂坐空堂。多病時節換，所思道里長。

　　　　故人朱兩轓，出自尚書郎。下車今幾時，理行遠芬芳。

　　　　瓊瑤覽良訊，荣苴滿素囊。結根在貴州，蠲疾傳古方。

　　　　探擷當五月，慇懃逾八行。深情婉如此，善祝何可忘。

　　　　復有金玉音，煥如龍鳳章。一聞靈洞說。若覩群仙翔。

　　　　三清飛慶霄，百汰成雄鋩。體物信無對，瀝心願相將。

〔註 9〕　見《全唐詩》卷一百六十，頁 1657。

〔註10〕　《全唐詩》卷一百三十二，頁 1344。

〔註11〕　《全唐詩》卷三百二十二，頁 3624。

昔年同旅食，終日窺文房。春風眺燕城，秋水渡柳楊。

君爲太史氏，弱質羈楚鄉。今來忝司諫，千騎遙相望。

歸雲夕鱗鱗，圓魄夜蒼蒼。遠思結鈴閣，何人交羽觴。

佇見徵穎川，無爲薄淮陽。政成看再入，列侍爐煙傍。〔註12〕

詩中的「八行」與「五月」對仗，此處亦指書信。

權德輿《送孔江州》

九派尋陽郡，分明似畫圖。秋光連瀑布，晴翠辨香爐。

才子厭蘭省，邦君榮竹符。江城多暇日，能寄八行無。〔註13〕

詩人期盼友人日後的書信，以「八行」指代。

權德輿《哭張十八校書（數日前辱書未及還答俄承凶訃）》

芸閣爲郎一命初，桐州寄傲十年餘。

魂隨逝水歸何處，名在新詩眾不如。

蹉跎江浦生華髮，牢落寒原會素車。

更憶八行前日到，含悽爲報秣陵書。〔註14〕

詩人收到友人書信，未及回覆，數日後聽得噩耗，灑淚感懷。「前日」所到的「八行」是友人給詩人的絕筆。

劉禹錫《令狐僕射與余投分素深縱山川阻修然音問相繼今年十一月僕射疾不起聞予已承訃書寢門長慟後日有使者兩輩持書並詩計其日時已是臥疾手筆盈幅翰墨尚新律詞一篇音韻彌切收淚握管以成報章雖廣陵之弦於今絕矣而蓋泉之感猶庶聞焉焚之總帳之前附於舊編之末》

前日寢門慟，至今悲有餘。已嗟萬化盡，方見八行書。

滿紙傳相憶，裁詩怨索居。危弦音有絕，哀玉韻由虛。

忽歎幽明異，俄驚歲月除。文章雖不朽，精魄竟焉如。

零淚沾青簡，傷心見素車。淒涼從此後，無復望雙魚。〔註15〕

由此詩題可知，與權德輿《哭張十八校書》一樣，作者收到友人去世前寫的信和詩，故此處的「八行書」即指對方的手札，詩中的「青簡」、「雙魚」同樣也都是尺牘的代稱。

〔註12〕《全唐詩》卷三百二十二，頁3624。

〔註13〕《全唐詩》卷三百二十四，頁3637。

〔註14〕《全唐詩》卷三百二十六，頁3659。

〔註15〕《全唐詩》卷三百六十二，頁4091。

劉禹錫《西池送白二十二東歸寄令狐相公聯句》

促坐宴回塘，送君歸洛陽。彼都留上宰，爲我說中腸（度）。
威鳳池邊別，冥鴻天際翔。披雲見居守，望日拜封章（禹錫）。
春盡年華少，舟通景氣長。送行歡共惜，寄遠意難忘（籍）。
東道瞻軒蓋，西園醉羽觴。謝公深眷眄，商皓信輝光（行式）。
舊德推三友，新篇代八行（以下缺）。〔註16〕

「新篇」指本聯句詩，以此來代替寄友人的信即「八行」。

溫庭筠《酒泉子》

楚女不歸。樓枕小河春水。月孤明，風又起。杏花稀。
玉釵斜簪雲鬟髻。裙上金縷鳳。八行書，千里夢，雁南飛。

〔註17〕

溫庭筠《寄渚宮遺民弘里生》

柳弱河堤曲，籬疏水巷深。酒闌初促席，歌罷欲分襟。
波月欺華燭，汀雲潤故琴。鏡清花並蒂，牀冷簟連心。
荷疊平橋暗，萍稀敗舫沉。城頭五通鼓，窗外萬家砧。
異縣魚投浪，當年鳥共林。八行書未減，千里夢難尋。
未肯暌良願，空期嗣好音。他時因詠作，猶得比南金。〔註18〕

兩首詞中都用「八行書」與「千里夢」對仗，均指代書信。

黃滔《寄同年李侍郎龜正》

石門南面淚浪浪，自此東西失帝鄉。
崑璞要疑方卓絕，大鵬須息始開張。
已歸天上趨雙闕，忽喜人間捧八行。
莫道秋霜不滋物，菊花還借後時黃。〔註19〕

黃滔《寄同年封舍人渭（時得來書）》

唐城接軫赴秦川，憂合歡離驟十年。
龍頷摘珠同泳海，鳳銜輝翰別升天。
八行眞迹雖收拾，四戶高扃奈隔懸。

〔註16〕《全唐詩》卷七百九十，頁8896。
〔註17〕見《全唐五代詞》，中華書局，1999年，頁110。
〔註18〕《全唐詩》卷五百八十二，頁6751。
〔註19〕《全唐詩》卷七百五，頁8119。

　　　　　能使丘門終始雪，莫教華髮獨潸然。〔註20〕
由詩題可知，「八行」都指友人的書信。

　　僧齊己的詩中也多次出現「八行」。如：

　　　《擬嵇康絕交寄湘中貫微》

　　　　何處同嵇懶，吾徒道異諸。本無文字學，何有往來書。

　　　　嶽寺逍遙夢，侯門勉強居。相知在玄契，莫訝八行疏。〔註21〕

　　　《答無願上人書》

　　　　鄭生驅寒峴山迴，傳得安公好信來。

　　　　千里阻修俱老骨，八行重疊慰寒灰。

　　　　春殘桃李猶開戶，雪滿杉松始上臺。

　　　　必有南遊山水興，漢江平穩好浮杯。〔註22〕

　　　《江居寄關中知己》

　　　　多病多慵漢水邊，流年不覺已旛然。

　　　　舊栽花地添黃竹，新陷盆池換白蓮。

　　　　雪月未忘招遠客，雲山終待去安禪。

　　　　八行書札君休問，不似風騷寄一篇。〔註23〕

以上三首詩中的「八行」均指代書信。而

　　　《謝貫微上人寄示古風今體四軸》

　　　　四軸騷詞書八行，捧吟肌骨遍清涼。

　　　　謾求龍樹能醫眼，休問圖澄學洗腸。

　　　　今體盡搜初剖判，古風淳鑿未玄黃。

　　　　不知誰肯降文陣，闇點旌旗敵子房。〔註24〕

此處的「八行」似可坐實，即謝貫微所寄詩文共書「八行」。

　　　李冶《寄校書七兄》

　　　　無事烏程縣，蹉跎歲月餘。不知芸閣吏，寂寞竟何如。

　　　　遠水浮仙棹，寒星伴使車。因過大雷岸，莫忘八行書。〔註25〕

〔註20〕　《全唐詩》卷七百五，頁8120。
〔註21〕　《全唐詩》卷八百四十一，頁9492。
〔註22〕　《全唐詩》卷八百四十五，頁9557。
〔註23〕　《全唐詩》卷八百四十六，頁9579。
〔註24〕　《全唐詩》卷八百四十四，頁9540。
〔註25〕　《全唐詩》卷八百五，頁9057。

此處用鮑照《登大雷岸與妹書》之典，「八行」顯然代指家書。

唐人尺牘手迹今已湮滅，當時書信是否真為八行書，所用是否為八行箋也都沒有實物的證明，只能從文獻記載中加以揣測。由於「八行」頻繁地被用作書信代稱，應當不止單純用典那樣簡單。以上諸例中的「八行」、「八行書」大多代指家書或友人間的書信，此外亦指詩，如李頎《送馬錄事赴永嘉》中的「八行字」即實指該詩，劉禹錫詩中的「八行書」也當實指令狐楚的一封信和一首律詩，齊己《謝貫微上人寄示古風今體四軸》的「書八行」指謝貫微的古風今體詩四軸。當然，這些詩也都以書信的形式往返於朋友之間。「八行書」，即寫信或寫詩時，在一張紙上書寫八行，很可能是當時的一種書寫習慣。進一步推測，當時人所用的信箋或詩箋，很可能畫有欄格以方便書寫。如此一來，「八行」即有八行箋的含義。以信箋的特徵即「八行」來指代所有的書信，不管其是否恰為八行，也大有可能。那麼，唐代是否已有一定的書信習慣，是否已出現八行箋紙？下文將稍做推考。

2. 唐代當有八行書

最遲在魏晉之際，按月排序，以平交之間四季寒溫敘問通語為內容，名為《月儀》的書信通則就已流行。〔註26〕關於書札體式、典禮儀注的著作書儀，在《隋書・經籍志》、《舊唐書・經籍志》和《新唐書・藝文志》中也多有著錄，如謝朓《書筆儀》二十卷、裴矩《大唐書儀》十卷，鄭餘慶《鄭氏書儀》二卷，杜友晉《書儀》二卷等。雖然這些書儀今天多已佚失，但在當時數量眾多，非常流行。敦煌即發現有朋友書儀。月儀和書儀的範文大都為四六駢文，篇幅不長，但辭文佳妙，稱謂得當，格式體例嚴謹整飭。書儀提供了寫信的模板和模式，它的流行說明當時已形成一定的書信習慣。因此我們可以推斷，唐人詩中的「八行」很可能確實反映了當時存在一頁八行的書寫習慣。

眾所周知，箋紙在古代指華美的小幅紙張，可以用來寫詩，也可以寫信。本書第一章討論的薛濤箋，即是唐代最為著名的箋紙。薛濤箋初為染色小紙，主要用作詩箋。宋樂史撰《太平寰宇記》記：

> （成都府）舊貢薛濤十色箋，短而狹，才容八行。〔註27〕

〔註26〕見周一良、趙和平著《唐五代書儀研究》，中國社會科學出版社，1995年。
〔註27〕見《太平寰宇記》卷七十二，宋樂史撰，清乾隆五十八年（1793）南昌萬延蘭刻本。

提到「短而狹，才容八行」是薛濤箋的特色。同樣尺寸的箋紙，若字寫得大，則字數便少，行數也少；字寫得小，則字數多，行數也多。字的大小因人而異，一張紙可寫幾行字也無定數。爲什麼這裡獨獨提出「八行」，而非「六行」、「七行」呢？這很可能也說明當時的習慣就是在一張紙上寫八行字。薛濤爲便於書寫，就八行而製小箋。雖不能肯定箋上有欄，但八行書很可能是當時的書信習慣。

綜合以上分析，唐代應該確有八行的書寫習慣，不論是寫信還是寫詩。信箋上畫有八行欄格的可能性非常大，但仍未有充分的實物及文獻支持。

三、宋元時期的「八行」

宋元時期，詩文中仍見用「八行」來指代書信，如梅堯臣《送辛都官有終知鄂州》詩：

> 衣上大梁雪，門前武昌車。使君行有期，將逢烏隼旟。
> 車動自轥轆，旟輕自舒舒。去都越千里，城在江上居。
> 黃鶴有高樓，樓頭掛蟾蜍。下見鸚鵡洲，葭莔可以菹。
> 爲弔禰處士，沉蹤異三閭。憶昔我仲父，五馬來躊躇。
> 願君訪舊迹，因報八行書。〔註28〕

《王公愷東歸》詩：

> 行色上東陌，秋槐葉亂飛。囊無一錢用，篋有古書歸。
> 羸馹嘶寒草，荒城背落輝。莫嫌牛馬隔，走別八行稀。〔註29〕

《冬至日得師厚宋次道中道書》詩：

> 水國欲爲雪，野冰將合河。人同一陽至，淚向八行多。
> 朋意今猶在，年華悵似過。看看四十九，應笑此蹉跎。〔註30〕

僧惠洪有《送人》詩：

> 相送復相別，不異雲間月。無心去復來，有魄圓還缺。
> 此別興何如，西風秋月初。暮鴻千里至，能寄八行書。〔註31〕

上述各詩中的「八行」、「八行書」都指友人間的信函，而具體指八行書還是以八行箋指代書信則難以定論。

〔註28〕 見《宛陵先生集》卷十九，《四部叢刊》本，上海書店，1985 年。
〔註29〕 見《宛陵先生集》卷三，《四部叢刊》本，上海書店，1985 年。
〔註30〕 見《宛陵先生集》卷三十六，《四部叢刊》本，上海書店，1985 年。
〔註31〕 見《石門文字禪》卷八，《四部叢刊》本，上海書店，1985 年。

　　宋代的書儀，有司馬光《書儀》十卷〔註32〕存世，書中未提及八行箋或八行書。宋劉應李輯有《新編事文類聚翰墨全書》一百三十四卷〔註33〕，中有圖示「俗用小箋例程」多幅，每葉書六至十四行不等，並無定式。元代有《新編事文類要啓札青錢》前集十卷後集十卷續集十卷別集十卷外集十一卷〔註34〕，內有信箋格式，但對於書信的行數均未作規定。而查看今天所能見到的一些宋元尺牘，書信也並無一定格式。〔註35〕

第二節　明清以後的八行箋與八行書

一、明代的八行箋與八行書

1.明代已出現八行箋

　　明清尺牘流傳下來的比較多，我們對其總體面貌可以有大致的瞭解。

　　明代早期的尺牘，大都寫在染色素箋上，也有用花箋的。用欄格箋紙的情況極少，即使偶爾有之，也僅有欄線，無外匡。

　　到嘉靖年間，欄格箋紙開始逐漸增多，一般爲淺紅或淺綠色欄線，四周花匡，版匡爲狹長橫向長方形。因爲這種箋紙橫幅很長，一封信用不完，寫好後往往就信裁開，所以我們現在看到的大多數欄格箋紙都僅有上下邊匡，偶爾還有左匡或是右匡，很少有版匡完整的。但黃姬水（1509～1574）的一通尺牘，用綠欄箋紙，四周花匡，八行，行七至九字不等，版匡約呈正方形，可能是現在發現最早的明代八行箋〔註36〕。

　　萬曆以後，欄格信箋使用廣泛，但大多數的欄格箋，欄線顏色極淺淡，不明顯，行寬而短，箋紙呈橫長形，不見左右兩條外匡。此時出現了豎向狹

〔註32〕《司馬氏書儀》十卷，宋司馬光撰，清雍正二年（1724）汪亮采刻本。

〔註33〕《新編事文類聚翰墨全書》一百三十四卷，宋劉應李輯，收入《四庫全書存目叢書》子部169～170冊，據北京圖書館藏明初刻本影印，山東齊魯書社，1997年。

〔註34〕《新編事文類要啓札青錢》前集十卷後集十卷續集十卷別集十卷外集十一卷，不著撰者，收入《四庫全書存目叢書》子部171冊，據日本德山毛利氏藏元泰定元年建安劉氏日新書堂重刻本影印，山東齊魯書社，1997年。

〔註35〕《中國古籍稿鈔校本圖錄》收入宋代葛長庚鈔本《華陽隱居眞誥》一卷，用紅格竪長形單葉八行箋紙鈔寫。此書眞僞暫存疑。

〔註36〕見《上海圖書館藏明代尺牘》，上海圖書館編，上海科學技術文獻出版社，2002年，第三冊，頁199。

長形的花箋，多爲人物箋；花卉、景物箋仍以橫長的居多。欄格箋中，如倪涷用淺紅色八行箋〔註 37〕，顧天敘用淺綠色四行箋〔註 38〕，陳洪綬有一種藍格六行箋，匡外飾有一圈淺黃色梅花圖案〔註 39〕。

尤其值得注意的是，萬曆年間王業浩的一通尺牘，用紅欄八行箋，版匡約呈正方形，匡外右方空白處印有「八行書」三朱字〔註 40〕。書八行，寫成後，信箋三折，一頁四行，首頁爲空白頁，「八行書」三字即在首頁。《錢鏡塘藏明代名人尺牘》中也收有余煌手札一通，淺朱色簡狀界欄八行箋，右方空白處亦有同色「八行書」三字〔註 41〕。此信連落款共書七行，最末一行空白。可見，這兩通尺牘信箋上的「八行書」三字實爲「八行箋」之意。

2. 明代並無固定八行書習慣

從明代大量的尺牘實例來看，信函的書寫沒有一定的成式，長短不拘，視乎內容需要而定。以《上海圖書館藏明代尺牘》爲例，共收三百四十一人的五百八十六通尺牘，其中八行書只有十通左右，所佔比例極小。早期有顧恒一通手札，恰好一葉八行，中晚期張復、朱之蕃、袁化中、阮大鋮、倪元璐、張鳳翼、錢士升等人也都有八行尺牘。但是比較這些信札，除了一葉八行外，並無一定的擡頭、落款、提行等的書寫規則。究其內容，言簡意賅，多是致前輩友人，與其它大多數非八行的書信也無差別。比較同一人的幾通手札，也很難發現書寫定式，如明末的侯峒曾，《明清名人尺牘墨寶》〔註 42〕中收入其手札四通，僅有一通八行書，其它幾通則長短不一，未必定書八行。以《上海圖書館藏明代尺牘》中所收倪元璐的兩通尺牘爲例，一通用豎長花箋，六行：

> 山陰楊兄諱士俊者，早已開進，因
> 當事欲分正續以明節次，想只在七八日內耳。
> 又記有當日同楊兄相見於衛堂者姓王，不知
> 是名文奎者否？如是，則亦與名矣。草此奉

〔註 37〕 見《上海圖書館藏明代尺牘》，第五冊，頁 85。
〔註 38〕 見《上海圖書館藏明代尺牘》，第五冊，頁 112。
〔註 39〕 見《上海圖書館藏明代尺牘》，第八冊，頁 106。
〔註 40〕 見《上海圖書館藏明代尺牘》，第七冊，頁 107～108。
〔註 41〕 見《錢鏡塘藏明代名人尺牘》，第五冊，頁 94～95。
〔註 42〕 《明清名人尺牘墨寶》一集二集三集，上海文明書局，民國十四年（1925）影印本。

復。

　　　　　　　　　　　　　弟璐頓首。〔註43〕

一通用淺綠欄格箋，八行：

　　溝斷豈有青黃之望？命安定，無

　　庖廚之憂，

　　足下之言似愛似憎，幸其爲無是

　　公也。

　　佳卷送上，

　　來委當極圖之。忙中率

　　復。

　　　　　　　　　　　　　生名別具。〔註44〕

再將其與王業浩的八行書進行比較：

　　山會館費一匣附

　　上。此即

　　老親翁所舊管者。另有一匣約現存

　　貳百餘金，另致

　　周觀老支用矣。附來匣內已開除乙

　　百金，有領束在內。其

　　元束所取用者，可從容補上也，冗中再

　　布，不一。　　　　弟名草具。〔註45〕

可見八行書在內容、格式上並無特別之處。

　　雖然明代中晚期出現了八行箋，但是尺牘實例表明，八行箋與八行書並沒有必然的聯繫。如黃姬水用八行箋，信只寫了七行；倪涷也用八行箋，信卻寫了十行；顧恒的八行書寫在素紙上。同是用印有「八行書」三字的八行箋，王業浩寫八行書，但余煌僅寫七行書。

　　總體來看，八行箋在明代雖有「八行書」之名，但並不算是一種通行箋紙，八行書也並沒有成爲尺牘的範例而被固定下來，一些八行的尺牘僅僅是書寫的巧合而已。雖然明詩，如楊愼《禺山傳五嶽山人任少海書札兼致問訊

〔註43〕見《上海圖書館藏明代尺牘》，第七冊，頁172。
〔註44〕見《上海圖書館藏明代尺牘》，第七冊，頁173。
〔註45〕見《上海圖書館藏明代尺牘》，第七冊，頁107～108。

因憶》：

> 五嶽山人相憶，八行書札遙通。
>
> 吹簫夜郎月下，採藥白帝雲中。
>
> 塵世英雄易老，浮生蹤迹難同。
>
> 張衡四愁吟斷，宋玉九辯悲窮。〔註46〕

徐𤊹《送王生之臨卭省州守叔父獻甫》：

> 驅車萬里向殊方，極目卭崍路渺茫。
>
> 官舍煙雲鄰越巂，人家風土雜夷羌。
>
> 綺琴曲裏挑新寡，鼟鼓聲中憶故鄉。
>
> 丙穴由來魚不乏，八行書札莫相忘。〔註47〕

也都提到「八行書札」，應都是以八行箋來指代尺牘，並非實指八行書。

當然，我們今天見到的明代尺牘，多是《明代尺牘》或《明清名人尺牘墨寶》等書中的影印件，這些書編纂時經過篩選，收入的信函多以內容或書法見長。相較於明代的書信總體而言，在數量上僅是滄海一粟。但明代有許多教授書信寫作方法的尺牘合集、尺牘範本、萬寶全書等類書及詩文評類著作，如陳臣忠《尺牘雋言》、沈佳胤《翰海》十二卷、《新鍥士林交際翰札新函》等，也都未對尺牘的格式做出特別規定。

二、清代至民國間的八行箋與八行書

1. 清詩中的「八行」

「八行」、「八行書」在清人詩文中也常常出現。如：

陳維崧《望湘人·秋日過準提庵訪石公上人時上人初自都門歸攜有緯雲弟家訊》

> 見石蹲若獸，樹老於猿。誰家廢圃荒館，改作僧寮。恰臨野渡，花竹翁然。平遠萬里煙塵，經年烽火，家書常斷。正兵間，透一僧歸，來作上林秋鴈。 把向晴簷細展，怪一械侵蠹，八行纏蘚。書到汝爲人，笑罷啼痕參半。歎世上只有西風懶，不送征人回轉。更惱是，故國茱萸，眼底仍然開滿。〔註48〕

此處「一械」與「八行」對仗，都是指代書信。

〔註46〕見《升庵文集》卷四十，《楊升庵叢書（三）》，天地出版社，2002年，頁609。

〔註47〕見《慢亭集》卷七，明萬曆二十九年（1601）刻本。

〔註48〕《迦陵詞全集》卷二十三，《四部叢刊》本，上海書店，1985年。

朱彝尊《曝書亭得孫學士致彌都下札》

杖藜還藉短童扶，暇覓筠牀雀糞涔。

典籍曝餘翻散亂，田園歸後轉荒蕪。

病蔬幾見連筒灌，薄酒生憎入市沽。

差喜故人遙記憶，八行書肯報潛夫。〔註49〕

這裡用「八行書」，指孫致彌來信。

查慎行《到湖上不及訪諦輝禪師而歸寄詩代柬》

諦公世壽八十八，見說形神倍清拔。

有時挈鉢身入城，健若雲端出巢鶻。

隨行不用木上座，一日徃還能布襪。

葛藤斬盡松性孤，那怕霜根被纏殺。

開堂說法踰四紀，坐斷高峰梵王剎。

一拂何曾肯付人，問著三交兩頭瞎。

似憐我是無家客，遠枉山中八行札。

我來便合去尋師，卻向石頭防路滑。

雲林咫尺徑未到，回首湖西山矗矗。

明年擬坐雨安居，眼膜終須寶篦刮。〔註50〕

「八行札」指詩人所寄詩柬。

厲鶚也有詩《玉几惠鄂州小集率賦寄謝》：

薄寒淒淒欲中人，八行千里見情親。

楊雲空自矜書色，最是捻來觸手新。〔註51〕

仍取「八行」、「千里」對比之意。

洪亮吉《雨中得莊刺史炘榆林寄書言甘陝盜賊已盡喜而有作》

閉門六晝雨如塵，枉卻江南乍好春。

只有蟲書消永日，愁無蠟屐走西鄰。

茅齋伴客餐乾糗，竈屋呼童爆濕薪。

稍喜八行來遠道，早聞盜賊靖三秦。〔註52〕

此外，洪亮吉《鄭州倅錕自永豐寄近作百篇乞為點定因率成長句題後並寄張

〔註49〕《曝書亭集》卷二十二，《四部叢刊》本，上海書店，1985年。

〔註50〕《敬業堂詩集》卷四十三，《四部叢刊》本，上海書店，1985年。

〔註51〕《樊榭山房集集外詩》補，《四部叢刊》本，上海書店，1985年。

〔註52〕《更生齋詩》卷三，《四部叢刊》本，上海書店，1985年。

太守鳳枝》詩中亦有「八行莫訝詩箋皺，入坐荷香可同嗅」句〔註 53〕。此兩處「八行」，一指信箋，一指詩箋。

2. 清代、民國的八行箋實例

清代特別是中晚期以後，八行箋與八行書的實例明顯增多。《尺素風雅·明清彩箋圖錄》中收有青雲閣、尚卿居等紙鋪出售的八行箋。其中曾國藩尺牘一通，用尚卿居製綠格套印紅色桃花水紋八行箋，共四頁，每頁書寫八行，但不拘泥於欄格。〔註 54〕石韞玉有黑格八行箋，匡外左下方鐫「鶴壽」二字。宋淳熙二年（1175）嚴陵郡庠刻本《通鑑紀事本末》四十二卷，有石韞玉跋，就是寫在這種特製八行箋上〔註 55〕。他也用此箋來寫詩。如《中國古籍文獻拍賣圖錄》上的一葉書影：

> 奉和
> 功甫舍人疊韻詩
> 蕭齋清課在三餘，唪到雲章悟
> 六如。推食分頒原憲粟，釋經
> 仍繹孔門書。庭生帶草康成
> 里，室有琴尊靖節廬。識淂文人眞
> 慧業，百般妄想一齊除。
> 　　　　獨學叟韞玉手稿〔註56〕

正好一葉八行，另有律詩一首，也書八行。此外，錢大昕等人也都有專門的八行箋。錢大昕又有《寄內》詩：

> 徐淑偏工病，潘仁未定居。艱難千里別，迢遞八行書。
> 已負餔糜約，能禁愁鬢疏。相思應最苦，酒醒夢回初。〔註57〕

這首詩原先很可能就是寫在他的八行箋上的。

清代陸世儀一封手札，用折疊箋，封面鐫紅字「八行書」，內頁印八行欄格。與前述明代兩封八行書樣式相似。信文亦書八行，除敬稱換行的一般規

〔註53〕《卷施閣詩》卷十三，《四部叢刊》本，上海書店，1985 年。
〔註54〕梁穎編著《尺素風雅·明清彩箋圖錄》，山東美術出版社，2010 年，頁 124～127。
〔註55〕《中國國家圖書館古籍珍品圖錄》，任繼愈主編，北京圖書館出版社，1999 年，頁 30。
〔註56〕見《中國古籍文獻拍賣圖錄》，姜尋編，北京圖書館出版社，2004 年，第三冊，頁 982。
〔註57〕錢大昕《潛研堂詩集》卷三，《四部叢刊》本，上海書店，1985 年。

矩外，並無特殊格式，信文內容也無特別之處。

　　清末民國之際，八行箋非常流行。李鴻章、康有爲、張佩綸、葉德輝、魯迅、周作人等人都使用過八行箋紙來寫信，欄格顏色不都是紅色，也有藍格或黑格、黃格的。查看《魯迅手稿全集·書信》，魯迅常用八行箋〔註58〕。其1911年書信所用八行箋，豎長形，無匡，七條紅欄將信紙隔爲八行。而在其1916年使用的八行箋上，最左一條欄線下方有「億錦乾製」四字。1918年用箋，最左一條欄線的左下方印有「商務印書館自製」七字；亦有用無字及黃欄八行箋的。1925年起，又有用紅色八行簡狀箋紙，及綠色八行箋，上印「莽原社用箋」五字。1926年所用紅八行，有版匡，上印「廈門大學國學研究院用箋」。涵芬樓製各色箋此時多用黃色欄格。可見當時八行箋是一種通行的信箋樣式，除了市面出售流通的以外，各學校、團體的專制信箋也多順應潮流，製成八行。

　　考查清代及民國初的尺牘實例，八行箋雖然流行，但也僅是通行尺牘樣式的一種。當時七行箋使用得也非常多，黃丕烈、徐松、俞樾等人都有七行信箋，魯迅所用「國立中山大學用箋」、「莽原社用箋」及「涵芬樓製」箋，亦有很多是紅格或黃格七行的。此外，如英和有花匡五行箋，匡外左下方鐫有「古雪齋製」四字；潘祖蔭有特製紅格五行箋，博古紋外匡；陸心源有紅格四行箋等等。大量存世尺牘顯示，清代特別是中後期，各種個性化的花箋頗爲流行，欄格箋紙也都不拘成式，在行格、匡欄式樣上多有花樣的翻新。八行箋雖屬常規樣式，但並非唯一或占統治地位的欄格箋紙。

3. 清末民初的八行書實踐

　　清代及民國，教授尺牘做法的書更多了，如李漁有《尺牘初徵》，鄒可庭纂《酬世錦囊》等，但大多還是講解遣詞造句之法，或是輯錄尺牘範本。格式方面，一般也僅注重擡頭、提行的規矩，尺牘長短並無定式。所見僅有民國年間的《日用酬世大觀》中講到八行書，稱：

> 書寫行數之法，舊時信箋，通用八行，恭敬者須書滿兩紙，多則四紙，既不能餘空行，又不能一字爲一行，必須湊合兩字。今則有六行箋矣。除普通之信，不拘行數多少外，餘如祝賀弔唁等信，宜撐足兩紙，最好仍用八行，否則改用六行。唯一字一行，亦不能

〔註58〕《魯迅手稿全集·書信》，魯迅手稿全集編輯委員會編，文物出版社，1979年。

通行耳。〔註59〕

據說魯迅每年春節前，總是用「大紅八行箋」給老師壽鏡吾寫「拜年信」，都是恭恭正正的小楷，以「鏡吾夫子大人函丈，敬稟者」爲開頭，以「敬請福安」爲結尾，下具「受業周樹人頓首百拜」之類的話。錢鍾書也常寫八行書，因其體式習久成型，適合應酬。

我們現在見到的信札大都是家書或友人間的書信，即《日用酬世大觀》中所稱「普通之信」，多則一通若干頁，一頁十數行，少則一紙四五行，並不拘泥於八行之限。《日用酬世大觀》書中各種尺牘均有範文並注釋，範文提行等均依實際尺牘之式，但即使是祝賀弔唁的範本，也並不拘於八行或十六行之數。魯迅早年的書信，雖然大多用八行箋，但也常常跳出欄格之外，每葉書十數行。使用花箋時，因爲沒有欄格，每葉多少行完全靠各人書寫習慣決定，有半葉八行的，如今見蔣寶齡、吳式芬的尺牘，但更多的，如趙之謙、張之洞、左宗棠、莫友芝等人書於花箋之上的尺牘，多爲每葉七行。尺寸相仿的花箋上，每葉寫七行自然要比每葉八行來得疏朗美觀，這可能也是當時七行箋紙流行的原因。

4. 清末「八行」的新涵義

由於八行箋的流行，清末開始，「八行」產生了一種新的含義，即官場應酬書函。晚清四大譴責小說中都提到「八行」、「八行書」。仔細分析，小說中的「八行書」一詞，同「八行」一樣，也有書信和信箋兩種含義。作信箋即「八行箋」用的，如《官場現形記》第四十八回：

> 撫臺正在看得不耐煩，忽地手折裏面夾著兩張紙頭，上面都寫著有字，一張是八行書信紙寫的，一張是紅紙寫的，急展開一半來一看，原來那張信紙寫的不是別樣，正是他老人家自己欠人家銀子的字據，那一張就是來討銀子的那個人的謝帖。〔註60〕

第五十一回：

> 刁邁彭一面分派，一面又叫拿筆硯把他經手的生意以及現派某人管理某事，仍託本宅賬房拿張八行書開了一篇細帳交代了張太太。

《老殘遊記》第十六回：

〔註59〕 見《日用酬世大觀》第五編，上海世界書局民國二十一年（1932）石印本。
〔註60〕 《官場現形記》，李伯元著，上海古籍出版社，2005年版。

人瑞對黃昇道：「天很不早了，你把火盆裏多添點炭，坐一壺開水在旁邊，把我墨盒子筆取出來，取幾張紅格子白八行書同信封子出來，取兩枝洋蠟，都放在桌上，你就睡去罷。」黃昇答應了一聲「是」，就去照辦。〔註61〕

作書信特別是請託信件一義用的，如《官場現行記》第二回：

一過年，也想到京裏走走，看看有什麼路子，弄封把八行，還是出來做他的典史。

第十回：

仇五科能夠叫他洋東打怎們一個電報去，山東官場就不敢不依，可見洋人的勢力著實厲害。明天倒要聯絡聯絡他們，能夠就此同外國人要好了，將來到省做官，託他們寫封把外國信，只怕比京裏王爺、中堂們的八行書還要靈，要署事就署事，要補缺就補缺。

《老殘遊記》第十二回：

有軍機的八行，撫臺是格外照應的。

《二十年目睹之怪現狀》第十七回：

這回出京，在張家灣打尖，看見一首題壁詩，內中有兩句好的，是「三字官箴憑隔膜，八行京信便通神」。〔註62〕

以上諸段引文中的「八行」，多為位高權重者所寫。

《官場現形記》第六回：

三荷包燈下無事，把封信偷著拆開一看，只見那信只有一張八行書，數一數，核桃大的字不到二十幾個，三荷包官場登久了的，曉得大人先生們八行書不過如此。仍舊套好封好。

這裡前一個「八行書」指「八行箋」紙，後一個則是「八行書」信。如上文分析，從現存晚清民初尺牘來看，未必所有官場書信都用八行箋書寫。但因八行箋確實是當時一種極通行的信箋格式，八行書又是具有一定書寫規範的正式書信習慣，因此「八行」便成為官場信函的代稱，並逐漸帶有貶義。

綜合以上的文獻記載及尺牘實物分析，我們可以看出，「八行」之名早在南北朝以前就有了，並一直作為書信的代稱而被使用。但唐代以前是否有八行箋，因為沒有實物證明，並不能確定。八行箋以「八行書」為名作為一種

〔註61〕　《老殘遊記》，劉鶚著，上海古籍出版社，2005 年版。
〔註62〕　《二十年目睹之怪現狀》，吳趼人著，上海古籍出版社，2005 年版。

信箋的樣式固定下來，最晚在明代晚期，但直到清代中晚期才作爲一種通行的格式信箋而廣泛流行。八行書寫作實踐出現得較早，如《藝文類聚》等書所記，唐代很可能已流行八行書，但宋、元、明的尺牘實例並不能證明這種書寫習慣一直保持下來。也要到清代晚期，順應八行箋的流行，八行書成爲書信習慣，才有了一定的書寫規範，成爲較爲正式的書信體式。由於官場書信常用八行箋，八行書也就成爲其代稱，並帶上了貶義。

第三章　俞樾製箋研究

　　在明末花箋的日益流行以及《蘿軒變古箋譜》和《十竹齋箋譜》達到雕版刻印的極高水準之後，經歷了清代早期的相對沉寂，及至清代乾嘉時期，印製精美的箋紙又重新流行起來。盧白齋、青蓮室、揮雲閣等專業箋紙鋪的出現，大大推動了箋紙業的迅速發展。當時紙鋪售箋主要有欄格箋和花箋兩種。花箋多延請專人繪製，題材多樣，印製精美，趣味高雅。欄格箋也有四行、五行至十三行等不同樣式，並多有裝飾性外匡，精美紛呈。繁榮的局面一直維持到道咸時期。這些精美的信箋受到了民眾的歡迎，除了文人墨客這類傳統的信箋使用者之外，上至公卿、下至商賈，也都有欣賞、使用信箋的習慣。在這種情況下，鎸印室名齋號、內容彰顯個性的文人自製箋也越來越多〔註 1〕。在晚清自製箋紙的文人中，俞樾自製花箋的種類之多，內容之豐富，均為一時翹楚。其箋紙設計，既出自本人的經歷愛好，具有鮮明的個人特徵，同時也有著文人自製箋的典型風格，體現了清末自製花箋的風格走向。

　　俞樾，字蔭甫，號曲園，浙江德清人，是晚清著名的經學大師。俞樾生於道光元年（1821），道光三十年（1850）進士，咸豐五年（1855）出任河南學政，後為人彈劾罷官，遂僑居蘇州，從事著述與講學。曾先後主講於蘇州雲間書院、紫陽書院等處，同治七年（1868）起主講杭州詁經精舍，長達三

〔註 1〕　梁穎《說箋》將這種由文人自行設計畫稿、署有名號的箋紙稱為文人自製名號箋。文人自製名號箋始於元代趙孟頫，其後鮮見，至清初李漁重新推動文人製箋，直至民國，實踐者眾多，餘韻不絕。本書則用「署名箋」指稱此類名號箋。

十一年。逝於光緒三十二年（1907〔註 2〕），時年八十六歲。俞樾刊刻有《春在堂全書》五百卷，生平作品幾乎盡數囊括其中。

俞樾寫信，多用花箋，亦喜自製箋紙。一生所製箋，約有五十多種。據其箋樣，大致可分爲字箋、畫箋、博古箋三類。字箋的內容爲俞樾本人或延請他人寫製的字樣，無畫。字箋爲俞樾製箋的主體，數量龐大，內容繁多，根據字樣特徵，又可細分爲墨戲箋、印章箋與鈐印箋、書法箋、版格箋等幾種。其中的墨戲箋，雖然以繪畫的形式呈現，其創作卻是以變體文字的墨戲圖爲出發點，故暫列於字箋一類。俞樾以本人或親友繪製的圖畫製箋，是爲畫箋。畫箋以繪畫爲主，多有文字題記。博古箋以拓印或仿摹古器物爲箋紙內容，俞樾製博古箋，主要爲拓印金石箋和仿摹古書冊頁樣式兩種。本書按照墨戲箋、印章箋與鈐印箋、書法箋、版格箋、畫箋、博古箋的順序，對俞樾所製各類箋紙的圖案樣式、製作時間及具體使用情況進行逐一介紹，並對其所代表的傳統文人自製個性化花箋的設計、審美趣味等略作分析。本書探討的俞樾尺牘材料，來自上海圖書館古籍部的部分收藏，以及已出版的各類圖錄〔註 3〕。

第一節　墨戲箋

一、俞樾的墨戲圖與墨戲箋

俞樾自製箋以字箋爲大宗，其中有若干字畫箋，我們姑且稱之爲墨戲箋，爲其自製個性化花箋中的重要類別之一。俞樾《春在堂全書》中有《曲園墨戲》一卷，書中收錄其墨戲之作二十幅，其中有若干幅，俞樾明言曾用於製箋。本節即對照《曲園墨戲》圖式與俞樾信箋實物，對墨戲圖、箋的設計、主題等問題稍加探討。

《曲園墨戲》一卷，清光緒二十五年（1899）《春在堂全書》本。白口，

〔註 2〕　繆荃孫《藝風堂文續集》有俞樾行狀，記其卒於光緒三十二年十二月二十三日，公曆爲 1907 年 2 月 5 日。

〔註 3〕　本書底稿爲作者 2008 年博士畢業論文。上海科學技術文獻出版社於 2011 年出版了《俞曲園手札・曲園所留信札（上海圖書館藏歷代手稿精品選刊）》，其中上冊收錄俞樾本人手札 138 通 300 餘紙，大開本彩色影印。其中用箋，雖有紙鋪售箋及友人贈箋，但更多的還是曲園自製各色名號箋，基本可以涵蓋曲園自製箋之全貌。本書在出版之際，根據此類新見材料，對論文進行了增改。

單魚尾，四周單邊，版匡 16.6×11.6 釐米。書中收錄俞樾創作的「一團和氣」、「福壽」、「畜道德能文章」、「如南山之壽」、「驅邪降福四字鍾馗」、「福壽雙修」、「大悲」、「一字聯」、「倣古扇銘」、「魚雁」、「萬卷書」、「曲園長壽」、「曲園拜上」、「曲園對月」、「曲園寫竹」、「曲園禮佛」、「曲園課孫」、「右臺仙館」、「曲園」、「曲園俞俞右臺山鬼」等墨戲圖式共二十幅。每葉右半葉爲墨戲圖式及文字標題，左半葉則對圖式的設計方法等背景情況進行簡要說明。俞樾在此書序中稱：「古人之字即古人之畫。……余素不習畫，然字則童而習之，以至於今。閒居無事，拈弄筆墨，時出新意，頗有合乎古人字畫合一之旨。集爲一編，題曰墨戲。」此序作於「庚寅四月」，庚寅即光緒十六年（1890），時年俞樾七十歲。

《曲園墨戲》中的「一團和氣」、「曲園長壽」、「曲園寫竹」、「曲園拜上」四種圖式，均可在俞樾自製的墨戲箋中找到相對應的實物，而「魚雁」圖式，書中明言曾擬以製箋。以下就對這幾種圖式和相對應的花箋逐一介紹。

1.「一團和氣」圖式與「一團和氣」箋

「一團和氣」圖式，如圖 1 所示，由篆書「和氣」二字合爲圓形，寓「一團」之意，上有標題「一團和氣」四字。此圖式說明稱：「篆書和氣二字，規而圓之，是謂一團和氣。」（見圖 2）圖式高 8.3 釐米，寬 8.6 釐米。

圖 1　　　　　　　　　　　　　　　圖 2

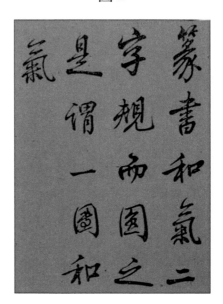

　　俞樾在致王同〔註4〕、唐樹森〔註5〕等人的信札中，均曾使用過豎長形「一團和氣」箋。（見圖3）箋高27釐米，寬14釐米，其中「一團和氣」圖高13.5釐米，寬11.8釐米。白紙，紅色圖樣。俞樾致龔照瑗〔註6〕、許景澄〔註7〕信札，也有用豎長型「一團和氣」箋，紅紙，紅色圖樣。（見圖4）致鄭文焯〔註8〕尺牘，有數頁用方形「一團和氣」箋。根據上海書畫出版社之彩版

圖3

圖4

〔註4〕　見上海圖書館藏《曲園尺牘》四冊。王同（1839～1903），字同伯，一字肖蘭，晚號呂廬，清末杭州人。

〔註5〕　見上海圖書館藏《俞曲園尺牘》一冊。唐樹森（1823～1896），字穀九，號淡吾，湖南湘鄉人。

〔註6〕　見《俞曲園手札・曲園所留信札》，上海科學技術文獻出版社，2011年。龔照瑗（1835～？），字仰蘧，號衛卿，安徽合肥人。

〔註7〕　出處同上。許景澄（1845～1900），字拱辰，號竹篔，浙江嘉興人。

〔註8〕　見《俞樾手札》，上海書畫出版社，2007年。鄭文焯（1856～1918），字俊臣，又字叔問，號小坡，奉天鐵嶺漢軍正白旗人。

圖錄來看，信箋爲黃紙，朱紅色圖樣〔註9〕。（見圖5）比較諸信箋樣圖案，形狀相同，連板片鑴刻紋理都完全一致，可以判斷爲同一板片刷印而成。而箋紙的顏色、形狀、尺寸不同，當是有先後多次印製。

圖5

　　比較墨戲圖式和箋樣，尺寸不同，且墨戲圖近乎標準圓形，而箋樣則略呈縱向橢圓形，這種變動可能是爲了適應箋紙的豎長樣式，達到和諧的視覺效果。在筆劃細節上，二圖也有出入，如「和」字第一筆，墨戲圖作一撇，箋樣則爲短豎；「和」字右半部「口」之兩豎，墨戲圖左低右高，箋樣則接近等高。這些改變也都是順應拉長的圖樣而做出的。由此可見，根據實際用途的差異，《墨戲》與箋紙的圖式設計也有所改動。

〔註 9〕縱觀全書，所收諸箋紙色及圖案色彩均與筆者於上海圖書館所見俞樾尺牘實物有異，紙色偏黃，而圖樣偏朱紅色，不若實物鮮艷，疑爲出版物之色彩偏差。

2.「曲園長壽」圖式與「曲園長壽」箋

在《曲園墨戲》中，僅有一幅「曲園長壽」圖。如圖 6 所示，「曲園」二字變體，肖人之形；「長壽」連書，末筆拉長，由圖樣左上角斜穿過「園」字，拉至右下角，肖竹杖之形。「曲園長壽」四字標題位於圖式右上方。對此圖式的說明爲：「以壽吾形爲壽乎？吐故納新而求長久乎？以壽吾名爲壽乎？著書立說而垂不朽乎？以壽吾神爲壽乎？凌太清入太空而仍歸之無何有乎？」（圖 7）正顯示出此圖集形、名、神三者爲一體的巧思。

圖 6

圖 7

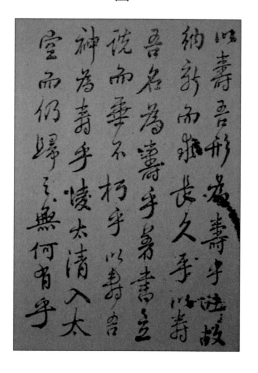

而筆者所見「曲園長壽」箋實物有兩種，均爲豎長箋。一種與《墨戲》之圖相似（圖 8），豎向草體聯書「曲園」二字，「園」字外匡呈下部左偏之方形。左上角斜書「長壽」二字，「壽」字右下一筆由左上角貫穿「園」字拉至右下角。圖樣似一挂杖站立之老人。箋高 27.8 釐米，寬 15.5 釐米；圖樣高18.5 釐米，寬 9 釐米。見於俞樾致沈玉麒〔註10〕及朱之榛〔註11〕之札。另一

〔註10〕 見上海圖書館藏《俞曲園尺牘》二册。沈玉麒，字旭初，清末海昌人。按：《俞曲園手札·曲園所留信札》中指「旭初」爲毛昶熙，誤。毛昶熙卒於 1882

種（圖9）亦為豎向草體聯書「曲園」二字，但「園」字外匡呈圓形，二字似一端坐之人，「長壽」二字亦如竹杖，由圖樣左上方貫穿至右下方。箋高 26.3 釐米，寬 14.1 釐米；圖樣高 15.5 釐米，寬 10.5 釐米。見於致王同及唐樹森之札〔註 12〕。此二箋均用米黃色紙，印紫紅色圖文。

圖8　　　　　　　　　　　圖9

與「一團和氣」圖、箋的情況相同，「曲園長壽」箋樣也並非完全與《墨戲》圖式一致，甚至兩種箋樣本身的差異也比較大，圖中所示人形，一立一

年。而書中收錄致「旭初」信札幾通，所用紅情綠意箋、鈐印箋，都是俞樾晚年 1900 年左右用箋。上圖藏《俞曲園尺牘》中其他致「旭初」諸函，經考也都作於 1890 年以後。如有一通用「跂予望之」箋，寫於 1894 年；一通用紅綠雙魚箋，寫於 1895 年；一通用福磚箋，寫於 1889 年。毛昶熙此時已然去世多年。

〔註11〕見《俞曲園手札·曲園所留信札》。朱之榛（1840～1909），字仲蕃，號竹石，浙江平湖人。

〔註12〕均見《俞曲園手札·曲園所留信札》。

坐，但究其構圖創意，還是出自《墨戲》圖式，都爲曲園老人自畫像。總體來看，箋樣的畫面感更強，筆觸更加流暢。

俞樾致沈玉麒札曰：「今年浙中水荒，湖屬爲重，而敝縣德清尤甚。故鄉父老頻有書來述及。弟有心無力，徒然蒿目。不得已援去年賣文助賑之例，奉上拙作今科擬墨五十本呈政，每本洋錢一角，求惠賜洋蚨五枚，彙付德清，以傚杯水之助。」〔註13〕致朱之榛札曰：「弟今歲仍仿去年之例，賣擬墨助賑，謹以五十本奉呈大教。每本售洋錢一角，伏求惠付洋蚨五翼，俾得彙付災區，稍助杯水，亦仁人之賜也。」〔註14〕二函所述，當是一事。查《春在堂詩編》卷一二「己丑」年詩，有《今年湖州各縣皆荒於水而吾邑德清爲甚聞之矗然因念去歲曾以擬墨一千四百本賣得洋錢一百四十圓助直隸山東之賑余今歲亦有擬墨之作乃援舊例印一千本每本賣洋錢一角集成百數寄上海施君少欽彙付德清帳局以効杯水之助賦詩紀之》，又有《余賣文助賑以擬墨百本寄冀仰蓬觀察每本售洋錢一角乃承以十倍之值相仇賦此謝之》詩，可知此札即書於該年。己丑爲光緒十五年（1889）。

致王同函用「曲園長壽」坐像箋，中云：「兄欲爲小孫領旗匾及牌坊銀，請飭書辦爲寫領紙正副名二張、二張旗匾、二張牌坊，即以浙江乙酉科中式第二名舉人俞陛雲之名具。」〔註15〕乙酉爲光緒十一年（1885），俞樾此年有詩《九月之望浙闈揭曉余孫陛雲中式第二名賦詩誌喜》，信當寫於此年。

3.「曲園寫竹」圖式與「曲園寫竹」箋

「曲園寫竹」圖式如圖10所示，爲豎長形，左下方粗體連筆寫「曲園」二字，形似園中之石；右下爲「寫」字，「竹」字似兩杆竹枝，由右下角向左上方斜貫而出。四字呈竹石之貌。說明稱「寫此製箋，以報平安」（圖11）。

「曲園寫竹」箋今見有兩種。其一爲橫長箋，見於致唐樹森之札〔註16〕。橫長信箋在俞樾花箋中並不罕見，但筆者所見此「曲園寫竹」箋實物，被割裂爲兩頁豎長箋，且寫信時先用圖式的左半葉，再用右半葉，在使用順序上有所顛倒。二葉可拼合出「曲園寫竹」圖式（圖12），左下鈐印。

〔註13〕見上海圖書館藏《俞曲園尺牘》二冊。
〔註14〕見《俞曲園手札・曲園所留信札》，頁231。
〔註15〕見《俞曲園手札・曲園所留信札》，頁182～183。
〔註16〕見上海圖書館藏《俞曲園尺牘》一冊。

圖 10

圖 11

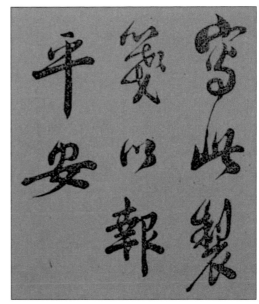

圖 12

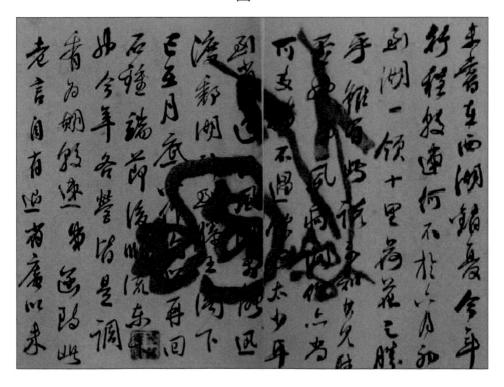

在姜尋所編《中國古籍文獻拍賣圖錄（2003 年）》中，收有俞樾尺牘一頁，用大幅橫長箋，白紙印紅色竹石圖，「曲園」二字畫石，「寫」字作土石過渡，「竹」字呈竹枝竹葉之貌。整幅圖疏緊有致，筆墨簡約，極富文人墨戲之趣。圖上書「曲園寫竹」四字，左側有「廖思涵製箋」五字。（圖 13）尺牘內容爲贈詩一首《春江中丞以湘中留別詩見示次韻寄酬即呈雅正》：「衰病憐余春復春，敢從開府鬥清新。羸軀已分長扶杖，□學難言老斫輪。何幸三吳來舊雨，尚煩一願到陳人。龍門萬丈高難上，敬命吾孫拜後塵。余病不能趨謁，命陞雲代往。」查《春在堂詩編》，卷二十二乙巳編有《陸春江中丞自湘移蘇以留別湘人詩見示次韻奉贈》數首，其末一首云：「露冕來頌吳下春，行看政教一番新。主恩已許三持節，吏治爭推老斫輪。回憶過從如昨日，重煩存問到陳人。龍門百尺高難上，敬命吾孫拜後塵。余病不能報謁，命陞雲代往。」當爲修改之後收入詩集者。乙巳爲光緒三十一年（1905），時年俞樾八十五歲，可知此箋製成已頗晚，在《曲園墨戲》成書刊行之後。

圖 13

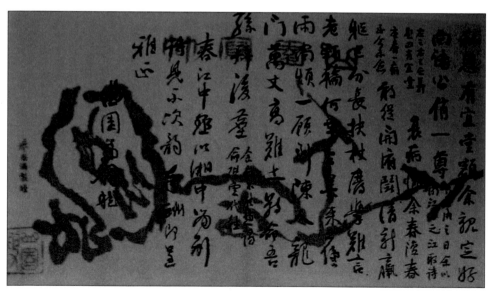

比較墨戲圖式與兩種花箋圖樣，「曲園寫竹」四字的書寫順序、位置、效果均相似，顯然出自同一創意。但《墨戲》中「曲園」二字豎寫，形若立石，筆勢連貫，一氣呵成。「曲園」筆劃較粗，表現石的敦實之貌；而「寫竹」二字則用細線勾勒，體現竹枝的細長之態，一粗一細，對比鮮明。墨戲圖中「曲

園寫竹」四字極易辨識，尚爲一幅簡單的文字畫。而兩種花箋，前一種「曲」字橫寫，「曲園」二字構成的立石棱角柔和，竹枝竹葉也都用與「曲園」相仿的粗線條描繪。整幅圖由豎長方形變爲正方形，在構圖和線條上都顯得較爲和諧。畫面感也更強，雖就竹石圖而言，筆觸還略顯生硬，但石、竹都較形象，反而不經點明，不易立刻辨識出「曲園寫竹」四字。後一種廖思涵所製「曲園寫竹」箋，在圖畫性上更進一步。整幅畫面已由縱長發展爲橫長，且由石和竹的傾斜方向來看，頗有扇面的趣致。就筆勢線條而言，不像前兩種圖樣是連貫「寫」出，而是眞正「畫」出來的。雖然仍用連筆勾畫，但中間有停頓有轉折，採用了繪畫的筆法來表現石的嶙峋和竹的雅致。俞樾本人並不擅畫，圖上的小字「廖思涵製箋」說明這副竹石圖爲廖思涵繪製，較之俞樾所製墨戲圖式和前一種箋樣，顯然在繪畫技巧上高出一籌，但究其創意，還是來自俞樾墨戲圖。

4.「曲園拜上」圖式

「曲園拜上」圖式，如圖 14 所示，「曲園」二字豎向連寫，呈一長袍老者之形。「拜上」二字書於中部左側，呈伸手作揖狀。其中「曲」字稍向前方下壓，其低頭弓背，長手作揖狀非常形象。說明稱「余製此箋用之尺牘，庶幾問人他邦，必拜而送之之義。」（圖 15）。

在俞樾致吳承璐信函中有一封使用「曲園拜上」箋，如圖 16 所示〔註 17〕。內容較之墨戲圖式略有差別。「曲園」二字仍爲豎向連寫，肖人形，但「曲」字稍長稍正，同時「園」字右上角一豎稍向內有回折，使得此人像更顯高直，不若墨戲圖式那般曲意委婉。「拜上」二字瘦長端正，若微擡雙臂，長袍之袖

圖 14

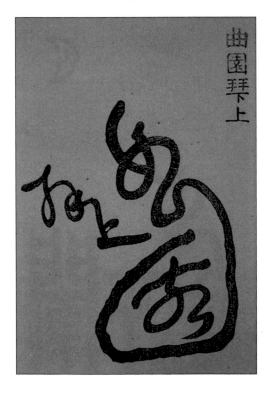

〔註 17〕 見《俞曲園手札・曲園所留信札》，頁 138～139。

圖 15　　　　　　　　圖 16

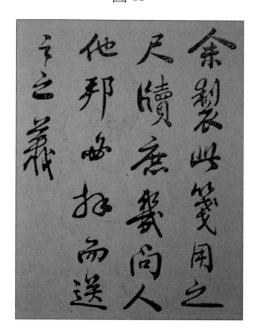 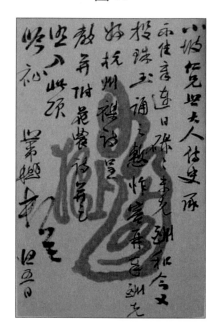

寬大下垂之態。若說圖式所繪，爲老人恭
送之像，則箋樣之人，更爲精神矍鑠，端
正不阿。〔註18〕

　　5.「魚雁」圖式

圖 17

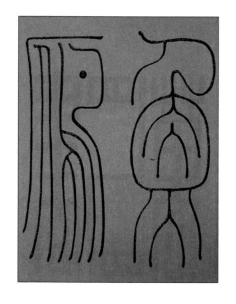

　　此圖式書「魚雁」二字，字似篆書，
又極象形。「魚」字即作魚形，魚頭、魚
身，魚骨及魚尾都頗形象。「雁」字則繪
作鳥形，雁頭、眼睛、羽毛也都清晰可辨。
（圖 17）

　　關於此圖式，《墨戲》中稱「余嘗書
此，擬以製箋，亦不果用，故未始行於人
間也。」（圖 18）可知俞樾雖擬以此圖樣
製箋，但未曾使用，故箋紙實物，現亦未

〔註18〕　《俞曲園手札・曲園所留信札》收錄俞樾致吳承璐信函三封，其一用「曲園
　　　　　拜上」箋二頁。吳承璐（1835～1898），字廣庵，號愼思，浙江歸安人，吳雲
　　　　　之子。

發現。

對照以上幾組《墨戲》圖式與箋紙實物，除了構圖有變化外，圖樣的顏色也有差異。《曲園墨戲》一書用普通黑墨刷印，而箋紙圖樣都用紅色，這是為信箋的實用功能所決定的。一般而言，在明清的傳統信箋中，若是滿幅構圖，圖案色彩往往與紙色相近，如黃紙上圖樣多為黃褐色或綠色，粉色紙上圖樣用朱紅色，並不突出。因為花箋的圖案只是書寫背景，重點還是在墨筆寫就的文書上。一般避免使用黑色圖樣，因其可能會與書寫的墨色字跡相衝突。而白紙信箋，箋樣一般刷印成紅色，再用黑墨寫信，如廖思涵製「曲園寫竹」箋所示，三種色彩對比強烈，文字和圖樣彼此

圖 18

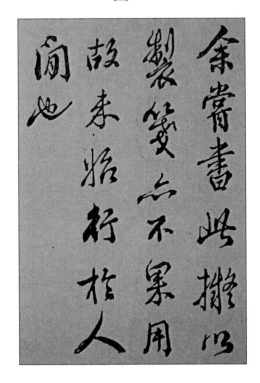

獨立又相互融合，即使不關注信的內容，僅就感觀效果而言，俞樾的書法配上廖思涵的畫，此葉尺牘也不失為一幅書畫合璧的精品。

二、俞樾墨戲圖、箋之設計主題

俞樾的墨戲圖為閒時遊藝之作，內容選擇在一定程度上反映其人生態度和理想，如佛教的「大悲」、「慈悲」觀，對福壽的嚮往，一團和氣的處世態度，讀萬卷書、課孫賞月的人生理想等。而在這二十種墨戲圖式中，又選擇了五種入箋。這幾種製為信箋的墨戲圖式，或者具有內容的代表性，或者特別符合信箋功用。下文即以這幾種墨戲箋為例，探討俞樾墨戲圖、箋之主題特徵。

這五種採用《曲園墨戲》中的圖式而製的墨戲箋，從私人個性化花箋的設計主題來看，「曲園長壽」箋、「曲園寫竹」箋、「曲園拜上」箋都屬於署名箋，「一團和氣」箋和「魚雁」箋則屬於主題箋的範疇。

署名箋，即印有箋主姓名字號的信箋。在箋紙設計中突出箋主名號，昭示箋主身份，以區別於市面流通人皆可用個性模糊的大眾箋紙，這是私人製

箋的根本目的所在，因此署名箋也是私人製箋中最爲常見的一種類型。具體而言，署名箋也可分欄格箋、花箋二類。欄格箋一般是在邊匡外鐫印室名別號，如錢大昕有八行欄格箋，匡外左下鐫「小唐頎」三字。花箋以花紋、圖畫爲信箋內容，一般以加署名號的方式標明箋主身份。上文所舉俞樾「曲園長壽」箋、「曲園寫竹」箋、「曲園拜上」箋等，將名號融於創制的圖案之中，是花箋中比較罕見的做法。曲園爲俞樾晚年之號，箋樣中突出「曲園」二字，明確標示此箋箋主爲曲園老人俞樾。

「曲園長壽」箋、「曲園寫竹」箋、「曲園拜上」箋這幾種花箋，同爲署名箋，但在選題上各有特色，頗具代表性。「福壽」是俞樾自製箋的重要主題之一。除了兩種「曲園長壽」箋外，曲園老人還曾製有福壽磚諸箋。福壽磚多爲宋代舊物，磚文吉慶，福磚上並有壽星騎鹿圖，恰好符合俞樾福壽雙全之人生理想，故一再入箋。此外，《墨戲》中還有「福壽」、「如南山之壽」、「福壽雙修」等圖式，也充分顯示了俞樾對於「福壽」的嚮往。

「曲園寫竹」箋則表達了舊時文人的竹石情結。俞樾不但親自作「曲園寫竹」文字畫入箋，還延請畫家繪墨戲竹石圖，顯出對此題材的格外偏愛。其另製有梅蘭竹版格套箋兩種及松竹梅水印箋等。梅蘭竹石也是傳統文人畫的常見主題，象徵著畫家所追求的高潔品格。

「曲園拜上」，在俞樾信札中並非罕見。俞樾治有「曲園拜上」朱文方印兩枚，專用於書札。下節「鈐印箋」有專文述及。

「一團和氣」箋和「魚雁」箋，其箋樣與箋主身份並無直接聯繫，都屬主題箋。

「一團和氣」箋構圖精巧，僅書「和氣」二字，卻從圖案中隱含「一團」之意。一團和氣符合中國傳統文化中的和諧中庸之道，想必也是俞樾極爲重視的個人修身處世準則，這從此圖式被置於《曲園墨戲》之首，以及使用該箋的尺牘實物的數量上均可看出。就筆者目前調查所及，「一團和氣」箋無論是致信對象的人數，還是所用箋紙的數量，都遠超其他諸種墨戲箋。

由「魚雁往返」之典，魚、雁成爲傳統信箋的常見主題。俞樾的春在堂魚箋、紅綠雙魚箋，以及春在堂五禽箋中的雁箋等也都由此而來。除俞樾外，吳大澂等人也都製有魚箋。

三、墨戲圖與墨戲箋的關係

墨戲圖與墨戲箋的產生孰先孰後？《曲園墨戲》成書於光緒十六年（1890）

俞樾七十歲時。而上述幾種墨戲箋，根據信文內容，除廖思涵作「曲園寫竹」箋外，多寫於光緒十五年（1889）年之前，即在成書之前。

且如「曲園寫竹」圖式說明稱「寫此製箋」，「曲園拜上」圖式稱「余製此箋用之尺牘」，「魚雁」圖式亦稱「余嘗書此，擬以製箋」，可見俞樾早前曾經有過個別的墨戲實踐。而《曲園墨戲》一書，是俞樾在晚年，將自己平生所作墨戲圖式所作的一個匯總。

墨戲圖式中年代可考的，如末幅「曲園俞俞」、「右臺山鬼」，文稱：「右二印皆手寫以付刻者。一曰曲園俞俞……；一曰右臺山鬼，余《西湖雜詩》所謂『新築墓門高一丈，右臺山鬼手親題』也。後之覽者可以一笑。」查考《春在堂詩編》卷一一乙丙編，乙酉年（1885）有詩《重九前一日至杭州湖樓山館小住月餘得詩十七首》，詩云：「湖樓未算是幽棲，策杖來尋山徑蹊。新築墓門高一丈，右臺山鬼手親題。」末句後小字注文曰：「今年……又刻一小印曰右臺山鬼。」

又如「驅邪降福四字鍾馗」圖式，文曰：「庚寅午日，戲作此像。」庚寅為光緒十六年（1890）。

「曲園課孫」圖式，文稱：「余止一孫陞雲，自課之垂十年矣。今春又報罷南歸，將待壬辰再付公車。」壬辰為光緒十八年（1892）。光緒二十四年戊戌（1898）俞樾有詩《臚唱日孫兒陞云以第三人及第再紀以詩》，「棘闈閱歷六科場」一句後有小字注：「自丙戌至戊戌凡七科會試，有一科未赴，故止六科。」丙戌為光緒十二年（1886），是年陞雲首次會試不中，光緒十五年（1889）又不中，文中「又報罷南歸」當指此事，再下次即為「壬辰」年之試。故「曲園課孫」圖作於光緒十五年（1889）。

此外，如「福壽雙修」圖式，記曰：「右臺仙館，雨窗無事，作此兩字，如兩人相對之狀，刻板拓印，以貽好事者。」可見此圖早年亦有單印本流行。

至光緒十六年（1890），俞樾將前作零星墨戲匯總成書，重付手民。既然成書，則有統一的版式要求，圖案大小相若，置於板片右半葉，左半葉則寫刻文字。書中呈現出的墨戲圖，與最初的創作必定存在或大或小的差異，大者可能俞樾本人做過修改，小者刻工也可能存在技藝區別。但墨戲圖式的創作靈感來自俞樾本人，寫製也當為本人完成，雖然成書出版時，在上板刻印的過程中肯定會產生些許差異，但無傷大雅。所以，我們認為，最初的一些圖式，如「一團和氣」、「曲園寫竹」等，可以說是俞樾墨戲箋的底稿，並未

能夠保留下來，我們今天見到的墨戲箋應該是較早的應用圖式。由於早年墨戲圖現在無法得見，我們只能根據《曲園墨戲》書中的圖式來與墨戲箋樣進行比較，而二者顯然存在著較大的差異。

《曲園墨戲》二十幅圖式，其創作樣式大多是「曲園寫竹」、「曲園長壽」式的字畫，圖式的重點在於字，即個體的字的變形，並且進行一定的排列組合，若干字組成某種樣式，帶有一些構圖感，與其說是圖畫，還是更像書法。而查看幾種墨戲箋，我們可以發現，墨戲箋的內容更像是畫而非字。如上文介紹過的「曲園寫竹」，第一種墨戲箋就已較有畫面感，其線條筆觸，雖仍顯簡單粗糙，但已是繪畫的手法。讀者閱信的第一感覺是畫箋而非字箋，其中玄妙細細品味方可體會。而廖思涵所製「曲園寫竹」箋，已經完全是一幅文人畫了，「曲園寫竹」四字成功隱入畫面之中，即使不辨四字，仍是一幅不錯的繪畫作品。

墨戲圖與墨戲箋為何存在差異？墨戲箋相比墨戲圖而言，在繪畫水平上更進一步，為何在成書時捨棄不用？這可能緣於二者的功能性差異。箋紙是舊式文人往來信件的載體，其內容選擇往往體現了寫信人的趣味及當下的心境。如上文分析，俞樾用於入箋的墨戲圖式，也是有選擇有深意的。在俞樾之前，傳統畫箋多為人物、景物、花卉箋，罕見文字畫的樣式。因此俞樾製墨戲箋時也努力使其以更加貼近傳統畫箋的面貌出現，友人閱信時需細加品味方能體會其中妙處，也更顯出「筆墨遊戲」的趣味來。到俞樾晚年合集《曲園墨戲》之時，可能出於創作墨戲圖式的本意，為字畫之圖例，故捨棄了墨戲箋中的墨戲畫，而恢復到最初的簡單質樸的文字畫上，同時也與書中其它的墨戲圖保持了風格的統一。

俞樾自稱「余素不習畫」。清竇鎮輯《國朝書畫家筆錄》，僅記俞樾「工書。文宗思之，猶有『寫作俱佳，人頗聰明之語』。求書者甚多，率以行草應之，篆隸不輕作也。」繆荃孫為俞樾作行狀，也不提其繪事。俞樾自製花箋中，畫箋僅有寥寥數種，較常使用的是曲園圖箋、俞樓圖箋和右臺仙館圖箋一套三種景物箋，繪者為其婿許祐身；以及「拜而送之」箋與「跂予望之」箋兩種人物箋，畫中之人均為俞樾，但無落款，不著繪者。這也就能解釋為何俞樾的墨戲箋大多繪技草草，雖以「墨戲」為名，仍遠不及真正文人「墨戲」般揮灑自如。其最為精彩的一幅墨戲箋「曲園寫竹」也並非本人寫製，而是廖思涵所作。

綜上所述，俞樾在用墨戲圖式入箋時，爲順應畫箋傳統及實用功能，親自或延請友人善畫者重新繪製，雖採用墨戲創意，但線條、畫面感均極類畫作。《曲園墨戲》諸圖式，則當爲俞樾親自寫作，其樣式爲書法變體。由俞樾的墨戲圖到墨戲箋的變化可知，所謂傳統文人自製箋的「自製」，不過是提供了製箋的創意、圖式，至於繪版、刻板、印刷這一系列實際操作，則另有專人進行。而後者之名，多不見載於史籍。

四、俞樾的「墨戲」

墨戲，從字面解釋，爲筆墨遊戲之意。元代吳鎮在《畫論》中稱：「墨戲之作，蓋士大夫詞翰之餘，適一時之興趣。」狹義來看，墨戲特指傳統文人的寫意畫，因隨興成畫，故而得名。宋趙希鵠《洞天清祿集》稱米芾：「其作墨戲，不專用筆，或以紙筋，或以蔗滓，或以蓮房，皆可爲畫；紙不用膠礬，不肯於絹上作一筆。」蘇軾、米芾等人都有不少墨戲之作。墨戲帶有文人的價值取向，不重視畫的技法，而是強調個性表現及趣味性，以遊戲的態度表達畫家的高潔意趣。

而俞樾的墨戲圖、箋，並非嚴格意義上的文人墨戲畫，而僅是一些變體書法、文字遊戲，或者叫作文字畫。雖然如上文所示的大幅橫長「曲園寫竹」箋，表現方式和畫面效果已經非常接近文人墨戲畫，但還是由文字的變體樣式組合而成的圖畫。這種以文字入畫的遊戲方式，與傳統文人墨戲畫中的以書法筆勢、線條入畫，從而達到的整體視覺表達上的清雅、含蓄的效果，是有著本質區別的。

俞樾認爲其墨戲圖式符合「古人字畫合一之旨」，其取意主要來自中國文字中的象形字。如《墨戲》序中強調的「古人之字即古人之畫。日之爲 ⊙，月之爲 𝒟，星之爲 ⋰，其尤肖者矣。蒼頡見禿人伏禾中，因而製禿字，此即畫即字之明證。孔子曰：視犬字如畫狗也，此即字即畫之明證」，而「自字與畫分，而其義不明矣；自畫與字分，而其道不尊矣」，故而認爲「余素不習畫，然字則童而習之，以至於今。閒居無事，拈弄筆墨，時出新意，頗有合乎古人字畫合一之旨」。

考察俞樾的墨戲圖式，「曲園長壽」、「曲園寫竹」這樣的文字連寫變體圖式所佔比重較大。如「曲園對月」肖老人倚欄對月之形，「右臺仙館」則似房屋院落。（圖 19、20）這些「文字畫」，實際是在象形字的基礎上創作的象形詞語，以達到所謂「字畫合一」的效果。

圖 19　　　　　　　　　圖 20

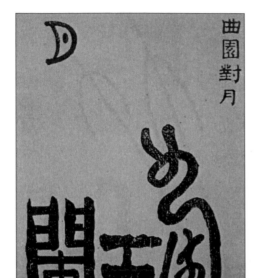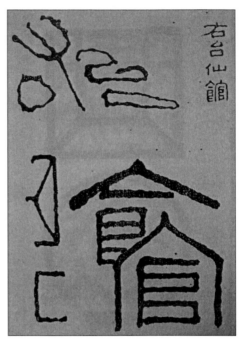

　　《曲園墨戲》中的「墨戲」，與傳統文人畫範疇的「墨戲」相比，雖然在追求的文人性，趣味性方面有某些共通之處，但創作方法、技巧和效果上都有很大不同，更加簡明及通俗化。這與俞樾本人擅書不擅畫有密切關係。因其不工繪事，又嚮往文人畫的意趣，所以便獨闢蹊徑，致力文字遊藝。俞樾所製的墨戲箋，在傳統文人自製箋中獨豎一格，其「墨戲」文字畫，也基本不見於其他文人創作。文字畫在現代又有所發展，融合了現代繪畫的元素，題材更加豐富，藝術性更強，但溯其源頭，中國傳統文人的文字畫創作，很可能即始自俞樾。

第二節　印章箋與鈐印箋

一、印章箋

　　印章箋爲花箋的一種，以箋主私印爲內容。與鈐於信箋上的印記不同，印章箋爲雕板刷印而成，箋上的圖案比眞正的印章大得多，占據箋紙的絕大篇幅。俞樾製有數種印章箋：

1.「曲園居士俞樓遊客右臺仙館主人尺牘」箋

此箋豎長形，白文朱印，四行，行四篆字，爲「曲園居士俞樓遊客右臺仙館主人尺牘」十六字。箋高約 24.5 釐米，寬約 13 釐米；印章高 15 釐米，寬 7 釐米。（圖 21）

2.「曲園尺牘」箋之一

豎長箋，朱文印，兩行，行二篆字，由上而下，由右至左依次爲「曲園尺牘」四字。上部的「曲」、「尺」二字方形，高度僅爲下部豎長形「牘」、「園」二字的一半。箋高 23.1 釐米，寬 13.2 釐米；印章高 21.8 釐米，寬 11.4 釐米。（圖 22）

<table>
<tr><td>圖 21</td><td>圖 22</td></tr>
</table>

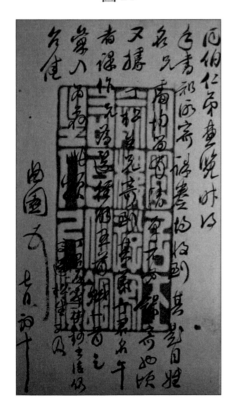 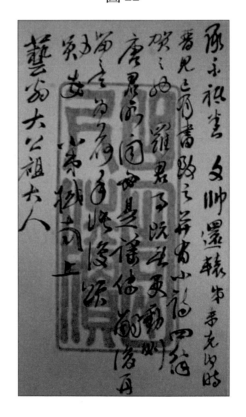

3.「曲園尺牘」箋之二

豎長箋，朱文印，印章內有橫豎兩欄，十字交叉，由右到左，由上到下依次爲「曲園尺牘」四字。箋高 23.5 釐米。寬 12.5 釐米；印章高 16.4 釐米，

寬 7.3 釐米。（圖 23）

4.「單心著述」箋

竪長箋，朱文印，兩行，行二篆字「單心著述」，四字周圍有裝飾線條。箋高 23.4 釐米，寬 13.2 釐米；印章高 16.5 釐米，寬 11.2 釐米。（圖 24）

圖 23	圖 24

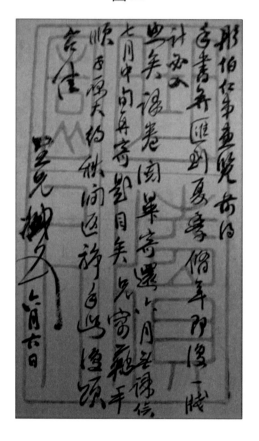 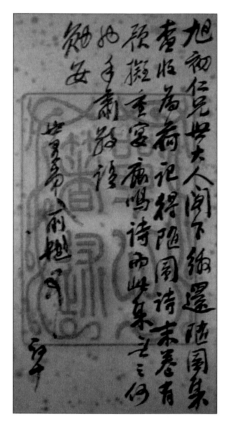

二、鈐印箋

俞樾書信用紙，根據其樣式，大致可分印製花箋與素紙鈐印兩大類。上文介紹的印章箋即爲印製花箋之一種。俞樾也有很多信寫於素紙之上。但與他人尺牘一般於落款處鈐寫信人小型私印不同，俞樾喜於素箋之上先加蓋各色印章，多爲尺牘專用之大印，種類繁多，位置各異，很多蓋於信箋中央，頗爲奪目，與其特製印章箋有異曲同工之妙。因此，我們將此類鈐印素紙，也稱爲鈐印箋。

此類鈐印箋也可根據所鈐之印大致分爲兩類，一類爲尺牘專用印章，一類爲通用印章。

● **尺牘專用章**

俞樾專用於信箋的印章，有「曲園拜上」印和「敬問起居」印等：

1.「曲園拜上」朱文方印

此朱文方印，無印匡，由上而下，由右至左，依次爲行書「曲園拜上」四字。（圖 25）

2.「曲園拜上」朱文方印

此印有印匡字格，由上而下，由右至左，依次爲隸書「曲園拜上」四字。（圖 26）

圖 25　　　　　　　　　　　　　圖 26

3. 人像朱文印

此印爲豎長形，無印匡，作一人垂首作揖狀。

1、2 兩種文字印或單獨鈐印於豎長箋紙上部，或與人像箋同鈐，文字印在上，人像印在下，上文下圖，配合巧妙。（圖 27）

4.「敬問起居」圓形朱印

此爲圖文結合印，圓形印匡內右側有一人作垂首作揖狀，左側書「敬問起居／曲園通侯箋」。此印常鈐於箋紙中心偏上處或中心偏下處，單獨使用。（圖 28）

圖 27　　　　　　　　　圖 28

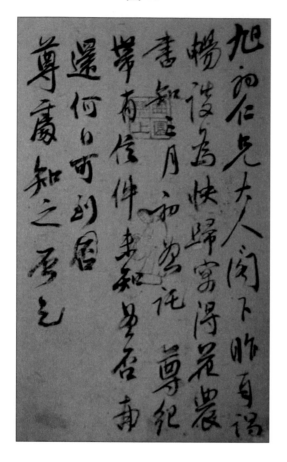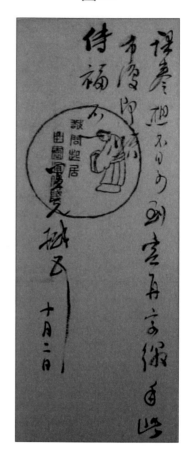

● 其它通用印章

除了上述幾種尺牘專用章外，常鈐於尺牘之章，還有「蜀杜堂」竪長白文印、「山林亦臺閣文字即功勳」朱文方印、「殫心著述」朱文方印等多種。

1.「蜀杜堂」竪長白文印

「蜀杜堂」印常單獨鈐印於竪長素箋中央。也見與其他印章合用於一張素箋，常鈐於右上角。

2.「山林亦臺閣文字即功勳」朱文方印

此篆文方印也常單獨鈐印於竪長素箋中央。

3.「恩獎壽儒」朱白文長方印

4.「殫心著述」朱文方印

5.「海內翰林第二」朱文方印

　　上述 3、4、5 三印常常同時出現在一張方形大幅素箋上，分別位於信紙右上、中間、左下的位置。（圖 29）

圖 29

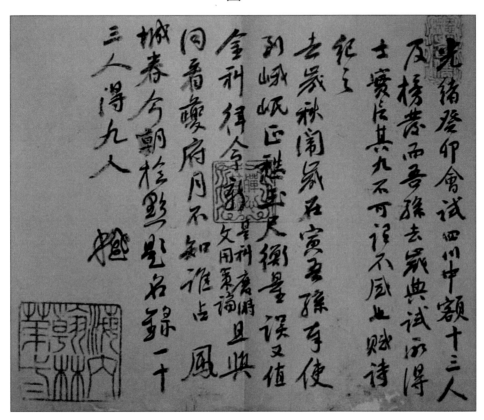

　　6.「曲園波」朱文方印

　　7.「俞」朱文長方印

　　「曲園波」篆文方印多鈐於豎長素箋左下角。通常右上角鈐「俞」印，或花印。（圖 30）

　　8.「兩度月宮遊客」朱文方印

　　此篆文印通常鈐於豎長素箋左下角，配合右上角其他印章共同使用。（圖 31）

　　9.「赤心」朱文印

　　「赤心」二字經變體成一圓形，創作方式類似前述「一團和氣」墨戲圖。但此印為小圓印，通常鈐於方形大素箋正中。（圖 32）

圖 30　　　　　　　　　　　　　　圖 31

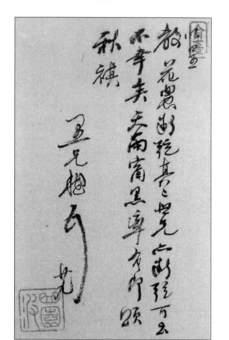

圖 32

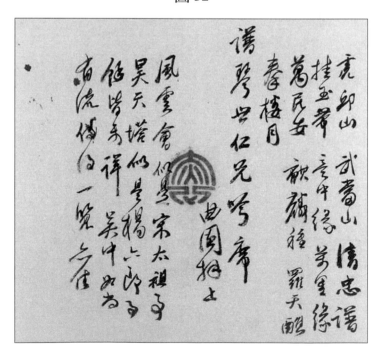

細察俞樾尺牘所鈐之印，大多為先鈐印後寫字。如致沈玉麒書札多鈐「蜀杜堂」印，其中一通用兩葉信箋，一葉書於鈐印之上，一葉則書於紙背，即先素箋鈐印，但實際書寫時一時疏忽，寫在了紙的反面〔註19〕。（圖33）也有少數信箋為寫字後鈐印，印章明顯蓋於墨迹之上，這種當不屬鈐印箋，下文會有所說明。

俞樾用素紙寫信時，若用多葉信紙，則每頁均鈐同樣印章。這種於素紙信箋上鈐印的特殊做法，及其產生的類似印製花箋的突出視覺效果，都讓我們可以將其視為俞樾自製箋紙的一個類別。

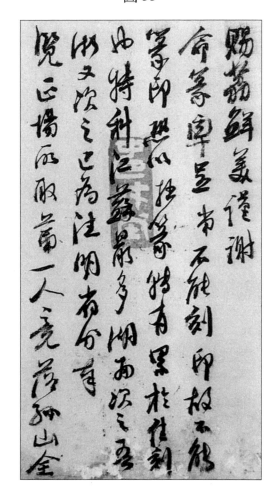

圖33

三、印章箋、鈐印箋的製作及使用

一般來說，文人自製信箋的使用具有時效性，一來新箋新鮮可喜，二來花箋往往因事而造，新箋與箋主當下的際遇及心境更加吻合。故每種箋紙都有一定的使用周期，很多早年常用箋紙，後來再不見使用。當然，像俞樾這樣酷愛花箋的文人，為了避免閱信者的單調之感，也為了凸顯自己的個性品味，在同一時間段內也不可能僅用一種箋紙。隨著年歲增長，閱歷愈豐，製箋的整體風格也逐漸產生著變化。通過現存可見的尺牘實物，我們可大致考證出俞樾自製各箋的製造和使用時間。

1.印章箋

清光緒元年（1875）四月，蘇州曲園落成，俞樾遂自號「曲園居士」。此

〔註19〕見《俞曲園手札‧曲園所留信札》，頁28～29。

前所製諸箋，均以「春在堂」命名，如春在堂五禽箋等，自此始用「曲園」落款。「曲園尺牘」印章箋之一見於致唐樹森及王同信各一通，之二見致王同信一通，所述均爲光緒初年之事，據此可推斷「曲園尺牘」印章箋兩種均製造和使用於這一時期〔註20〕。

另一種印章箋爲「曲園居士俞樓遊客右臺仙館主人尺牘」。光緒四年（1878），徐琪等人爲俞樾築樓於孤山之麓，名「俞樓」。光緒六年（1880），俞樾於右臺山買地築屋，名右臺仙館。由此可知此箋當製於光緒六年以後。俞樾致王同函用此箋四十餘葉，信中所及則多爲光緒十年左右事。如一信中稱「小孫縣試第二，府試第一，可望入學」，俞樾孫陛雲應府縣試在光緒十年（1884）。致唐樹森尺牘有六通用此箋紙，其中也提及俞陛雲府縣應試之佳績。

2. 鈐印箋

按古制，在鄉試發榜次日，地方長官延請考中舉人，同歌《詩經·鹿鳴》，作魁星舞。而六十年後，尚在人世的舉人可重赴鹿鳴宴。按清代定規，重宴鹿鳴，需提前一年上報朝廷核准。俞樾於道光二十四年（1844）鄉試得中正榜，光緒壬寅年（1902）上諭准其重宴鹿鳴，稱其「早入詞林，殫心著述，教迪後進，人望允孚」，並加恩開復原官。故俞樾有「單心著述」、「綸音殫心著述」、「海內翰林第二」、「恩獎壽儒」、「兩度月宮遊客」等印。鈐此數章之箋，均作於光緒二十八年（1902）之後。

至王同一函，用「山林亦臺閣文字即功勳」鈐印箋，內稱「鄙人三十一年老山長，至戊戌而力辭者」，「兄年逾八十，精力益衰，著述之事，業已輟筆，惟興到或作小詩。今年詩頗多，絡續付刻，已將一卷」〔註21〕，信當書於光緒二十六年（1900）以後。

上海圖書館《俞曲園手札·曲園所留信札》中收錄俞樾致陳豪信函多用鈐印箋：一通用無匡「曲園拜上」印及人像印箋三葉〔註22〕；一通五葉，左下角鈐「曲園波」印，右上角鈐花印〔註23〕；左下角鈐「曲園波」印，右上角「俞」印，共兩通三葉〔註24〕；左下角鈐「海內翰林第二」印，右上角鈐

〔註20〕 致王同函見上海圖書館藏《曲園尺牘》四冊。致唐樹森函見上海圖書館藏《俞曲園尺牘》一冊。

〔註21〕 見《俞曲園手札·曲園所留信札》，頁179～181。

〔註22〕 見《俞曲園手札·曲園所留信札》，頁208～210。

〔註23〕 見《俞曲園手札·曲園所留信札》，頁211～215。

〔註24〕 見《俞曲園手札·曲園所留信札》，頁216～218。

「恩獎壽儒」印，共二通三葉〔註25〕；左下角鈐「兩度月宮遊客」，右上角「蜀杜堂」印，一通三葉〔註26〕。其中一通鈐「曲園波」與花印函中云「兄病只如恒，近卻有拂意事，第二曾孫慶寶殤矣。此兒眉目姣好，質地聰明，年只四歲，竟不能留」。查《春在堂詩編》卷二十三（光緒三十二年，1906），有《悼曾孫慶寶》詩：「肌膚冰雪貌豐昌，況復聰明記性強。以我八旬猶未死，致兒四歲便云亡。笑啼都化三更夢，藥湯空勞一夕忙。始信人間醫可廢，老夫舊論不荒唐。醫來皆不知何病。」信當書於此年。

　　根據鈐印信箋的內容，可推算出俞樾鈐印箋的使用主要集中於光緒二十四年（1898）辭詁經精舍講席，至光緒三十二年（1906）去世止這一時期。

四、印章箋、鈐印箋的設計

　　俞樾的印章箋和鈐印箋，就私人製箋的設計主題來看，都是典型的署名箋。

　　從俞樾所用各式印章來看，一種為直接點明「俞樾之印」的，如「曲園波」朱文印、「曲園拜上」朱文方印等。一種為未明確署名的，如「單心著述」朱文印、「綸音殫心著述」朱文長方印、「蜀杜堂」白文長方印、「山林亦臺閣文字即功勳」朱文方印、「海內翰林第二」朱文方印等，讀者可根據印章內容、刻印背景等明確箋主身份。

　　署名箋常見箋主名號之後加上「拜上」、「頓首」等尺牘專用語，或「某某用箋」、「某某尺牘」等。如譚獻號復堂，其自製署名箋，箋上左下雙鈎「復堂頓首」四字，旁有小字說明「集史晨碑」〔註27〕。徐蔚如用箋，白紙紅印「香光莊嚴室用箋」七字〔註28〕。俞樾的「曲園居士俞樓遊客右臺仙館主人尺牘」白文長方印箋、「曲園尺牘」朱文長方印箋、「曲園拜上」朱文方印箋、「曲園尺牘」、「曲園書」的版格箋、書法箋中的曲園長壽箋等都屬於此類箋紙。

　　俞樾的印章箋與鈐印箋，採用以印章圖案入箋以及鈐印構圖的方法製箋，在傳統署名箋中，可謂獨樹一幟。晚清民初文人自製署名箋多為欄格箋，

〔註25〕　見《俞曲園手札・曲園所留信札》，頁 219、225～226。

〔註26〕　見《俞曲園手札・曲園所留信札》，頁 220～222。

〔註27〕　見《中國古籍文獻拍賣圖錄 2001～2002》，頁 606。譚獻（1830～1901），浙江仁和人，號復堂，同治元年舉人，官合肥等知縣，後應張之洞邀主講經心書院，工詩詞。

〔註28〕　《中國古籍文獻拍賣圖錄 2001～2002》，頁 857。

在欄格外某處鈐箋主名號或室名齋號，花箋則大多集金石碑文而成。以私人印章入箋，俞樾可謂獨創。在以後的文人箋中，此種做法也不常見。傳統文人書信並非一定鈐蓋印章，即使鈐印，也多用小型私印鈐於落款處。俞樾所鈐印章尺寸之大，在文人尺牘中非常罕見，且其多採數枚印章於素紙之上有序鈐印，有意製造出一種畫面感，這也是其晚年的獨創做法。

俞樾一生製箋約五十餘種，其中印章箋與鈐印箋有十餘種，今存尺牘實物較多，使用頻繁。印章箋尤以「曲園居士俞樓遊客右臺仙館主人尺牘」箋為常用。俞樾晚年基本不再印製花箋，所用多為鈐印箋，隨心鈐制，更方便且多變化。俞樾自製印章箋與鈐印箋，一方面是中國傳統社會文人自製署名箋的典型代表，體現出私人製箋的基本目的所在；另一方面，也是個人獨創之樣式，與其人生經歷相聯繫，有助於對俞樾的深入理解與研究。

五、鈐印箋與素紙鈐印

既稱為箋，則印章須先行鈐於信紙之上，再在這樣的鈐印箋上書寫信文。即在書寫之前，信紙已經過一定程序的加工，使之與普通素紙有所區別。若是先於素紙上寫信，再加鈐印，就不能被稱作鈐印箋。在俞樾致鄭文焯的尺牘中，我們發現了三通，都鈐有人像朱文印和「曲園拜上」印，但都不應算作鈐印箋。

一通文曰：

> 伏讀
> 來詞，豪宕之中兼
> 　以細膩，合大江東去、
> 　曉風殘月為一身，非
> 　我輩粗人所能及
> 　也。金縷曲與笏老
> 　唱和，疊至十九。鄙人本
> 　以文為詩，茲更以文為
> 　詞，為詞家之魔道
> 　矣。此上
> 小坡孝廉。曲園。〔註29〕

〔註29〕 見《俞樾手札》，上海書畫出版社，2007年，頁11～12。

此信鈐印章二枚。一枚人像朱文印，鈐於首行「伏讀」二字之下，一枚隸書「曲園拜上」印，鈐於末行落款「曲園」之下。在信末落款處鈐私印，古人尺牘間或有之，信首鈐印則不多見。考之俞樾鈐印諸箋，則多有用之。但考慮鈐印的位置，顯然是信成之後所加，故不應算入鈐印箋之列。

另一通書翰，信首無印，在落款「曲園拜上」四字上加鈐人像朱文印，下方鈐「曲園拜上」行書印〔註30〕。雖然二印上下連蓋的方式與前文所述鈐印箋一致，但因爲是信成之後再鈐的，也應排除於鈐印箋的範圍之外。

還有一通，信紙中部右側鈐人像印，左側鈐「曲園拜上」行書印，印章朱色覆於文字墨色之上，亦爲書成之後加鈐，同樣不算鈐印箋。〔註31〕

而鈐印箋，必須是先鈐印，再於其上書寫文字，鈐印的位置並不會隨信文內容、長短而改變。如前文所述各箋，大多將印章鈐於豎長形箋紙的中上部，或是橫長形箋紙的右上、中間和左下部，形成一定的格式規範。且從實物來看，有明顯的先鈐印後寫信的證據。如圖33所示，此信二葉，都用「蜀杜堂」白文印，但首葉印章反置，顏色黯淡，實爲鈐印後將信寫在了信箋的反面。而後一頁「蜀杜堂」箋鈐於信紙正面，色澤鮮艷。細辨之，可見墨色濃黑，覆於朱紅印章之上，定爲後施之墨。再如圖34、圖35所示之信函，用方形信紙兩頁，內容爲次韻「子開觀察疊元旦韻」。首葉右上角鈐「恩獎壽儒」

圖35　　　　　　　　　　　　　　圖34

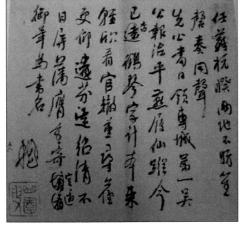
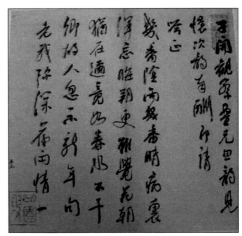

〔註30〕見《俞樾手札》，頁14～15。
〔註31〕見《俞樾手札》，頁19。

朱白文長方印，左下角鈐「曲園叟」朱文正方印，次頁亦同。可辨識墨色蓋於朱印之上，當是先鈐印後寫信。且二頁鈐印的位置都相同，與信的內容並無直接聯繫。尤其是首葉左下之印與次頁右上之印，並無引首印或落款印的實際功用，只能認爲是俞樾用箋的鈐印習慣，而這種先鈐印於素紙固定位置的習慣，長久爲之，即是鈐印箋所以能成爲一種箋樣的原因。

第三節　書法箋

一、書法箋

箋紙的主體圖案爲一字或數字之書法，是爲書法箋。書法箋的字體多爲較古樸的篆隸。俞樾所製書法箋，主要有五禽箋、鶴、竹箋和紅情綠意箋。

1. 五禽箋

五禽箋，分別爲鶴箋、燕箋、雁箋、鳳箋、鵲箋。均爲豎長箋，高約23釐米，寬約12.5釐米。箋紙中心偏上，分別印有大書篆字「鶴」、「燕」、「雁」、「鳳」和「鵲」，下方有俞樾隸書小字說明。鶴箋下書「閬苑有書多附鶴。故作鶴箋。春在堂五禽箋之一」。（圖36）燕箋下書「紫燕西來欲寄書。故作燕箋。春在堂五禽箋之一」。（圖37）雁箋下書「衡陽歸雁一封書。故作雁箋。春在堂五禽箋之一」。（圖38）鳳箋下書「收得鳳紙寫相思。故作鳳箋。春在堂五禽箋之一」。（圖39）鵲箋下書「喜鵲隨函到綠蘿。故作鵲箋。春在堂五禽箋之一」。（圖40）五禽箋有淺粉、淺紫、肉色、黃色等若干紙色，箋上文字均爲紅色。

2. 鶴箋、竹箋

在五禽箋之鶴箋之外，俞樾另製有一種鶴箋。豎長形，高24.7釐米，寬13.3釐米。僅在箋紙中心偏上處有一篆書大「鶴」字，餘無它字。（圖41）此「鶴」字與五禽箋中鶴箋上的「鶴」字，字形有異。

與此箋樣式相仿的，有竹箋一種，箋樣爲篆書大「竹」字。（圖42）

3. 紅情綠意箋

此箋豎長，爲紅綠雙色套印箋。箋紙中心雙鈎「情意」二篆字。「情」字在右，紅色；「意」字在左，綠色。箋用白紙，高20.2釐米。寬12.9釐米；字高10.7釐米，二字共寬6.3釐米。（圖43）

圖 36

圖 37

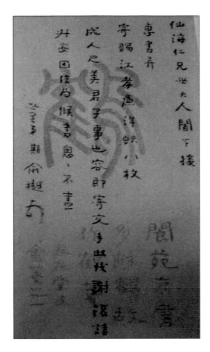

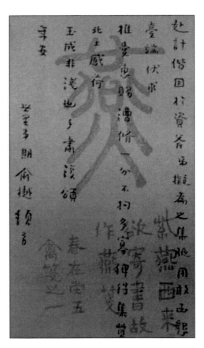

圖 38

圖 39

圖 40　　　　　　　圖 41

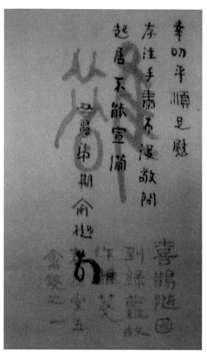

圖 42　　　　　　　圖 43

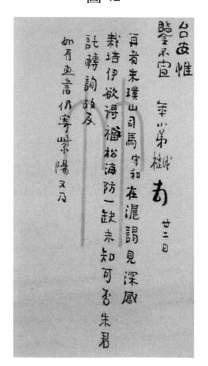

俞樾有《辛丑元旦》一詩：

> 纏過鼠後即牛前，坐對韶華黯自憐。
>
> 九九殘年隨逝水，重重舊夢化輕煙。
>
> 且將白日黃雞曲，寫入紅情綠意箋。
>
> 但願四方烽燧息，春臺大眾共陶然。〔註32〕

其中「寫入紅情綠意箋」一句後有小字注，曰「余手製箋也」。

二、書法箋的製作及使用

1.五禽箋

清同治七年（1868）年四月，曾國藩爲俞樾題寫館名「春在堂」，並小字注曰「蔭甫仁弟觀丈以『春在』名其堂，蓋追憶昔日廷試落花之句，即君與僕相知之始也，廿載重逢，書以識之。」「春在堂」之得名，源自俞樾於道光三十年（1850）會試中式後，在保和殿參加的復試。其時曾國藩爲考官，詩題爲「淡煙疏雨落花天」，俞樾答題，首句作「花落春仍在」，曾國藩對此大加讚賞，力舉俞樾爲禮部復試第一。在曾國藩爲題「春在堂」匾額後，同年十月，俞樾刊刻《春在堂詩編》，首度以「春在堂」名其著作。後又有《春在堂詞錄》、《春在堂雜文》等，到了晚年，更是將其所有著作總集冠以《春在堂全書》之名。

俞樾此時製箋，也多用「春在堂」之名，如春在堂魚箋、春在堂五禽箋等。五禽箋爲套箋，一套五種，且有淺粉、淺紫、肉色、黃色等若干紙色。俞樾留存信札，用春在堂五禽箋者數量非常之多。如今見至陳方瀛之信，用五禽箋者有八通，分別用鶴箋一葉，燕箋一葉，雁箋一葉，燕、雁箋各一葉，鶴、雁箋各一葉，燕、鵲箋各一葉，鶴、鳳、鵲箋各一葉，鳳箋二葉鶴箋一葉〔註33〕；致唐樹森用五禽箋者四函，分別用鶴、雁、燕箋各一葉，燕、鶴箋各一葉，鶴、燕、雁箋各一葉，燕、鵲箋各一葉〔註34〕；致馮崧生函，用紅紙、黃紙鶴箋各一葉〔註35〕；等等，其餘就不一一列舉了。

檢視以上信函可以發現，俞樾在使用五禽箋時，對圖案、色彩的搭配都

〔註32〕見《春在堂詩編》卷十八「辛丑編」，清光緒二十五年（1899）刊《春在堂全書》本，收入《續修四庫全書》1551冊，上海古籍出版社，1995年，頁570。

〔註33〕見上海圖書館古籍部藏《俞樾手札》一冊。陳方瀛，字仙海，浙江海鹽人。

〔註34〕見上海圖書館藏《俞曲園尺牘》一冊。

〔註35〕見《俞曲園手札・曲園所留信札》，頁254～255。

非常注意。若無多話僅書一紙，則隨意選擇套箋之一葉；若所書需若干紙，則選用套箋中不同圖樣不同色彩的數葉信箋，先後次序並無一定。若在一信中使用了兩葉相同圖樣的信箋，也會力求相鄰兩箋的圖樣、箋色各異。如致陳方瀛一信，用三葉五禽箋，其中鳳箋二葉、鶴箋一葉，二葉鳳箋紙色就不相同，且一首一尾，將鶴箋夾在中間。又如致如山一函，用紅紙鵲箋和黃紙鶴箋各一葉，這樣就可避免產生重複單調之感〔註36〕。

同治七年（1868），俞樾受聘主持杭州詁經精舍，因家人仍定居蘇州，故其僅每年春秋兩季赴杭州湖樓。曾國藩爲其題寫館名「春在堂」，亦在此年。同治十三年（1874），俞樾在蘇州營造曲園，奉養老母。至光緒四年（1878）方於西湖孤山築俞樓爲居所。用五禽箋寫作諸函，多提及「弟吳中度歲，碌碌如恒」〔註37〕，「弟寓吳如昨，十月中必可來杭」〔註38〕，當爲此十年間所作。

致陳方瀛函，謂「弟寓吳如昨，無可言者，惟今年又刻《曲園雜纂》五十卷，零星撰述，初不成書，茲將目錄附呈清鑒」〔註39〕。據《俞曲園先生年譜》，《曲園雜纂》五十卷刻於光緒三年（1877），信亦作於此年。

致馮崧生函曰：「前辱惠書，以老母棄養，慰問拳拳，甚感甚感！」考俞母姚夫人卒於光緒五年（1879），當爲此信寫作之年。

又有致唐樹森函，提及「前在山中，汪柳門學使、徐花農庶常，偶於僧舍壞垣得福壽殘磚，置之右臺仙館，弟實不足當之。」〔註40〕查《春在堂詩編》卷九，辛巳年即光緒七年（1881），俞樾作有《清明後三日徐花農庶常攜尊至右臺仙館宴集遂遊法相寺得斷磚於壞垣有福壽二字取歸置之山館因紀以詩仍用東坡石鼓韻》詩，信當作於此年。據此亦可知春在堂五禽箋使用時間跨度非常長，至1868年至此，已有十四年之久，此後可能還有使用。

2. 鶴箋、竹箋

鶴、竹二箋多共用於一函，亦可視爲套箋。如《俞曲園手札·曲園所留信札》所收致應寶時函，用鶴箋、竹箋者有九通，分別爲竹、鶴、竹箋一通三葉，竹箋一葉，竹箋三葉鶴箋一葉，鶴箋四葉竹箋一葉，鶴箋三葉，鶴箋

〔註36〕 見《俞曲園手札·曲園所留信札》，頁15～16。
〔註37〕 見上海圖書館古籍部藏《俞樾手札》一冊，致陳方瀛札。
〔註38〕 見上海圖書館古籍部藏《俞曲園尺牘》一冊，致唐樹森札。
〔註39〕 見《俞曲園手札·曲園所留信札》，頁309～310。
〔註40〕 見《俞曲園手札·曲園所留信札》，頁88～89。

一葉，竹箋一葉，鶴、竹箋一通二葉，鶴、竹箋一通二葉。

　　其中一函云：「弟已決計移席詁經（固由馬中丞敦請，亦緣紫陽一席須讓程輪香之故，否則一動不如一靜也）。」〔註41〕又一函稱：「二十外擬移居大倉口。」〔註42〕又一函云：「樾於二十二日移寓大倉口，出月仍當至杭也。」〔註43〕另有一函，稱「明歲大都回杭之局居多，稍近鄉里，漸謀歸休；惟杭州無屋，或不得已先於吳下小住，亦步步爲營之法也」，「如有惠書，仍寄紫陽」〔註44〕。據《俞曲園先生年譜》，同治七年（1868）四十八歲，「先生受浙撫馬穀三（新貽）之聘，辭紫陽書院講席，赴杭任詁經精舍主講。先生眷屬自紫陽書院移居大倉前」〔註45〕。可知此數封信函當書於此年。又有一函云「弟寓西湖月餘，天竺、韜光、靈隱皆蠟屐一遊」，「因眷屬留蘇，於月之三日仍回蘇寓視之，僕僕往返，自覺無謂。杭有一屋可以暫典，價尚不過昂，託一友代謀之，未知成否」〔註46〕。遍遊名勝，當是初至杭州興致盎然之故。典屋一事，亦是出於初到異鄉思謀定居之常情，故此信亦當爲同年所書。

　　致陸心源一函，亦用鶴箋四葉，中云「弟武林覓屋不成，遂於吳下用青蚨千貫，典潘文恭故宅而居之」，「筱泉中丞糾合寧、蘇、鄂三書局刻廿四史」，「弟吳寓尚在胥門內大倉口，出月即須移居馬醫科巷，所謂潘文恭舊居也」〔註47〕。據《俞曲園先生年譜》，同治八年（1869）四十九歲，「江寧、蘇州、杭州、武昌四書局有會刻二十四史之舉，先生亦與其事」，「先生欲遷杭州，而覓屋皆不當意，乃於蘇州賃馬醫科巷潘氏屋居之。」〔註48〕信當書於此年。

　　致戴望一函用鶴箋一葉，中云「閏月之朔，曾寄一書，並《諸子平議》之已刻者，未知收到否？」「僕閏月底到杭，六月朔仍回吳下。因杭州未定寄孥之所，是以僕僕如此。」《諸子平議》初刻於同治九年（1870），該函當作於此年。

〔註41〕　見《俞曲園手札·曲園所留信札》，頁 51～53。
〔註42〕　見《俞曲園手札·曲園所留信札》，頁 61。
〔註43〕　見《俞曲園手札·曲園所留信札》，頁 43。
〔註44〕　見《俞曲園手札·曲園所留信札》，頁 38～40。
〔註45〕　見徐澂輯《俞曲園先生年譜》「同治七年（戊辰）四十八歲」條，《民國叢書》第三編第 76 冊，據江蘇省立蘇州圖書館，1940 年版影印。
〔註46〕　見《俞曲園手札·曲園所留信札》，頁 64～65。
〔註47〕　見《俞曲園手札·曲園所留信札》，頁 132～135。
〔註48〕　見徐澂輯《俞曲園先生年譜》「同治八年（己巳）四十九歲」條。

《俞曲園手札·曲園所留信札》中收錄俞樾致應寶時函二十三通，其中名帖一通，餘下二十二通信函中，除用鶴、竹箋九通外，尚有欄格箋四通，畫箋九通。欄格箋均爲八行箋，無版匡，無署款。畫箋有花卉、人物各色，爲虛白齋等箋鋪售箋而非自製。從其大量使用箋鋪售箋來看，致應寶時諸函寫作之時，俞樾尚未開始大規模自製箋。我們可以推測，鶴箋、竹箋的製作是俞樾將自己的書法入箋的一個嘗試，其時尚未特意署以名號。而其製作春在堂五禽箋，已開始在箋樣中署以文字說明和室名落款，顯示其已有明確意識開始成套信箋創作。因此，鶴箋、竹箋的創制，可以說是其個人製箋的開始。

3. 紅情綠意箋

《春在堂詩編》有《辛丑元旦》一詩，提及紅情綠意箋，辛丑年爲 1901年，此箋當爲俞樾晚年所製。

三、書法箋的創作主題

與尺牘相關的主題花箋，指的是此類箋紙選擇尺牘的某些象徵意象來進行設計製作。如有「鴻雁傳書」、「魚雁往來」等俗語，因此鳥和魚就成爲傳統花箋中的常見主題。俞樾的春在堂五禽箋、鶴箋就是此類禽鳥箋的典型代表。

鶴、燕、雁、鳳和鵲五禽箋，箋上有配詩，注其出處。五句均出唐詩。其中鶴箋出自李商隱《碧城三首》之一：

　　碧城十二曲闌干，犀辟塵埃玉辟寒。

　　閬苑有書多附鶴，女牀一作墻無樹不棲鸞。

　　星沉海底當窗見，雨過河源隔座看。

　　若是曉珠明又定，一生長對水晶盤。〔註49〕

燕箋出自顧況《悲歌》六首之二：

　　我欲昇天天隔霄，我欲渡水水無橋。

　　我欲上山山路險，我欲汲井井泉遙。

　　越人翠被今何夕，獨立沙邊江草碧。

　　紫燕西飛欲寄書，白云何處逢來一作蓬萊客。〔註50〕

〔註49〕「閬苑有書多附鶴」，語出李商隱詩《碧城三首》之一，《全唐詩》卷五百三十九，中華書局，1960年，頁6169。

〔註50〕「紫燕西飛欲寄書」，語出顧況詩《悲歌》六首之二，《全唐詩》卷二百六十五，頁2942。

雁箋出自高適《送李少府貶峽中王少府貶長沙》：

嗟君此別意何如，駐馬銜杯問謫居。

巫峽猿啼數行淚，衡陽歸雁幾封書。

青楓江上秋天遠，白帝城邊古木疏。

聖代即今多雨露，暫時分手莫躊躇。〔註51〕

鳳箋出自李商隱《碧城三首》之三：

七夕來時先有期，洞房簾箔至今垂。

玉輪顧兔初生魄，鐵網珊瑚未有枝。

檢與神方教駐景，收將鳳紙寫相思。

武皇內傳分明在，莫道人間總不知。〔註52〕

鵲箋出自貫休《感懷寄盧給事二首》之一：

綿綿遠念近來多，喜鵲隨函到綠蘿。

雖匪二賢曾入洛，忽驚六義減沉疴。

童扳鄰杏墮墻瓦，燕啄花泥落硯莎。

好更因人寄消息，沃州歸去已蹉跎。〔註53〕

在這五首詩中，各有一種禽鳥充當了傳遞尺牘，傳遞音訊的媒介，因此也就成為尺牘的某種象徵形象。俞樾擇此五禽製成套箋，即為五禽箋。

選擇古詩文入箋，是中國傳統的製箋方法之一。通常做法是擇其詩意繪圖，旁附詩句說明，多為配詩的畫箋。而五禽箋的特別之處，即在以書法入箋配詩，這種方法，僅見文人自製箋。

鶴、竹箋的樣式與五禽箋相似，箋的主體都為篆字書法，但未加注語及署名。

選擇「鶴」字入箋，其用意當與五禽箋中的鶴箋相同。但因為沒有附詩，如果不是對傳統詩文非常熟悉的人，恐怕不會立即瞭解其造箋的用意所在。這就對收信者的文化水平有一定的要求，也體現了文人自製信箋的特殊個性。「竹」箋也是如此。「箋」原本是繫於竹簡之上的小竹片，尺牘亦從竹簡

〔註51〕「衡陽歸雁幾封書」，語出高適詩《送李少府貶峽中王少府貶長沙》，《全唐詩》卷二百十四，頁2233。

〔註52〕「收將鳳紙寫相思」，語出李商隱詩《碧城三首》之三，《全唐詩》卷五百三十九，頁6169。

〔註53〕「喜鵲隨函到綠蘿」，語出貫休詩《感懷寄盧給事二首》，《全唐詩》卷八百三十七，頁9430。

而來，竹之風骨又向爲文人所慕，故中國傳統花箋中，竹的身影隨處可見。俞樾另製有「曲園寫竹」箋、「梅蘭竹」套箋等以竹爲題材的花箋。

信箋的主題內容對閱讀者和使用者學識的要求，在明末的《十竹齋箋譜》中就已提出。《十竹齋箋譜》爲畫箋，內容多取自歷史故事，但繪畫時大都採用象徵手法。如「萊衣」一幅，描繪的是老萊子年七十，猶著彩衣娛親的故事，但箋上僅繪有一件彩衣，老萊子及其雙親都未畫出。又如「周蓮」一幅，箋中僅繪荷花一枝，表現的實爲周敦頤愛蓮之說。如此種種。實際對箋譜的閱讀者和箋紙的使用者有所選擇，必須是非常熟悉歷史掌故的人，才會欣賞和使用這一類的箋紙。

清末箋紙流行，各式花箋於紙鋪大量出售，市井小民、商賈之人，凡略通文墨者都愛購花箋使用，花箋由文人的清玩之物淪爲大眾普及用品。在這種情況下，如何體現文人超越於一般民眾之上的學問修養，就成爲其自製花箋的考量之一。鶴、竹箋就是絕好的例子。簡單的一個「鶴」字、「竹」字，一方面能夠體現俞樾的書法水平，一方面也隱含典故，頗可玩味。

第四節　版格箋

一、版格箋

此處的版格箋，特指俞樾所製版匡內有欄格狀文字之箋。計有梅蘭竹套箋兩種、「曲園書」箋等數種。

1.梅、蘭、竹套箋之一

此套箋爲豎長箋，有外匡，匡內分別有「梅」、「蘭」、「竹」三字，三字所有筆劃均橫平豎直，筆劃間距與外匡間距均大體相等，呈版匡界欄狀。匡內左下方分別鑴有「曲園梅信」、「曲園蘭訊」、「曲園竹報」四字篆書。（圖 44）箋高 23.2 釐米，寬 12.5 釐米；匡高 21.8 釐米，寬 11.1 釐米。套箋用淺粉色紙，欄格、文字爲淺朱色。

2.梅、蘭、竹套箋之二

此套箋版式與上述套箋相同，但在匡外左下方分別鑴有「曲園梅信」、「曲園蘭訊」、「曲園竹報」四字楷書。（圖 45）箋高約 23 釐米，寬約 11.2 釐米；匡高 21.8 釐米，寬 11.3 釐米。套箋有淺粉、雪青、桃紅等箋色，欄格、文字均爲紅色。

圖 44　　　　　　　　　　　圖 45

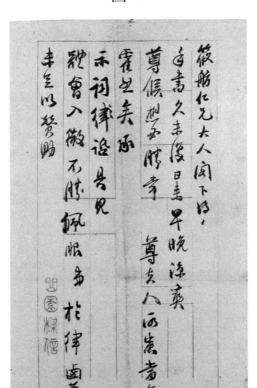
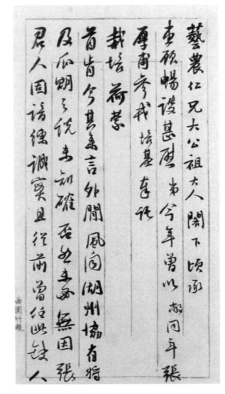

3.「曲園書」箋

「曲園書」箋為豎長箋，有版匡，匡內三字，右側上下書「曲園」二字，左側為「書」字，橫平豎直，筆劃間距大致相仿。（圖 46）箋高 23.4 釐米，寬 15.7 釐米；匡高 21.3 釐米，寬 11.3 釐米。白紙，紫紅欄格。

4.「兩平議室平安箋」

此箋為豎長箋，有外匡。匡內用橫、豎線條組成一「竹」字。豎向線條共六道，相互平行，間距相等，將匡內隔出七行。匡外左下方鑴「兩平議室平安箋」七字。（圖 47）

二、版格箋的製作及使用

1. 梅、蘭、竹套箋

光緒元年（1875）四月，蘇州曲園落成，俞樾遂自號「曲園居士」。版格箋「曲園書」、梅蘭竹套箋等均製於此後。

圖 46　　　　　　　　　　　圖 47

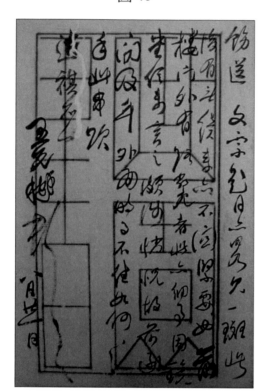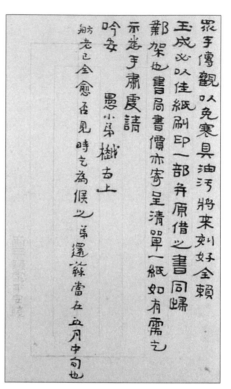

　　篆書題款的梅蘭竹套箋，見用於致陳方瀛及杜文瀾函，寫信時間約在光緒初年。致王延鼎函二通，用同色篆書梅信、竹報各一葉，及蘭訊一葉，中云「拙刻《曲園雜纂》告成，奉上一部」〔註 54〕。查《曲園雜纂》成於光緒三年（1877），信當書於此年或稍後。

　　楷書題款的梅蘭竹套箋，較前者爲常用。此套箋紙色多樣，有淺粉、雪青、桃紅諸色。使用方法與五禽箋類似，在圖樣和色彩上，盡量張張不同。一封信中盡量用異花異色箋，這是使用套箋的傳統做法，在其他文人學者的尺牘遺物中，也可以發現這種規律性。俞樾對套箋的精心挑選和嚴格使用，堪稱其代表。

　　俞樾用此套箋致唐樹森信內有「弟日內辦理喜事，於十六日過門，今日回門，亦算了卻一種心願。雪老以全力辦此事，入粗入細，周到異常」等語〔註 55〕。

〔註 54〕見《俞曲園手札・曲園所留信札》，頁 229。
〔註 55〕見上海圖書館古籍部藏《俞曲園尺牘》一冊。

信中所稱「雪老」即彭玉麟，字雪琴。光緒六年（1880）俞樾之孫俞陛雲迎娶彭玉麟孫女彭見貞，信中所說「喜事」即指此事。此套梅蘭竹箋，製造時間較上套爲晚。此後數年俞樾尺牘，亦有用此套箋的，如一函內稱「去年刻成《右臺仙館筆記》十二卷」，《右臺仙館筆記》刊於光緒六年（1880），此信當寫於光緒七年（1881）。致汪鳴鑾函一通，用竹報、蘭訊各一葉，梅信二葉，紙色各不相同。中云「弟前年喪子，去年又喪女。」〔註 56〕查俞樾嫁與許祐身之次女繡孫，於光緒八年（1882）逝於杭州。《春在堂詩編》有詩《次女繡孫於十二月十八日卒於杭州哭之於詩得十五首》〔註 57〕。故此信當書於光緒九年（1883）年。

2. 曲園書

「曲園書」版格箋，見用於致鄭文焯一札，中云：「小坡仁兄世大人閣下，弟苕上之行二十二日而返。小孫幸博一衿，小詩誌幸，聊博一笑。」後葉附詩：

> 五十年來舊夢存（余於道光丙申入學，今五十年矣），書香且喜又傳孫。舟窗燈火兒依母（二兒婦同行），場屋文章弟偕昆（姪孫同愷亦入學第三十名）。已奪錦標前一載（陛雲於去年四月府考取第一，因學使更易，故至今年四月始行院試），未符佳話小三元（俗以縣府院試皆第一爲小三元。陛雲府院試第一，縣試則第二）。老夫更有無窮興，挈汝秋風到省垣。

末署「孫兒陛雲入學，口占誌喜，錄請小坡世兄粲正。曲園」。此信旁有鄭文焯記：「此陛青入學之始，先生歸自苕上，以詩翰見示，予亦有次韻報賀。叔問記。」〔註 58〕俞樾之孫俞陛雲（1868～1950，字陛青）於光緒十年（1884）應縣試、府試，次年四月又赴浙行院試。故此信此詩均作於光緒十一年（1885）。詩中小注「余於道光丙申入學，今五十年矣」，道光丙申爲公元 1836年，後推五十年，年份亦相吻和。《春在堂詩編》卷一一乙丙編之乙酉年有詩《孫兒陛雲應科試以第一名入縣學口占誌喜》，即此信中之詩，只將「書香且喜又傳孫」改爲「書生門戶又傳孫」。乙酉爲光緒十一年（1885），此即書信時間之明證。

〔註 56〕見《俞曲園手札・曲園所留信札》，頁 200～203。
〔註 57〕見《春在堂詩編》卷十壬甲編，壬午年（光緒八年）所作詩。
〔註 58〕見《俞樾手札》，頁 9～10。

3. 兩平議室平安箋

兩《平議》，當是俞樾代表作《群經平議》與《諸子平議》。二書之作，始於清咸豐八年（1858）。至同治三年（1864），《群經平議》完成，《諸子平議》亦成大半。同治六年（1867）春，《群經平議》全書刻成。《諸子平議》則付梓於同治九年（1870）。〔註 59〕「兩平議室」之名，或當得於此數年間。

此箋今見致吳雲一函二葉。中云「浙局刻《通鑑輯覽》已得五六卷，昨交來樣本一卷，今特寄呈清覽」。浙江官書局刻《御纂通鑑輯覽》是在同治六年（1867），信也當寫於此年。據此可知，「兩平議室平安箋」亦爲俞樾早期製箋。

三、版格箋的主題及樣式

今見俞樾三種版格箋，都屬署名箋之列，以「曲園」二字彰顯箋主身份。

梅蘭竹主題的反覆使用，如第一節中所述，是傳統文人高潔志趣的體現。梅蘭竹爲文人畫常見題材，也是花箋的常見主題。如《錢鏡塘藏明代名人尺牘》收入孫克弘尺牘一頁，中繪綠色竹節，上書朱文「琅玕塢」三字；文從先書信用花箋，中繪蘭菊；錢士陛用箋爲梅花版匡。明末著名的《十竹齋箋譜》中，更是爲梅、蘭、竹闢有專門章節，如卷二「入林」十種爲竹箋，「如蘭」八種爲蘭箋，卷四「香雪」八種爲梅箋。此外，梅、蘭、竹亦散見於其它主題中，如「折贈」有蘭箋、梅箋各一；「墨友」有梅箋一，題曰「清友」；「孺慕」有竹箋一，題曰「孟竹」；「棣華」有竹箋一，題曰「義竹」，蘭箋一，題曰「如蘭」，等等。俞樾雖不擅畫，卻也用版格字的方法表達了對梅蘭竹清雅氣質的欣賞、喜愛之情。

版格箋有邊匡，但匡內看似欄格的線條實爲文字之變體，與傳統欄格箋有別，亦與傳統篆隸行草字體不同，實爲欄格與字體的巧妙結合。這種樣式並非僅見於俞樾製箋。如清末雲藍閣製有「方寸相思」版格箋〔註 60〕。箋爲豎長形，細版匡，匡內「相思」二字，匡外左下方鐫「方寸相思，雲藍閣製」

〔註 59〕見徐澂輯《俞曲園先生年譜》「同治九年（庚午）五十九歲」條。
〔註 60〕見梁穎《說箋》頁 39 郭嵩燾手札，上海圖書館，2006 年。郭嵩燾（1818～1891），字伯琛，號筠仙，長沙府湘陰人。

八字。此箋爲紙鋪所售套箋，有朱紅、杏黃等多色。

第五節　畫　箋

一、景物箋

　　俞樾自製景物箋，僅見許祐身繪曲園圖箋等一套三種。

1. 曲園圖箋、俞樓圖箋、右臺仙館圖箋

　　三箋均爲竪長景物箋，許祐身繪圖，俞樾題字。曲園圖箋繪曲園圖，右下方書「曲園圖」三篆字，下書「曲園居士自題」，左書「光緒甲申之秋七月既望。許祐身繪」。（圖 48）俞樓圖箋繪遠山與俞樓景物，右側書「俞樓圖」三篆字，下書「俞樓遊客自題」，左書「歲次甲申秋七月中澣。許祐身繪」。（圖49）右臺仙館圖箋繪右臺仙館圖，上方書「右臺仙館圖」五篆字，左書「右臺仙館主人題」，箋紙左側書「許祐身繪」四字。（圖 50）此套景物箋今見有白底紫紅圖文和黃底紅色圖文兩種。箋高 23.2 釐米，寬 13.2 釐米。

圖 48	圖 49	圖 50

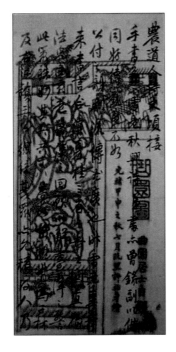  

此套畫箋繪圖者並非俞樾，而是俞樾之婿許祐身。許祐身，字子原，娶俞樾次女繡孫，官至蘇州知府。

二、人物箋

俞樾制人物箋不多，僅「拜而送之」箋與「跂予望之」箋兩種，箋中人物均爲俞樾本人寫照。

1.「拜而送之」箋

此爲方形箋，箋中繪一老者，彎腰作揖，右側寫「拜而送之」四字，左側落款「曲園」二字。白紙，紫紅色圖文。（圖51）

2.「跂予望之」箋

亦爲方形箋。箋中繪一人背影，背手而立，右側寫「跂予望之」四字，左側落款「曲園」二字。亦用白紙，圖文紫紅色。（圖52）

三、畫箋的製作及使用

1.景物箋

曲園圖箋、俞樓圖箋和右臺仙館圖箋一套三種景物套箋，由許祐身繪於光緒甲申年，即光緒十年（1884）。製成之後多見使用，俞樾致「同伯」王同信札中，有十三通用此套箋，共計二十六葉〔註61〕；致

圖51

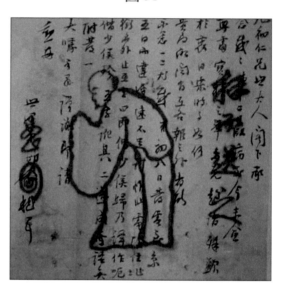

圖52

〔註61〕見上海圖書館古籍部藏《曲園尺牘》四冊。

「藝農」唐樹森亦有用此箋，一信三葉，用足全套〔註62〕；致鄭文焯函，亦見七通十葉〔註63〕。

傳統信函一般不注寫信年份，落款處只注月、日，往往需要結合其他文獻資料從信文內容中進行考訂。在用此箋寫給唐樹森的信中，俞樾提到：「昨雪老專弁來書，言合滇、粵、桂三省之兵，出關直搗法鬼西貢老巢，使之回顧，以解臺洋之警，此策殊妙。」查《清實錄》，此爲光緒八年（1882）事，比箋紙上注明的繪畫時間「光緒甲申」即光緒十年（1884）要早，況且製箋時間還應再晚於繪畫時間，是爲矛盾之處。再看致鄭文焯信函中用此套箋者。鄭文焯常於信後加題數筆，記錄收信原委。一通末記「時癸未秋末，記於壺園之崔夢廬」，又一通記「時癸未春仲，余將以計車北上，故丈有書及楹帖寄增東海相國」。又有一通，俞樾認爲《曲禮》「女子許嫁笄而字，字乃名字之字，非以許嫁爲字」，「大著中『字同邑包氏』句，請改作『許嫁同邑包氏』何如？」鄭文焯後記曰：「據經商榷，是翁眞一字之師也。叔問。時壬午之歲。」這裡提到的「癸未」年爲光緒九年（1883），「壬午」年爲光緒八年（1882），也均在光緒甲申（1884）之前。爲何會出現這種寫信時間早於信箋落款時間的情況，尚有待考查。

特別需要提及的是，此套景物箋實物今見有白底紫紅圖文和黃底紅色圖文兩種，箋樣相同，紙色和印色不同。可知用同一底版至少曾刷印過兩次，加之存世大量的尺牘實物，從中亦可見俞樾本人對此套信箋的喜愛之情。箋中所繪，爲俞樾在蘇州、杭州二地住所。以箋主居所景物入箋，在傳統花箋中亦爲罕見。

2. 人物箋

「跂予望之」箋，見致沈玉麒函，中云：「小孫婦傳呈鑒。」〔註64〕查《春在堂詩集》卷十五甲丙編有《哭孫婦彭氏》詩，甲午年爲光緒二十年（1894），是年俞樾長孫婦彭氏病逝，年二十九，俞樾爲其撰傳。信當寫於此年。

「拜而送之」與「跂予望之」人物箋，風格相似，尺幅相當，當爲同時製作使用。今見尺牘實物較少，製箋時間尚有待進一步考證。

〔註62〕見上海圖書館古籍部藏《俞曲園尺牘》一冊。

〔註63〕見《俞樾手札》，上海書畫出版社，2007年。

〔註64〕見上海圖書館古籍部藏《俞曲園尺牘》二冊。

　　如前文所述，俞樾擅書不擅畫，因此其所製、所用畫箋，與其字箋相比，創造性和重要性都相對較小。

第六節　博古箋

一、金石箋

　　金石箋的主題爲拓印金石文字，如金文、磚瓦文等。俞樾所製金石箋有春在堂魚箋、福磚箋、漢瓦套箋等。

1. 春在堂魚箋

　　春在堂魚箋今見三種，均爲豎長箋，箋紙中央爲摹印魚形磚文。一種魚臉右向，磚匡外右側印「永安六年磚文　春在堂魚箋」十一字。永安爲三國吳景帝年號，永安六年即公元263年。此箋高23.7釐米，寬12.7釐米；磚匡高13釐米，寬5釐米。（圖53）一種魚身細長，魚臉右向，磚匡外右上方印

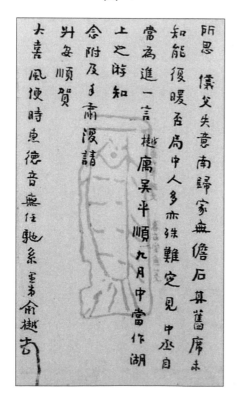

圖53

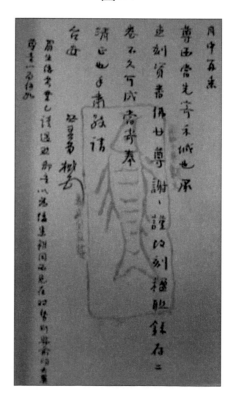

圖54

「永和十年磚文」六字，匡外左下印「春在堂魚箋」五字。永和爲東晉穆帝年號，永和十年爲公元 354 年。此箋高 23.7 釐米，寬 12.8 釐米；磚匡高 12.4 釐米，寬約 4.5 釐米。（圖 54）還有一種魚臉左向，磚匡外右側印「永寧元年磚文　春在堂魚箋」十一字。永寧爲晉惠帝年號，永寧元年爲公元 301 年。箋用淺粉色紙，紅色圖文。（圖 55）「寧」字缺末筆，爲避道光皇帝「旻寧」之諱。

2. 福磚箋

此爲豎長箋，居中一「福」字，福字中有壽星騎鹿像。下書「曲園居士於吳下得此磚福字，中有壽星騎鹿像，摹以製箋。」末有「曲園」白文長方印。（圖 56）箋高 27.4 釐米，寬 15.4 釐米；圖樣共高 15 釐米，寬 7.5 釐米。白紙，圖文紅色。

圖 55　　　　　　　　　　　　　　　　　圖 56

3. 三壽磚箋

此爲方形箋，從右向左依次摹印「壽」、「福壽」、「福祿壽」三塊古磚。（圖57）

圖57

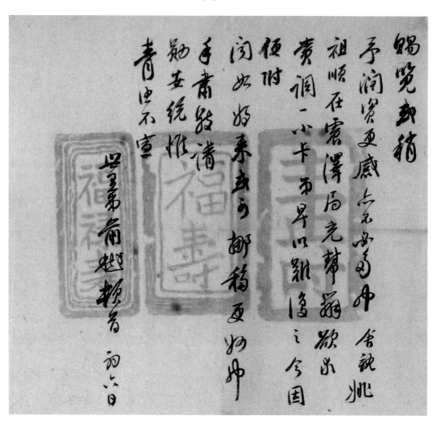

4. 漢瓦套箋

此箋一套八種。均用紅紙，箋紙中央偏上印深紅色圓形拓文，下印綠色書「□磚爲藝林主者摹漢瓦八種以作磚事之箋。時庚子冬十有一月」。今見其中四種。其一篆書「宜富貴當」四字，中心有「千金」二字〔註65〕，爲摹印漢代「千金宜富貴當」瓦當。箋高 24.8 釐米，寬 14.9 釐米。（圖58）其二篆書「長樂未央」四字。（圖59）其三篆書「長生未央」四字。（圖60）其四篆書「便」字，環以對稱花紋。（圖61）

〔註65〕 見上海圖書館古籍部藏《曲園遺墨》一冊。

圖 58

圖 59

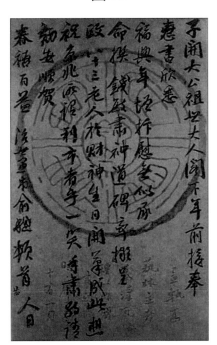

圖 60

圖 61

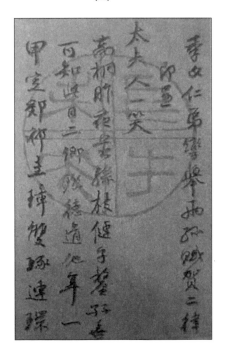

二、倣古欄格箋

俞樾所製倣古欄格箋兩種，圖案爲前代書籍之冊頁樣式：

1.「仿唐人行卷式」箋

此箋橫長形，大小約爲古籍之一葉，有版匡，共十六行，行十一字，有字格。匡外右上方鐫「仿唐人行卷式」六字，左下方鐫「曲園製」三字。白紙，紫紅色欄格。（圖 62）

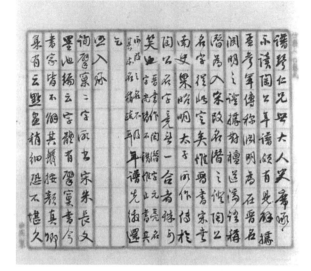

圖 62

2.「仿蒼頡篇」箋

此箋竪長，約古籍之半葉大小，有版匡，五行，行十二字，有字格。匡外右上方鐫「仿蒼頡篇六十字爲一章」十字，左下方鐫「曲園製」三字。白紙，紫紅色欄格。（圖 63）

三、博古箋的製作及使用

1. 魚箋

春在堂魚箋三種，主題均爲摹印古代磚文，加上信箋尺幅、紙色及圖案色彩均相似，圖案大小相仿，應可算作套箋。致陳方瀛一函，用永安六年、永和十年魚磚箋各一葉〔註 66〕；致陳豪一函，用永寧元年、永安六年魚磚箋各一葉〔註 67〕，也是套箋的用法。

圖 63

〔註 66〕見《俞曲園手札·曲園所留信札》，頁 315～316。

〔註 67〕見《俞曲園手札·曲園所留信札》，頁 204～205。

俞樾平生所見的古舊金石磚瓦當不在少數，以魚磚入箋，當是考慮到「魚」的文化涵義。在中國傳統中，「雙魚」一直被當作尺牘的代稱。試舉數例：

唐權德輿《貢院對雪以絕句代八行奉寄崔閣老》：

寓宿春闈歲欲除，嚴風密雪絕雙魚。

思君獨步西垣裏，日日含香草詔書。〔註68〕

劉禹錫《令狐僕射與余投分素深縱山川阻修然音問相繼今年十一月僕射疾不起聞予已承訃書寢門長慟後日有使者兩輩持書並詩計其日時已是臥疾手筆盈幅翰墨尚新律詞一篇音韻彌切收淚握管以成報章雖廣陵之弦於今絕矣而蓋泉之感猶庶聞焉焚之繐帳之前附於舊編之末》：

前日寢門慟，至今悲有餘。已嗟萬化盡，方見八行書。

滿紙傳相憶，裁詩怨索居。危弦音有絕，哀玉韻由虛。

忽歎幽明異，俄驚歲月除。文章雖不朽，精魄竟焉如。

零淚沾青簡，傷心見素車。淒涼從此後，無復望雙魚。〔註69〕

在古詩文中，雙魚直接指代信函尺牘，這也就不難理解為何俞樾會選擇摹製所見魚形舊磚入箋了。

永安六年魚磚箋，今見致吳雲函一葉，中云：「頃因詁經卷《七十二候考》有引唐刪定《月令》，故欲得嚴氏《石經考》一核之，而不知嚴氏之考訂者，僅在與鄭注本字體小異之處，而《唐石經月令通證》則別有篆書，在其所著《類稿》中也，故仍以奉還，乞歸之。」〔註70〕故是信書於寫作《七十二候考》期間。據徐澂《俞曲園先生年譜》，光緒三年（1877），「先生裒錄《艮宦易說》、《達齋書說》……《七十二候考》……為《曲園雜纂》五十卷」〔註71〕，信當書於此年稍早。

致陳豪一函，用永寧元年、永安六年魚磚箋各一葉，中云：「頃展手書，知即將赴鄂，想不日花滿河陽矣。」考陳豪於同治九年（1870）優貢，以知縣發湖北，信當作於此年。

除春在堂魚箋外，俞樾還製有紅綠雙魚箋。此箋今見致沈玉麒一函二葉

〔註68〕見《全唐詩》卷三百二十二，頁3624。
〔註69〕見《全唐詩》卷三百六十二，頁4091。
〔註70〕見《俞曲園手札・曲園所留信札》，頁12。
〔註71〕見徐澂輯《俞曲園先生年譜》「光緒三年（丁丑）五十七歲」條。

—95—

〔註72〕，印有紅、綠兩魚，紅魚在
上，綠魚在下。一葉雙魚魚首相對
（圖 64），另一葉則紅魚之首對綠
魚之尾。此爲雙色套印箋，由兩塊
魚形板拼套刷印而成，兩葉箋上雙
魚位置的差異，不知是否有意爲
之，但二葉連用，卻呈現出雙魚活
潑遊動之貌。

圖 64

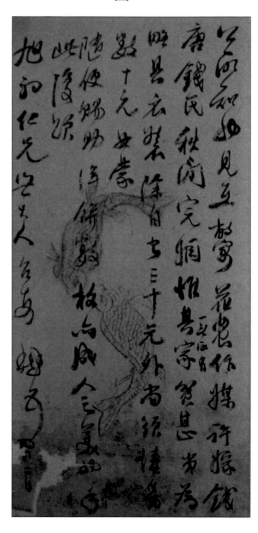

俞樾致沈玉麒函云：「張貞竹女
史，能寫大字，公所知也。見在敝
寓，花農做媒，許嫁錢唐錢氏，秋
間完姻。惟其家貧甚，弟爲略具衣
裝，除自出三十元外，尚須湊集數
十元，如蒙隨便賜助洋餅數枚，亦
成人之美也。」查《春在堂詩編》，
光緒乙未年有詩《於右臺仙館遣嫁
張貞竹女士口占兩絕句》，詩中小字
注曰：「所適錢君英甫，乃花農門下
士。」信當作於此年，即光緒二十
一年（1895）。

雙魚箋是傳統花箋的常見主
題，除俞樾外，其他文人及箋鋪也
常以之入箋。如吳大澂製箋，白紙
上印紅欄五行，第二行與第四行欄線上各串有銅魚兩隻，下書「唐銅魚節，
即紫金魚也。玉符則僅見，或將軍之特製與。愙齋藏。」〔註73〕清末青雲閣
也製有摹八大山人畫作之雙魚箋。〔註74〕

2. 福、壽箋

俞樾曾多次以福、壽主題的古磚入箋。先是弟子徐琪等人在杭州法相寺

〔註72〕 見上海圖書館古籍部藏《俞曲園尺牘》二冊。
〔註73〕 見上海圖書館古籍部藏《馮展雲中丞尺牘眞迹》一冊。
〔註74〕 見《浙江圖書館館藏名人手札選》，浙江人民出版社，2000 年。

發現一塊上有「福壽」二字的古磚，獻給俞樾賀壽，俞樾因作《福壽磚歌》，一時和者雲集〔註75〕，並由徐琪於清光緒七年（1881）出版詩詞唱和集《名山福壽編》，儼然成爲藝林一大盛事。俞樾並摹寫磚文以製信箋。在《夢薇手拓福壽磚文製紈扇見贈疊前韻謝之》詩中，俞樾寫道「疊韻仍教依石鼓，製箋不必界烏絲」，並小字注釋「余曾摹磚文製箋」〔註76〕。這種用一塊福壽磚摹製的信箋，目前筆者尚未發現。

　　光緒十年（1884）俞樾又陸續得到福壽磚兩枚及福祿壽磚一枚，詩以紀之：

《往歲得福壽磚花農有名山福壽編之刻今歲又得其一乃並拓其文署曰雙福壽而繫以詩》

　　自訂名山福壽編，一時佳話遍流傳。

　　誰知寂寞三台路，又得分明兩字磚。

　　未擬重賡石鼓韻，聊堪遠寄玉堂仙。時將此磚寄贈花農矣。

　　老夫不足當斯語，嘉兆端應爲眾賢。〔註77〕

《沈肖巖廣文閬崑又得福壽磚一因以見贈並考定爲仙姑山宋時佛光福壽院舊物媵之以詩即次韻奉酬》

　　殘磚留自宋時年，歷歲於今過半千。

　　雙福壽曾傳盛事，三台山定有前緣。來詩有「三台福壽永綿綿」之句。

　　摩挲豈是尋常物，培植還憑方寸田。

　　爲感故人持贈意，不辭吉語賦連綿。〔註78〕

《福祿壽磚舊臘於吳下得斷磚有福祿壽三字乙酉元旦賦此試筆》

　　昔得福壽磚，右台山之麓。今又得此磚，福壽益以祿。

　　借問所從來，初非意所屬。吳下有荒墟，偶此事舂掘。

　　土中露殘甓，有文人共矚。奴子頗好事，不辭手親劚。

　　剔蘚視其文，三字尚可讀。攜歸獻主人，吉語頗不俗。

　　歲朝無一事，手拓紙數幅。名山福壽編，得此當可續。〔註79〕

而「壽」字磚何時得到，暫未見文獻記載。推測三壽磚箋的製作不會早於此

〔註75〕　事見徐琪輯《名山福壽編》，清光緒七年（1881）刻本。
〔註76〕　見《春在堂詩編》卷九，清光緒二十五年（1899）刻《春在堂全書》本。
〔註77〕　見《春在堂詩編》卷十。
〔註78〕　見《春在堂詩編》卷十。
〔註79〕　見《春在堂詩編》卷十一。

年（1884年）。

福磚箋上記「曲園居士於吳下得此磚福字，中有壽星騎鹿像，摹以製箋」，即可知其起意造箋之原委。

俞樾致鄭文焯札，有用福磚箋，提及「又一本，乞並函飭交中丞」〔註80〕。據姚國瑾考證〔註81〕，此中丞當爲江蘇巡撫衛榮光。據《清代職官年表》，衛榮光於光緒七年（1881）十一月由晉撫改蘇撫，至光緒十二年（1886）改浙撫。二人素有來往，如光緒十一年十二月，俞樾姻親彭玉麟自嶺南還，俞樾設宴迎接，賓朋中即有衛榮光。此信當書於光緒八年（1882）至十一年（1885）之間。

致徐琪札一通，用福磚箋五葉，中云：「兄已逾月不出門，編纂《茶香室三鈔》，約可三十卷，然不即付梓也。」〔註82〕《茶香室三鈔》於光緒十四年（1888）刻成，信當作於此年或稍早〔註83〕。

致沈玉麒函曰：「弟今年有擬墨文七篇，詩四首，此不過偶爾興到之作，朋輩索觀，傳鈔不洽，遂付手民，謹以一本奉呈請正。另有二十本，每本賣洋鈔一角。俟有成數，寄上海助賑。刊申報爲憑，想公不笑其多事也。」〔註84〕如前文所考，此信所述助賑之事，當發生於光緒十五年（1889）。

福壽磚多爲宋代舊物，既符合俞樾好古之癖，又有吉利磚文，福磚上並有壽星騎鹿圖，滿足了俞樾對福壽雙全之理想，故一再入箋。

3. 漢瓦箋

漢瓦套箋上也用文字清楚闡明了製箋的時間「時庚子冬十有一月」及原委。庚子年爲光緒二十六年（1900），時年俞樾八十歲。漢瓦既是古物，又有「長樂未央」等吉慶之語，以此圖樣入箋，古雅又喜慶，符合文士身份。

致陸潤庠一函，用「長樂未央」、「便」箋。中云「兄年逾八十，雖眠食無恙，而精力殊衰，氣機易於阻滯。自去夏以來，杜門不出，聊以養疴。入新正來，惟與柳門輩時相唱和，得詩頗多」，「小孫到京奉謁，惟隨時教益之，

〔註80〕 見《俞樾手札》，頁13。
〔註81〕 見姚國瑾《儒雅閒靜，瀟灑風流——俞曲園先生書法冊考述》，上海書畫出版社《俞樾手札》。
〔註82〕 見《俞曲園手札·曲園所留信札》，頁264～268。
〔註83〕 見徐澂輯《俞曲園先生年譜》「光緒十四年（戊子）六十八歲」條。
〔註84〕 見上海圖書館藏《俞曲園尺牘》二冊。

幸甚感甚」〔註85〕。所述當是光緒二十九年（1903）事，時年俞樾八十三歲，有詩《送孫兒陛雲還朝赴命》〔註86〕。

　　致戴啓文一函，用「千金宜富貴當」箋二葉，中云「八十三老人於財神生日開筆成此」〔註87〕。信當書於光緒二十九年（1903），時年俞樾八十三歲。

4. 倣古欄格箋

　　「仿唐人行卷式」箋多見使用。考其寫信時間，致徐琪函有「王夢薇竟於八月廿九日作古」〔註88〕之語。考夢薇為王廷鼎之號〔註89〕，逝於1892年，信即當書於此年。

　　致陳豪函曰：「兄年已七十有四。」「秋間擬挈小孫婦之柩歸葬西湖。」〔註90〕考光緒二十年（1894）五月，長孫婦彭氏病逝，時年俞樾七十四歲，信書於此年。

　　致瞿鴻磯函，一曰「奉到手書，以小孫幸捷，厚賜賀錢，愧甚感甚」〔註91〕，另一函曰「已於六月朔致書廖穀翁，辭詁經講席矣」〔註92〕。光緒二十四年（1898），俞樾長孫陛雲以第三人及第。此年俞樾七十八歲，以年老辭詁經精舍講席。

　　致戴啓文函，一云「弟行年八十二，衰狀彌增，目眊加甚」，又一通云「弟年逾八十，精力愈衰，目眊亦加甚。兼之飲食減少，痰多易吐，頗非佳境」〔註93〕，當與上函同時書於光緒二十八年（1902）。

　　「仿蒼頡篇」箋，有致鄭文焯札：「伏讀大著《醫故》，歎其精博。輒貢弁言，未知可用否。附去勝遊圖，聊供消夏。」〔註94〕查勝遊圖製於光緒十七年（1891）。

〔註85〕見《俞曲園手札・曲園所留信札》，頁241～242。
〔註86〕見《春在堂詩編》卷二十。
〔註87〕見《俞曲園手札・曲園所留信札》，頁245～246。
〔註88〕見《俞曲園手札・曲園所留信札》，頁260～263。
〔註89〕王夢薇（1840～1892），字銘之，號夢薇。江蘇震澤（今吳江）人。官浙江縣丞。
〔註90〕見《俞曲園手札・曲園所留信札》，頁206～207。
〔註91〕見《俞曲園手札・曲園所留信札》，頁272～279。
〔註92〕見《俞曲園手札・曲園所留信札》，頁286～289。
〔註93〕見上海圖書館古籍部藏《曲園遺墨》一冊。戴啓文（1844～1918），字子開，號壺翁，江蘇丹徒人。
〔註94〕見《俞樾手札》，頁36。

致潘衍桐一函四葉，中有「夏初亡孫婦彭病故，賢而不壽，深惻於懷，爲作小傳一篇，謹呈青鑒」〔註95〕語，如前所考，此信寫於光緒二十年（1894）。

有致朱之榛函，用「仿蒼頡篇」箋二葉，中云「中西學堂聞即將開辦」〔註96〕。另有一函用「仿唐人行卷式」箋，中云「外間喧傳學古堂應即改爲中西學堂，未知學古堂於何時截止？」〔註97〕學古堂爲江蘇布政使黃彭年於光緒十四年（1888）創建，至光緒三十一年，巡撫陸春江停辦學古堂，改設遊學預備科。此二函當作於光緒三十一年（1905）或稍前。

綜上，兩種倣古欄格箋使用的時間跨度也很長，前後達十年左右。

第七節　綜　論

一、俞樾諸箋製作、使用的大致分期

由於尺牘本身的唯一性與散佚性，流傳至今的前人尺牘，與歷史上實際存在的尺牘相比，僅是滄海一粟。俞樾年八十六而卒，一生著述皇皇五百卷，手札更是難計其數，今天我們所能看到的，也僅是其中的百來通而已。俞樾一生到底製過、用過多少種箋紙，難以定論。筆者所見俞樾信札，基本都寫於同治七年（1868）四十八歲以後，越到晚年，所製箋的種類也越多。以上文介紹的數十種箋紙爲例，根據信箋的種類樣式，俞樾後半生製箋、擇箋、用箋的情況大致可分爲四個時期。

如前文所述，自同治七年（1868）執掌詁經精舍開始，俞樾的生活逐漸安定下來，有閒情從事製箋等文房雅玩之事。此前曾製有兩平議室平安箋及鶴、竹箋，是爲其自製箋之嘗試。而此時開始製作並使用「春在堂」諸箋，如春在堂魚箋、五禽箋等。以「春在堂」署名各款信箋，此後幾乎不見使用，取而代之的是以「曲園」落款之箋，時在光緒元年（1875）蘇州曲園落成之後。故可將同治六年（1867）左右到同治十三年（1874）之間，稱爲俞樾製箋的第一個階段。

光緒元年（1875）至光緒十年（1885）這一段時間，可大致定爲俞樾製

〔註95〕見《俞曲園手札・曲園所留信札》，頁238。

〔註96〕見《俞曲園手札・曲園所留信札》，頁233～234。

〔註97〕見《俞曲園手札・曲園所留信札》，頁232。

箋的第二個時期。光緒元年（1875）四月，蘇州曲園落成，俞樾遂自號「曲園居士」。這一時期所製箋，始用「曲園」落款，計有「曲園尺牘」印章箋兩種、「曲園居士俞樓遊客右臺仙館主人尺牘」印章箋、版格箋「曲園書」、梅蘭竹套箋，以及曲園圖箋、俞樓圖箋和右臺仙館圖箋。

這一時期俞樾不再像製五禽箋那樣以手書配詩入箋，而是開始以放大的印章圖案爲主體製箋，開闢其個性花箋的重要類別印章箋。各色版格箋也都製造、使用於這一時期。景物箋也始見使用。這一時期俞樾所用較多的花箋，爲「曲園居士俞樓遊客右臺仙館主人尺牘」印章箋和景物箋曲園圖箋、俞樓圖箋和右臺仙館圖箋一套三種。

光緒十一年（1885）到光緒二十五年（1899），是俞樾製箋的第三個時期。曲園長壽箋兩種、福磚箋、「拜而送之」「跂予望之」人物箋以及倣古欄格箋等，均製作、使用於這一時期。

俞樾製箋的最後一個時期，爲光緒二十四年（1898）辭詁經精舍講席，至光緒三十二年（1906）去世止。此時製有漢瓦套箋、紅情綠意箋、紅綠雙魚箋，以及各色鈐印箋。這一時期的俞樾尺牘實物，以鈐印箋爲最多。

綜合上文的分析，俞樾較早所製多爲書法箋，且多套箋，如春在堂魚箋、春在堂五禽箋等均爲套箋，稍後有梅蘭竹套箋等。曲園落成後，始製各種版格箋、印章箋。版格箋的內容仍爲字樣，但形式似欄格紙。後期製箋用箋，越來越重視箋紙對其箋主身份的彰顯，同時趣味性日增，如曲園長壽箋的文字遊戲，「拜而送之」與「跂予望之」箋的簡筆勾摹，圖文並茂，「曲園拜上」印與人像印的搭配使用等，箋紙的個性愈發明顯。晚年用各色鈐印箋，與印章箋一樣，爲俞樾自製箋之獨創與特色。

俞樾製箋，間或也見後人使用。《廣東省立中山圖書館館藏名人手札選萃》中收錄有錢玄同尺牘一通，用「仿蒼頡篇」箋二葉。爲致容庚書，箋曰：「希白先生：聞郭公又有周青銅器文釋數篇寄與先生，將載入燕京學報文字專號中。弟亟欲先讀，如未交即，可否暫借一觀？如承允許，請交頡剛爲荷。頡剛將於星期日進城也。郭公如更有其他研究甲文金文之著在尊處，亦盼借讀。弟玄同言。十九年十二月五日。」〔註98〕此信寫於一九二〇年，所述爲求借郭沫若甲骨金文著作一事，特用前人製博古箋，古意盎然，並取

〔註98〕《廣東省立中山圖書館館藏名人手札選萃》，廣東省立中山圖書館編，商務印書館，2002 年，頁 130。

「蒼頡造字」意，正與信文所述甲骨文金文研究相熨合。錢玄同當從俞樾曾孫俞平伯處獲贈此箋。

此外，《江紹原藏近代名人手札》中亦收有周作人致江紹原信札，用「敬問起居曲園通候箋」者三通四葉，分別書於一九三二年五月、一九三三年一月和一九三三年三月〔註99〕。信箋均爲竪長白紙，中心偏下處有「敬問起居曲園通候箋」印。周作人所用之箋，據其與俞平伯往來通信所及，即爲用俞平伯家傳箋板新印〔註100〕。信文所及，爲日常拜訪、友人近況等。如前文所述，「敬問起居曲園通候箋」合乎問候之意，爲尺牘專用印章，故與幾通信翰之意，亦無相左之處。

二、俞樾花箋的創作背景及研究價值

俞樾自製數十種花箋，大多在白色、黃色紙上印紅色圖文，色彩單一、俗艷。且圖案簡單、樸拙，並無很高的藝術水準。對比明末採用餖板拱花技藝印製的《蘿軒變古箋譜》和《十竹齋箋譜》，無論是構圖、設色還是印刷技術，都不可同日而語。相比清末民初榮寶齋、靜文齋等箋鋪延請陳師曾、齊白石等畫家特製的花箋，亦顯粗陋。則俞樾製箋的價值何在？

《蘿軒》、《十竹齋》二箋譜，目前未見實用性實物流傳，即不知其是否曾用於實際書寫。二譜可說是明末製箋藝術的昇華之作，是用於賞玩的藝術品。而清末榮寶齋、清秘閣諸箋譜，則是箋鋪箋樣的合集，取同一題材或同一作者的作品集結成冊，印刷有精粗之分。精美者堪比藝術品，簡單者僅如樣冊，如《百花詩箋譜》就有餖板水印和黑白石印兩種版本。至魯迅、鄭振鐸編印《北平箋譜》，目的是爲了保存中國的傳統木刻工藝，故選材、刷印皆精，亦是當作藝術品來製作的。這些精美箋譜，多由規模較大的紙店刻印出版，其所耗費的人力、物力，絕非個人所能承受，更何況是傳統社會中的清貧文人，其日常用紙墨，並不會太過精美、昂貴。

俞樾自製箋紙，恰恰反映了在他所處的清代晚期，江浙一代文人製箋、

〔註99〕 見《江紹原藏近代名人手札》，江小蕙編，中華書局，2006 年，頁 157、162、163、169。

〔註100〕 《周作人俞平伯往來通信集》，上海譯文出版社，2013 年。據此書所言，此箋似爲刻印箋。本書前將俞樾所用「敬問起居曲園通候箋」箋紙歸爲鈐印箋之列，因其圖樣在信箋上位置不定，且用法與其他印章箋相似。是箋究竟爲箋板印刷還是印章鈐印，仍有待進一步查考。

用箋的基本面貌。從其友人吳大澂、徐琪等人的用箋中，也證實了這一狀況。其時文人製箋，多用單色線條畫，內容多從本人興趣出發，或描摹金石，或勾勒花卉、人物等，整板單色刷印，並不過份考究。

如前文所述，俞樾自製箋的內容，一方面與本人的學識、興趣相關，另一方面受到時代背景的影響。如其墨戲箋、鈐印箋等多爲自創，而金石箋、博古箋等則與同時代的流行相契合。

俞樾以經學大師身份爲世人所知，但其年歲漸長，更現出童眞一面，對新鮮事物充滿了好奇心。這些在他的詩集多有體現，如其詩中有詠日本櫻花、西洋水仙詩，也有詠意大利面。除了《群經平議》、《諸子平議》等經學著作外，其《春在堂全集》中不乏《右臺仙館筆記》這樣的誌異筆記以及《八卦葉子格》、《三才中和牌譜》等遊戲之作。他還曾修訂小說《七俠五義》。〔註101〕這也就不難理解爲何其所作花箋中有樸拙可愛的墨戲箋、自畫像式的「拜而送之」「跂予望之」箋等游藝之作了。

清光緒前後出現了多部七巧圖書，用七巧板拼成各式圖案，如文字、人形、物形、事件等等，如錢芸吉《七巧八分圖》等。又有童葉庚著《益智圖》，將七巧推而廣之，由九宮河圖法變爲十五種圖形，將其拼接組合，作圖百餘幅。這反映出晚清文人遊戲的一種流行趨勢，即關注文字造型的變化。趙之謙就曾爲友人作七巧板拼字橫幅「山中多白雲」。其《章安雜說》中也提到：「乩書多佳，以其直下也。余所見乩書有絕奇者。走勢甚幻，結體必安。有作隸字者，有正書者，無不工。雖無神仙，可作師友。」〔註102〕從中也可見晚清書法的創新與多樣化。俞樾的文字畫的出現，與這樣的時代背景也不能說毫無關係。當然，文字畫「墨戲」與七巧圖還是有很大區別的。七巧圖以特定的幾何圖形組合拼出各式圖樣，有一定局限性，且圖案均有棱有角，略顯古板。而文字畫爲書畫法變體，沒有圖形元素上的限制，所求不僅形似，更有神似。

總體來看，俞樾製箋內容多以文字爲主，包括書法、變體文字及摹印金石等，也有少數景物箋、人物箋等畫箋。其製箋、用箋，經歷了從對圖案寓

〔註101〕《春在堂詩編》卷一三庚辛編，庚寅（光緒十六年，1890）有《西湖雜詩》四首，小字記：「前年從潘伯寅尚書處借得《三俠五義》平話，戲爲改定，易其名曰《七俠五義》，今滬上已排印成書，盛行於時矣。」

〔註102〕《章安雜說》，趙之謙著，趙而昌整理標點，上海人民美術出版社，2003年，頁87。

義的追求到注重箋主身份彰顯的過程。其箋紙設計，既體現出本人的書寫習慣和審美趣味，也反映出時代、地域的影響，堪稱是中國傳統文人自製、使用個性化花箋的典型代表。

第四章　徐琪喜箋研究

　　根據今天所能見到的箋紙實物和文獻記載來看，在中國歷史上，自製花箋最多的文人要數晚清的徐琪。徐琪（1849～1918），字玉可、花農，浙江仁和人，光緒庚辰（1880）進士，曾任廣東學政，官至兵部侍郎。著述頗豐，撰有《冬日百詠》一卷〔註1〕，《北遊潭影集》一卷〔註2〕，《粵軺集》四卷〔註3〕，《喜蓮吟》一卷〔註4〕，《嶺南實事記》二十卷〔註5〕，《粵東葺勝記》十卷〔註6〕，《花磚日影集》六卷〔註7〕等；輯眾人唱和集有《日邊酬唱集》一卷〔註8〕，《名山福壽編》一卷〔註9〕，《草堂話舊詩》一卷〔註10〕等；並輯有《香海盦叢書》〔註11〕、《徐氏一家詞》〔註12〕等叢書。徐琪為俞樾弟子。俞樾在《曲園自述詩》中曾寫道：「文字論交誰最深，門牆徐稚最關心。一詩焚向亡妻告，為報花農入翰林。」並注「蓋花農從吾遊最久，文字相知亦最深，余期之亦最切也」〔註13〕。

〔註1〕　《冬日百詠》一卷，徐琪撰，清光緒元年（1875）《香海盦叢書》本。
〔註2〕　《北遊潭影集》一卷，徐琪撰，清光緒三年（1877）《香海盦叢書》本。
〔註3〕　《粵軺集》四卷，徐琪撰，清光緒二十年（1894）《香海盦叢書》本。
〔註4〕　《喜蓮吟》一卷，徐琪撰，清光緒二十年（1894）刻本。
〔註5〕　《嶺南實事記》二十卷，徐琪撰，清光緒二十二年（1896）刻本。
〔註6〕　《粵東葺勝記》十卷，徐琪撰，清光緒二十五年（1899）刻本。
〔註7〕　《花磚日影集》六卷，徐琪撰，清光緒三十四年（1908）刻本。
〔註8〕　《日邊酬唱集》一卷，徐琪輯，清光緒六年（1880）刻本。
〔註9〕　《名山福壽編》一卷，徐琪輯，清光緒七年（1881）刻本。
〔註10〕　《草堂話舊詩》一卷，徐琪輯，清光緒三十年（1904）刻本。
〔註11〕　《香海盦叢書》，徐琪輯，清光緒刻本。
〔註12〕　《徐氏一家詞》，徐琪輯，清光緒刻本。
〔註13〕　《曲園自述詩》，俞樾撰，日本博文館明治二十三年（1890）石印本。

　　徐琪早年曾製四時箋、五雲箋等小型套箋，後來製作了數量極爲龐大的以「喜」字爲主題的大型套箋——喜箋。他輯錄名家詩文中帶有「喜」字之句，根據文義分別繪圖或書法，製成喜箋。自清光緒二十一年（1895）到光緒三十四年（1908），先後製集蘇一百八喜箋、集涪翁文一百四十喜箋、集李杜詩八十四喜箋共三百三十二種，並有分類目錄《三百三十二喜箋序目》行世。而從現存尺牘實物來看，徐琪還製有集法書「喜」字的喜箋等，故其所製喜箋，當不止三百三十二種。本書即以徐琪喜箋爲主，探討其種類樣式、設計方法及製作背景，及其在傳統文人自製個性化花箋發展史上的重要典型地位。

第一節　喜箋之內容

　　根據現有的文獻及實物資料，徐琪至少曾製有四批喜箋。每次製喜箋，齋名便隨之改變，先後有「集蘇一百八喜齋」〔註14〕、「二百四十八喜齋」〔註15〕、「三百二十八喜齋」〔註16〕、「三百三十二喜齋」〔註17〕等。而根據「喜」字的出處，喜箋可分爲兩大類，一類輯自前人詩文作品，一類輯自前代法書及其它。輯自前人詩文作品的，共三批三百三十二喜箋，分別爲集蘇一百八喜箋、集涪翁文一百四十喜箋、集李杜詩八十四喜箋，各自伴有《序目》行世。而輯自前代法書及其它出處的，並無目錄留存，實物僅見一例「大喜書集右軍帖字」以及一例由若干「喜」字組成的欄格箋，但從「大喜」箋及另外幾張集涪翁文喜箋上所署的「三百二十八喜齋製」，可知在集李杜詩喜箋之前，徐琪可能曾經制過八十種非詩文類喜箋。

一、集詩文喜箋

　　徐琪三次輯詩文喜箋，各自有《序目》並行。第一次在光緒二十一年

〔註14〕見《集蘇一百八喜箋·序》：「余嘗集蘇詩之有『喜』字者，製爲一百八喜箋。曾君和通侯爲余刻印章曰『集蘇一百八喜齋』」。

〔註15〕見《集蘇一百八喜箋·序》：「後又集涪翁文，得一百四十喜，於是顏所居曰『二百四十八喜齋』」。

〔註16〕見上海圖書館藏《俞曲園尺牘》二冊，中有用喜箋者，上書「三百二十八喜齋製」。

〔註17〕見《集蘇一百八喜箋·序》：「近又集李杜詩，得八十四喜，因合前後所集，改題軒額曰『三百三十二喜齋』」。

（1895），集蘇東坡詩句中有「喜」字者，製一百八喜箋，「既成，爰列其目如左，而名之曰『集蘇一百八喜箋』」，「光緒二十一年，歲在旃蒙協洽九月九日，仁和徐琪書於瑞薇軒」〔註18〕。第二次在光緒二十八年（1902），「今夏移居嬾眠胡同，是接葉亭舊地，花木繁盛，良足自遣。因讀涪翁文集，見篇中用喜字者甚多，又反覆集之，得一百四十喜字」，「既成，踵前例，仍錄其目如左，而名之曰『集涪翁文一百四十喜箋』」，「光緒二十有八年，歲在元黓攝提格七月七日，仁和徐琪書於接葉亭。」〔註19〕第三次在光緒三十四年（1908），「近又集李杜詩，得八十四喜」，「凡所集李杜詩，亦如前例，書爲序目一冊。光緒三十有四年，歲在著雍涒灘中秋夕，仁和徐琪書於致曲亭」〔註20〕。

　　因現在所能看到的喜箋實物極少，不足十頁，三百多種喜箋的樣式、內容等，僅能通過與箋紙並行的目錄來瞭解。筆者於上海圖書館所見《三百三十二喜箋序目》一冊，含《集蘇一百八喜箋序目》一卷，《集涪翁文一百四十喜箋序目》一卷，《集李杜詩八十四喜箋序目》一卷，三卷版式各不相同，外封籤條署「三百三十二喜箋序目　花農囑題　溥偉」〔註21〕，當是光緒三十四年（1908）後合冊。

　　每卷《序目》前有序文一篇，介紹徐琪製喜箋的緣由、方法，大致的分類；後爲目錄，按照喜箋內容分類排序，依次錄喜句及其引文出處。以《集蘇一百八喜箋序目》之人物箋目錄爲例，先頂格書「人物六種」，是按照喜箋圖畫內容分類。下依次錄喜句及出處，喜句頂格，出處另行空一格。如頂格書「喜氣到君浮白裏」，次行空一格「《次韻穆父尚書瞻望天光引滿醉吟作》」。在注引文出處時，間或引詩句之前後文，幫助理解詩意。如「共喜早歸三伏近」條，次行書「《次韻劉貢父獨直省中作》，下句『解衣槃礴亦君恩』」。又人物、山水等大類，喜箋數量多達數十種，根據其畫面內容又分爲若干種小類，每種四至十張畫箋不等。每種詩句及出處錄完後，換行空兩格，計其分類特點與數量，如人物箋六種，每種後分別書「右工細人物十箋一匣」、「右一人之景八箋一匣」、「右一人旁兼陳設之景四箋一匣」、「右二人之景四箋一匣」、「右三四人同繪有器物無樹木十箋一匣」、「右人物兼山水樹

〔註18〕　見《集蘇一百八喜箋序目》。
〔註19〕　見《集涪翁文一百四十喜箋序目》。
〔註20〕　見《集李杜詩八十四喜箋序目》。
〔註21〕　溥偉，爲恭親王奕訢次子載瀅的長子，在奕訢病逝後承襲了恭親王爵位。

木八箋一匣」等。

由於《序目》分類清晰，對瞭解喜箋的設計、組合等極有幫助。下文將結合《序目》與喜箋實物，依次對三批喜箋分別進行介紹：

1. 集蘇一百八喜箋

徐琪於清光緒二十一年（1895）製集蘇一百八喜箋，並錄有《集蘇一百八喜箋序目》一卷，隨箋刊行。

《集蘇一百八喜箋序目》一卷，清光緒二十一年（1895）刻本。黑口，雙魚尾，左右雙邊。半葉十行，行二十一字。其「序」稱：

> 今夏報滿還朝，供職之暇，每夕必觀書一二卷。因生平愛讀坡公之詩，輒取詩中之有「喜」字者，分類集之，得一百八句。各肖詩意，繪爲人物、山水、博古玩具、穀食蔬果花木、禽魚、獸蟲之類。其無可繪者，則列爲字體，或以篆隸各書其句，或如其詩句所排之數，書若干「喜」字於其間，有爲分行，有爲旋折，有爲環繞，亦各殊其製。若一義而兩句者，則合爲一紙，附於九十二「喜」之後，爲雙喜箋。蓋箋樣凡百，取成數也，合以雙喜八種，則成一百八喜。牟尼、壽佛、無量之徵，其喜更屬靡盡，雖集中可採者尚多，余則以此爲率。

> 至其序次，則循類分別，稍雜鄙見，不復泥集中卷數，猶集句爲詩，不能拘牽時代。若每句之下各繫題解，亦有間書上下某句者，則以原句不及畫意，而可畫之景或在前後句中，遂偶掇其意爲證，非有所歧也。

集蘇一百八喜箋依次爲：

人物六種，其中工細人物十箋一匣，一人之景八箋一匣，一人旁兼陳設之景四箋一匣，二人之景四箋一匣，三四人同繪有器物無樹木十箋一匣，人物兼山水樹木八箋一匣，總計四十四喜箋；

山水三種，其中寫意山水四箋一匣，寫意山水小橫幅四箋一匣，工細山水大橫幅六箋一匣，共計十四喜箋；

玩具一種，博古器物四箋一匣；

穀食蔬果花木一種，六箋一匣；

禽魚一種，六箋一匣；

獸蟲一種，四箋一匣；

字體三種，包括字體仿瓦當形兼摹漢碑文五箋一匣，字體小條箋四箋一匣，字體大小橫幅五箋一匣；

雙喜二種，包括雙喜四箋一匣，雙喜大幅四箋一匣。

以上共十八匣，一百喜箋，喜句則爲一百零八句，正合書名之數。

由序目可知，根據圖案類型，喜箋可分爲畫箋和文字箋兩大類。集蘇喜箋以畫箋爲主，包括人物、山水、玩具等六種主題，文字箋爲輔，主要是各種字體箋。人物箋有「喜見雲章第一篇」、「今朝童僕喜」、「我聞其來喜欲舞」、「喜見通家賢子弟」、「但喜丹砂入頰紅」等，其句多述及人物事件，或是描繪心情。山水箋如「此亭聊可喜」、「漸喜風葉舉」、「喜及崆峒春」等，詩中多涉及地點、景物等。以上兩類，所佔喜箋比重最大。此外，玩具箋如「喜有春盤得蓼芽」、「喜入燈花欲鬥妍」；穀食蔬果花木箋如「喜見秋瓜老」、「喜見霜松枝」；禽魚箋如「黃鳥亦自喜」；獸蟲箋如「喜動鄰里烹豬羊」等，每種四至六張不等。

圖 1

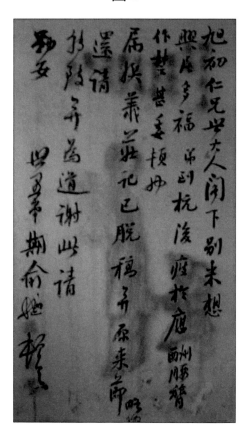

今所見集蘇喜箋有畫箋一種「阿大中郎喜有餘」（圖 1）。此爲竪長白描人物箋。箋高 24.7 釐米，寬 13.6 釐米。圖中一女子，手中抱一嬰兒，身右立一幼兒，上書「阿大中郎喜有餘，賀陳述古弟章生子詩，集蘇第二十四喜箋」，左下署「瑞薇軒製」〔註 22〕。瑞薇軒爲徐琪齋名。白紙，淺紫色圖文。此箋爲「二人之景」人物箋四箋之一。箋上所書之次序「集蘇第二十四喜箋」與目錄吻合。

在大多數喜句都被摹畫成箋後，還剩下一些實在難以入畫，如「嘗喜吾猶及老成」、「學道有牙眞可喜」、「無

〔註 22〕 見上海圖書館藏《俞曲園尺牘》二冊。

功暴得喜欲顛」等，就被製成文字箋，或書以篆隸書法，或在其詩句外，各式排列若干「喜」字，務求創新獨特。

字體箋，現見有兩種「嘗喜吾猶及老成」（圖 2）及「深沉既可喜」（圖3），均爲豎長箋。前者上書一雙鈎隸書「嘗」字，中間圓形朱文大「喜」字，下書「吾猶及老成」雙鈎隸書五字，合爲「嘗喜吾猶及老成」一句，右書「送張軒民寺丞赴省試作」，左書「集蘇第八十二喜箋，瑞薇軒製」〔註23〕，箋高23.3 釐米，寬 14.8 釐米。此爲仿瓦當形兼摹漢碑文字體五箋之一。白紙，紅色圖文。後者上方中央有一「喜」字，其上、右、下、左分別書「深沉既可」五字，連成「深沉既可喜」一句，下書「端午遍遊諸寺詩，集蘇第八十七喜箋，瑞薇軒製」〔註24〕。箋高 22 釐米，寬 10 釐米。此爲字體小條箋四箋之一。白紙，淺紫色圖文。序次亦與目錄同。

圖 2 圖 3

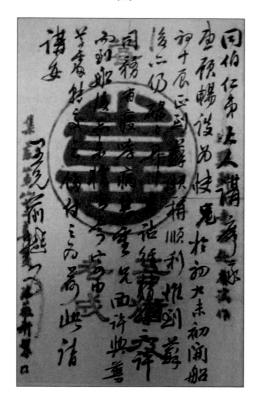

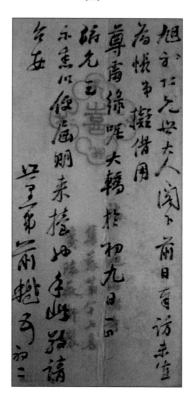

〔註23〕 見上海圖書館藏《俞曲園尺牘》二冊。
〔註24〕 見上海圖書館藏《曲園尺牘》四冊。

若兩句詩中「喜」意相同，則合製爲一箋，稱「雙喜箋」，如《初自徑山歸述古召飲介亭詩》有「喜見新橙透甲香」句，《次韻蘇伯固主簿重九詩》有「手香新喜綠橙搓」句，二句即合一箋。但雙喜箋是畫箋還是文字箋，因爲並無實物證明，無法定論，但其喜句多可入畫，畫箋的可能性較大。

2. 集涪翁文一百四十喜箋

集涪翁文喜箋，製於光緒二十八年（1902），並作《集涪翁文一百四十喜箋序目》一卷。

《集涪翁文一百四十喜箋序目》一卷，光緒二十八年（1902）刻本，黑口，單魚尾，左右雙邊，半葉十行，行二十字。徐琪序稱：

> 乙未秋，琪僦居蓮花寺。曾集坡公詩句之有「喜」字者，凡一百八句，以新意製爲詩箋，名曰「集蘇一百八喜箋」，且別刻序目一冊，各注所出處，與箋並行，頗爲膾炙人口。
>
> 今夏移居嬾眠胡同，是接葉亭舊地，花木繁盛，良足自遣。因讀涪翁文集，見篇中用喜字者甚多，又反覆集之，得一百四十喜字，遂稍稍次第，亦分人物、仙釋、亭閣、山水、花草、文玩、字體，各制爲箋。略如前法，其一義而兩見者仍合之爲雙喜箋；若一節而喜字兩見及兩句義同而還相爲用者，則次於雙喜之後，謂之疊喜；若三句相同者，則並之爲三喜；三喜之後有隨喜；隨喜之後有安喜；安喜之後有歡喜；歡喜之後有無量喜；無量喜之後有吉慶奉喜；吉慶奉喜後有喜慶多福；喜慶多福後有萬福承喜；萬福承喜後有安閒嘉勝承喜，安閒嘉勝承喜後有祖孫昭穆兄弟同喜。皆就文中之意，或互見，或聯屬，純出自然，不假牽強。蓋二公天懷澹定，雖造次顛沛，而泮奐優游之致，無時不流露於字裏行間。顏子簞瓢陋巷，不改其樂，正是此境。琪爲是箋，雖偶爾遊藝，而古人味道之深，有因之而得見者，據德依仁，實從茲入，豈僅寄情翰墨，爲吉祥文字之一助哉？
>
> 既成，踵前例，仍錄其目如左，而名之曰「集涪翁文一百四十喜箋」，綜囊集蘇喜計之，凡得二百四十八喜也。

集涪翁文一百四十喜箋依次爲：

> 人物五種，包括一人之景四箋一匣，又一人之景四箋一匣，又一人之景

五箋一匣，二三人之景六箋一匣，二三人之景八箋一匣；

仙釋一種，八箋一匣；

歌舞宴飲車器田獵一種，爲人物兼陳設林木鳥獸之景六箋一匣；

亭閣一種，四箋一匣；

山水一種，四箋一匣；

花草一種，四箋一匣；

文玩一種，六箋一匣；

字體一種，十箋一匣；

可喜箋十種，十箋一匣；

雙喜箋十種，五箋一匣；

疊喜箋四種，二箋一匣；

三喜箋六種，二箋一匣；

隨喜箋五種，五箋一匣；

安喜箋八種，八箋一匣；

歡喜箋六種，六箋一匣；

無量喜箋四種，四箋一匣；

吉慶奉喜箋三種，三箋一匣；

喜慶多福箋二種，二箋一匣；

萬福承喜箋四種，四箋一匣；

安閒嘉勝承喜箋四種，四箋一匣；

祖孫昭穆兄弟同喜箋五種，五箋一匣。

以上總計有二十五匣，一百二十九箋，一百四十喜句。

與集蘇喜箋相比，集涪翁喜箋數量更大，分類也更細緻。如集蘇喜箋將單純人物箋與人物兼景物箋都歸於「人物」類，集涪翁箋就細分爲「人物」、「仙釋」、「歌舞宴飲車器田獵」三類。人物類如「喜氣滿於眉宇之間」、「喜事而多聞白頭不倦」；仙釋類如「道人喜傳之」、「但願純以慈悲喜舍視之」；歌舞宴飲車器田獵類如「鐘鼓管絃以飾喜」、「聞其民稍喜爲田獵」等，其中「仙釋」一類，爲集蘇箋所不取。此外「亭閣」、「山水」亦細分開來，亭閣類如「平居時御筆墨尤喜飛白書」，山水類如「若乃登山臨水喜見清揚」等。花草箋四張，如「獨喜其知九日黃花可貴耳」，文玩箋六張，如「予得墨而喜」等。以上各種，均爲畫箋。

今見集涪翁喜箋有四張〔註 25〕，均爲豎長箋，白描圖畫，白紙，圖文淺紫色。

(1) 豎長箋，殘葉，僅左半葉。下繪帛書卷軸，上書「此絹軸用礬黏極中節頗令人喜，書與胡逸老書三，集涪翁文五十五喜箋，琪」。箋高 23 釐米。（圖 4）

(2) 豎長箋，下繪各色彩箋及箋板，上書「箋板但喜其簡裁未必工也，與薰伯舟書五，集涪翁文五十六喜箋」，右署「三百二十八喜齋製」。箋高 23 釐米，寬 13.1 釐米。（圖 5）

圖 4　　　　　　　　　　　　　　　圖 5

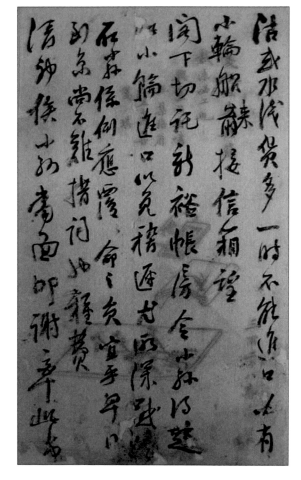

〔註 25〕均見上海圖書館藏《俞曲園尺牘》二冊。

（3）豎長箋，下方繪一筆筒，內插毛筆八枝，上書「南陽張義祖喜用郎奇棗心散卓，書侍其瑛筆，集涪翁文五十七喜箋」，右下署「三百二十八喜齋製」。箋高 23 釐米，寬 13.1 釐米。（圖 6）

（4）豎長箋，下繪棋面一張，上書「既無所用心頗喜奕棋，書博弈論後，集涪翁文五十九喜箋，琪」，左下署「三百二十八喜齋製」。箋高 23.3 釐米，寬 12.9 釐米。（圖 7）

圖 6　　　　　　　　　　　　　　圖 7

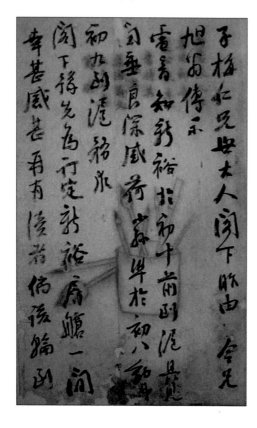

以上四箋，爲文玩六箋中之四種，序次與目錄相同。

在畫箋之外，集涪翁喜箋中亦有字體箋十張，如「隨意必能生喜」、「今時論書憎肥而喜瘦」等，未見實物，不知何樣。

此外，此次製喜箋，除一義兩見的製爲雙喜箋外，還有一義三見的爲「三喜箋」，如《道臻師畫墨竹序》有「韓退之論張長史喜草書，不治它技」，《書家弟幼安作草後》有「幼安弟喜作草」，《鍾離跋尾》有「少時喜作草書，初

不師承古人」，三句「喜」義相同，遂合爲一箋。《與王瀘州書六》有「兩令郎尤純謹，喜讀書，此亦長年可喜事也」，《與馮才叔機宜書一》有「邵普義用心耿介，喜讀書」，二句合爲疊喜箋。此外，涪翁文中常見一義多見或帶「喜」之詞兩見乃至多見的情況，遂以「喜」義爲名，製若干「某某喜箋」。如《跋東坡書遠景樓賦後》有「東坡書隨大小眞行皆有可喜處」句，《跋翟公巽所藏石刻十二》中有「皆怪逸可喜」句，如此有「可喜」者凡十句，遂製「可喜箋」十箋。「奉手筆，喜承起居輕安」、「雨餘便熱，喜承起居輕安」等八句製爲「安喜箋」，「有時歡喜受供養」、「蔬食不把酒，乃復勝健，良助歡喜」等製「歡喜箋」，「受檄即行，慰喜無量」等製「無量喜箋」，「春暄喜承侍奉萬福」等製「萬福承喜箋」，「復得談昭穆之舊，喜可知也」、「王才叔兄弟皆喜作大字」等製「祖孫昭穆兄弟同喜箋」。以上諸種喜箋，亦未見實物，不知爲畫箋抑或文字箋。

3. 集李杜詩八十四喜箋

徐琪於光緒三十四年（1908）又集李杜詩喜箋八十四種，有《集李杜詩八十四喜箋序目》一卷。

《集李杜詩八十四喜箋序目》一卷，光緒三十四年（1908）刻本。黑口，雙魚尾，左右雙邊，半葉十行，行二十一字。其序稱：

> 余嘗集蘇詩之有「喜」字者，製爲一百八喜箋。曾君和通侯爲余刻印章曰「集蘇一百八喜齋」。後又集涪翁文，得一百四十喜，於是顏所居曰「二百四十八喜齋」。皆手書序目，詳述體例，藝林艷之。近又集李杜詩，得八十四喜，因合前後所集，改題軒額曰「三百三十二喜齋」。

> 凡所集李杜詩，亦如前例，書爲序目一冊。此後若有暇，再集諸家之詩若文之有喜字者，則余所遇之喜且將自三百三十二以至於累百千萬。山中文字之樂，不又蔚爲宇宙一大觀乎？

集李杜詩八十四喜箋依次爲：

人物六種，包括一人之景四箋一匣，又一人之景五箋一匣，數人之景四箋一匣，又數人之景五箋一匣，又數人之景四箋一匣，又數人之景四箋一匣；

人物兼樓閣三種，其中人物兼樓閣五箋一匣，又人物兼樓閣六箋一匣，又人物兼樓閣五箋一匣；

山水人物三種，包括山水兼人物之景五箋一匣，又山水兼人物六箋一匣，又山水兼人物八箋一匣；

博古玩器一種，四箋一匣；

蔬果一種，二箋一匣；

禽蝶蛟龍一種，九箋一匣；

雙喜一種，四箋一匣。

以上各種，合計十六匣，八十喜箋，八十四喜句。

與集蘇喜箋一樣，集李杜詩喜箋也以人物、山水爲主要繪製內容，但分類更細，人物、人物兼樓閣、山水兼人物各成大類，並多附上下句，以輔畫意。純人物箋，如「余髮喜卻變」附下句「白間生黑絲」，「喜得與子長夜飲」附上句「秋宿霜溪素月高」等。人物兼樓閣箋，如「東樓喜奉連枝桂」、「門闌多喜色」附下句「女婿近乘龍」。山水兼人物箋，如「累日喜潯俱東行」，附上句「洛陽大道時再清」，「河上喜相得」，附下句「壺中趣每同」等。此外，博古玩器箋「滑喜雕胡飯」，蔬果箋如「已喜黍豆香」，禽蝶蛟龍箋如「歸雁喜青天」、「竟日蛟龍喜」等，少至兩張，多至九張，各自成匣。

以上諸箋之後，還有雙喜箋四張，如「鄰里喜我歸」、「舊犬喜我歸」二句合一等。雙喜箋四種，由詩句出處來看，均非難繪。雖然集李杜詩喜箋，今無一張實物例證，但很有可能，全部都爲畫箋，沒有字體箋，這也是它與前兩種喜箋的最大相異之處。

二、集法書及其它喜箋

此類喜箋，現存尺牘實物見有兩種。一種爲豎長箋，中間豎向行書「大喜」二大字，左書「大喜書，集右軍帖字，三百二十八喜齋製」。箋高 28.8 釐米，寬約 13 釐米（圖 8）。俞樾致戴啓文

圖 8

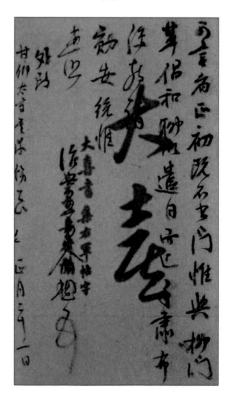

之信，用此箋二葉〔註26〕。白紙，紅色文字。「大喜」二字輯自王羲之法書。
此箋署「三百二十八喜齋製」，與現存集涪翁喜箋實物上署名相同，可能在集
涪翁文喜箋之後，集李杜詩喜箋之前，徐琪從法帖及其它途徑集「喜」製箋，
曾有累至「三百二十八喜箋」。

　　另一張喜箋實物爲橫長箋，箋高 31.5 釐米。有雙欄外匡，匡高 21.9 釐
米。雙欄內連書篆文「喜」字，豎向共十二「喜」，橫向「喜」字之數，因寫
好後就信裁割，尙不明。橫向每隔二「喜」字即有一字寬豎欄，每條豎欄內
有十二「喜」〔註27〕字。白紙，欄格文字均爲淺紫色（圖 9）。因此箋殘缺，
不知有無署款，但其既非畫箋，亦非法書箋，其字體、樣式均不知出處，但
從其紙張、色彩、主題等考察，當歸爲喜箋之內。

圖 9

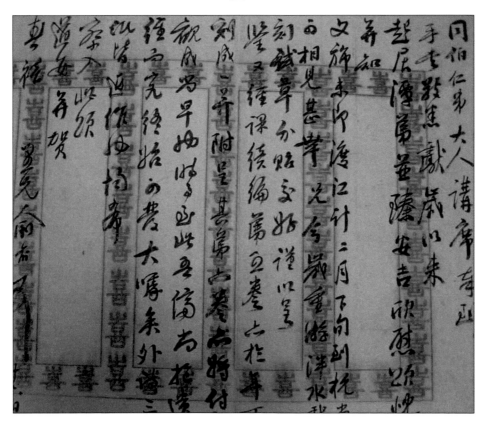

〔註26〕　見上海圖書館藏《曲園遺墨》一冊。
〔註27〕　見上海圖書館藏《曲園尺牘》四冊。

第二節　喜箋之特色

　　喜箋從信箋使用的角度來看，是採用了主題套箋的形式，並且大套中有小套，層層相套。從信箋圖樣設計方面看，爲畫箋與書法字體箋的組合。喜箋的這兩大特色，自然是由喜箋本身的選題所決定的，與徐琪親友及其本人早年的製箋實踐也有著密切的關係，同時也是清代晚期文人自製箋的潮流所向，頗具典型意義。

一、採用主題套箋的形式

　　主題套箋爲同時製造的同一主題下若干葉不同圖樣的信箋的組合。在傳統習慣中，寫信時一次會使用套箋中的一葉或幾葉，在一通信中，盡量使用套箋中的不同花色，避免重複。徐琪所製喜箋，至少可以根據喜字出處，分爲集蘇詩喜箋、集涪翁文喜箋和集李杜詩喜箋三個大套。這三大套喜箋，各自包括一百種左右的喜箋，數量極爲龐大。在每一套中，又根據主題，如人物、山水、花草、玩具等，再分成若干套。但是其中的人物箋、山水箋，爲傳統詩文意象所決定，在喜箋中所佔比例較大，數量上還是大大超出了普通套箋，不便於使用，於是在這幾類之下，又根據構圖元素，再次加以細分。如集蘇喜箋的人物箋又分「工細人物十箋一匣」、「一人之景八箋一匣」、「一人旁兼陳設之景四箋一匣」、「二人之景四箋一匣」、「三四人同繪有器物無樹木十箋一匣」、「人物兼山水樹木八箋一匣」等六套四十四張；集涪翁文喜箋的人物箋分成「一人之景四箋一匣」、「又一人之景四箋一匣」、「又一人之景五箋一匣」、「二三人之景六箋一匣」、「二三人之景八箋一匣」等五套二十七張。這裡的一「匣」箋尺寸相同，爲標準的套箋。如集蘇喜箋中有山水箋三種，其中寫意山水小橫幅四箋一匣，工細山水大橫幅六箋一匣，而寫意山水四箋一匣未作說明，當爲通行竪長箋，三匣信箋的尺寸形狀各不相同，各自成套。以這個標準來看，集蘇喜箋共十八小套，集涪翁喜箋二十五小套，集李杜喜箋十六小套，徐琪共製有以匣爲單位的集詩文喜箋五十九小套。

　　從使用情況來看，雖然今天能見到的喜箋實物極少，但仍有成套使用的**趨勢**，符合傳統套箋的使用習慣。如上文所列今見集涪翁文喜箋四張，後三張見用於徐琪之師俞樾致友人沈能虎信函。首葉用「集涪翁文五十七喜箋」「南陽張義祖喜用郎奇棗心散卓」，次葉用「集涪翁文五十六喜箋」「箋板但喜其簡裁未必工也」，末葉用「集涪翁文五十九喜箋」「既無所用心頗喜奕棋」。此

三張均屬「文玩六箋一匣」即文玩套箋，使用先後次序則不拘。

　　信箋因爲使用頻繁，爲避免單調無趣，故多採用套箋的形式。特別是紙鋪售箋，一般都爲套箋。除了上述的主題套箋外，還有多色套箋，即同樣的圖案，用各種顏色的箋紙印製成套。而傳統文人私人製箋，多爲主題套箋。如李漁製有韻事箋八種，分別爲題石、題軸、便面、書卷、剖竹、雪蕉、卷子、冊子，還製有仿迴文織錦圖案的織錦箋十等種。徐琪的老師俞樾，早期自製箋也以套箋爲多，如春在堂五禽箋、梅蘭竹套箋、曲園俞樓右臺仙館景物套箋等。而徐琪本人，早年也製有多種套箋。據《集蘇一百八喜箋序目》徐琪自序所稱，「琪未通籍時即製有四時箋，改館後又製五雲箋，人皆以爲善」。四時箋分「春風」、「夏雲」、「秋月」、「冬日」四種，製成後徐琪並不滿意，認爲這套箋需按時取用，不免拘滯，於是又製五雲箋。雲箋是古代對信箋的美稱，在傳統詩文作品中，通過染色而產生深淺不同視覺效果的「五雲箋」，常用來指代美麗的箋紙，「五雲箋」之名也常見題署於晚清箋紙之上。徐琪亦取古箋之名，製五種雲紋箋，但後來又覺得數量太少，「但少層出不窮之致」。

　　有了早年製套箋的經驗，同時爲了彌補四時箋與五雲箋的缺憾，徐琪選定「喜」字爲主題，製作了數量龐大，由數十套可單獨使用的小套箋組成的喜箋。據徐琪《花磚日影集序》：「自甲申（1884）元旦迄於辛卯（1891）八月，拜視學吾粵之命，凡八年之久」，「自粵學報滿還朝，至丁酉（1897）十月入直南齋」，可知在首次製喜箋的光緒二十一年（1895），徐琪正於京城供職，其時四十七歲。光緒二十六年（1900），徐琪官拜內閣學士，權兵部侍郎，次年又官拜經筵講官，仕途一帆風順。其第二次製喜箋即在此際。光緒三十四年（1908）徐琪六十歲時，製李杜詩喜箋，爲現知最後一批喜箋。三次喜箋序目合冊，宗室溥偉爲其題寫書名，可見徐琪於官場之得意，喜箋在晚清私人製箋中之地位亦可略窺一斑。

二、畫箋與書法文字箋相組合

　　喜箋的第二個特徵爲畫箋與書法文字箋之組合。這種信箋設計方法，與徐琪家庭的製箋傳統及徐琪本人的書畫造詣相關，同時也是自明末開始的畫箋傳統與清代中晚期流行的文人自製文字箋的結合。

　　徐琪在《集蘇一百八喜箋序目》中稱「琪家世喜造箋」，「先大夫手製詩

娛室各種，分人物、博古、禽鳥諸門，至今市間輾轉摹刻，購者爭取，而不知出自吾家舊稿也」。徐琪家故爲浙江望族，徐琪六世祖徐潮、五世祖徐本、徐本弟徐杞、徐本子以烜均以翰林起家，《清史稿》均有傳〔註28〕。徐琪之父徐鴻謨（1813～1864），字若洲，爲徐鼎次子。此時家道已中落。徐鴻謨素有經世之志，善金石書畫及術數兵家言。有《薔卜花館詩詞集》〔註29〕行世。俞樾《徐若洲君傳》稱：「父南匯公工篆隸書，君得其傳，凡書畫及鑱刻金石，皆極精妙。」〔註30〕徐琪所稱先大夫製詩娛室各種花箋，當即其父繪製，後圖樣流入坊間，摹刻甚多。琪母鄭蘭孫，字娛清，別字蘅洲，亦杭州仁和人。自幼聰穎，俞樾《鄭孺人傳》稱其「六歲通四聲，九歲能爲小詩，以庭前花木命之賦，輒有新意。至十四五，工書畫，且善爲唐宋人小令」〔註31〕。有《蓮因室詩詞集》〔註32〕及《都梁香閣詩詞集》〔註33〕傳世。鄭蘭孫詩詞中常有如「欲書近狀拂雲箋，筆墨荒疏爲病纏」〔註34〕，「筆床硯匣，瀟灑深閨；湘帙雲箋，零星滿案」〔註35〕，「寂寞銀屏秋夜永，自燒短燭拂雲箋」〔註36〕，「天涯何幸邀青顧，聊折雲箋謝絳紗」〔註37〕，還有「客裏自慚無錦障，濡毫聊贈五雲箋」〔註38〕之語。「雲箋」等形容美麗花箋的詞語在其詩詞中的頻繁出現，一方面固然出於修辭之需，另一方面也可看出，雖然生活困苦，鄭蘭孫於文房清玩自有一份執著喜愛。徐鴻謨又有自製花箋的實踐，在這樣的家庭中長大，徐琪自幼耳濡目染，對箋紙的愛好與親近，當是日後多製花箋的原因之一。

〔註28〕 徐潮、徐杞傳見《清史稿・列傳六十三》，徐本、徐以烜傳見《清史稿・列傳八十九》，中華書局，1977年。

〔註29〕 《薔卜花館詩集》二卷《詩補遺》一卷《詞集》一卷《詞補遺》一卷，徐鴻謨撰，清光緒刻本。

〔註30〕 《徐若洲君傳》，見《春在堂雜文》續一，清光緒二十五年（1899）刻《春在堂全書》本。

〔註31〕 《鄭孺人傳》，同見於《春在堂雜文》續一。

〔註32〕 《蓮因室詩集》二卷《詞集》一卷，鄭蘭孫撰，清光緒元年（1875）刻本。

〔註33〕 《都梁香閣詩集》一卷《詞集》一卷，鄭蘭孫撰，清宣統三年（1911）刻本。

〔註34〕 見《代柬答山雲住》詩，《蓮因室詩集》卷上。

〔註35〕 見《生朝自悼詩八首並生挽文》，《蓮因室詩集》卷下。

〔註36〕 見《自題西窗坐月圖小影》詩，《蓮因室詩集》卷下。

〔註37〕 見《謝宗友石遺瓜》詩，《蓮因室詩集》卷下。

〔註38〕 見《避兵僑寓雉城，迄今三載，院中牡丹自寄迹後更盛於昔，豈花亦識余耶？嗟乎！天涯萍梗，逆旅勞人，逝水華年，涼蟬身世，詩懷冷落，非復當時。勉再賦四章，聊酬花神之深意云爾》詩，《蓮因室詩集》卷上。

　　徐琪本人的書畫造詣頗高。張鳴珂《寒松閣談藝瑣錄》稱其「工畫花卉，神似南田」〔註39〕，李濬之《清畫家詩史》也說他「善花卉，間作山水小景」〔註40〕。其早年所製四時箋、五雲箋也都爲畫箋。所以在製喜箋時，也是首先製作畫箋，盡量將喜句之義通過圖案表達出來。以詩意入畫的畫箋，在明末《蘿軒變古箋譜》、《十竹齋箋譜》中即有大量實踐。清代中後期，這種以圖畫爲主，配以一兩句詩文的畫箋已成爲花箋的一種通行樣式。出現在十九世紀末二十世紀初的喜箋，可算是傳統詩畫箋內容的集大成者。

　　書法箋爲晚清文人自製箋之流行樣式。俞樾一生所製五十餘種信箋，絕大多數都爲文字箋，如春在堂五禽箋、各式印章箋等。徐乃秋曾於古篆中輯「某頓首」三字，並摹刻製箋，徐琪在《答家乃秋前輩》詩中贊道「瓊篇和我倍清奇，篆繞雲箋比籀斯」，並附小注「前輩集三字於詩箋上，曰『某頓首』，極古致可愛」〔註41〕。此亦爲文字箋。徐琪視學粵東時，曾得米芾詩，刻在仙掌石上，因詩中有「碧海出蜃閣，青空起夏雲」句，遂摹其文，製爲碧雲箋。因宋代有碧雲春樹箋〔註42〕，此箋以「碧雲」命名，頗合古意，爲其早年製文字箋實踐。所以在製作喜箋時，遇到實在難以入畫的，就制文字箋，在字體、文字排列上做各種變化，也都雅致可喜，與晚清文人自製文字箋的風氣也一脈相承。

　　雖然徐琪花箋實物，今天所見無幾，難以窺其畢生製箋之全貌，也並未發現有清末文人間流行的金石箋等樣式，但其所製三百多種喜箋，可析爲數十種套箋，數量之龐大，爲傳統文人自製花箋之冠，且喜箋的樣式，包括傳統詩畫箋和文人擅制文字箋兩大類，其畫箋的內容，又涵蓋了傳統畫箋中的人物箋、景物箋、花鳥箋和博古箋，堪稱傳統文人自製箋之集大成者。

〔註39〕　《寒松閣談藝瑣錄》六卷，張鳴珂撰，上海文明書局民國二十五年（1936）鉛印本。
〔註40〕　《清畫家詩史》二十卷，李濬之撰，《清代傳記叢刊》本，臺灣明文書局，1985年。
〔註41〕　見《花磚日影集》卷一，清光緒三十四年（1908）刻本。
〔註42〕　屠隆《考槃餘事·紙箋》「宋紙」條：「有碧雲春樹箋，龍鳳箋，團花箋，金花箋。」

下編　套格紙研究

　　套格紙是仿照印本古籍單葉版式、繪製或刷印而成的、供寫鈔書籍之用的中國傳統書寫用紙。本編首先介紹「套格紙」之得名，並概述其版式特徵，接下來對鐫字套格紙進行分類介紹和舉例論述，最後討論掌握套格紙特徵對於古籍寫本鑒定的幫助。

第一章 中國傳統稿鈔本套格紙概述

　　在中國傳統稿鈔本中，常見使用有版匡、欄格的書籍用紙。其版格樣式與印本古籍的單葉版式相似，有版匡、界欄，版心；版匡有四周單邊、四周雙邊、左右雙邊等樣式；欄格一般半葉八行、半葉九行、半葉十行不等，也偶有半葉行數更少或更多的情況；象鼻處也有白口、黑口或花口之分，花口通常爲書名、室名；魚尾同樣有黑白、單雙乃至三魚尾；有的版匡外還有書耳。凡此種種，除了欄格間沒有印字，保留空白以待書寫之外，這種書籍用紙的版式特徵與印本古籍幾乎完全一致。紙上的版匡界欄，大多是刻板印刷而成，也有少數爲手工畫製。無論是刷印還是手繪，一般而言，同書各頁的版匡大小一致，界欄數量相等，版心特徵也完全相同。這種紙在傳統目錄版本學著作中並無固定統一的名稱，或被稱爲格紙、版格紙，可能得名於「版匡」、「行格」等版本術語。本書參考有關文獻，將其命名爲「套格紙」。

第一節 「套格紙」之得名

　　「套格」一詞，源於清金簡《武英殿聚珍版程式》〔註1〕。

　　　套格

　　　　用梨木版，每塊面寬七寸七分，長五寸九分八釐，與槽版裏口畫一，周圍放寬半分爲邊。按現行書籍式樣，每幅刻十八行格線，每行寬四分。版心亦寬四分，即將應擺之書名、卷數、頁數暨校對

〔註 1〕 《武英殿聚珍版程式》，清乾隆四十一年（1776）武英殿活字印聚珍版。

姓名先另行刊就，臨時酌嵌版心。

刷印

逐版校竣之後，即將前刻套格版先行刷印格紙。如某書應刷若干部，則每塊豫刷格紙若干張。隨將所擺之槽版查對方箋，與格紙卷頁相符，用以套刷，即可成書。……至套刷，本係常法，然用之於畫圖套色。套邊，偶爲之耳。今逐部逐篇用此，其中墨氣條線均不得草率從事，亦宜令藝精者爲之。

武英殿聚珍版實爲木活字本。此前中國傳統活字印刷，一般是先圍好版匡，將活字排成行，再卡上界欄，待整片版面排好以後，用木屑填充以固定好活字，然後進行墨印〔註2〕。金簡改變了傳統的活字排版後一次刷印的做法，而是採用先整版雕出行格邊框，刷印格紙，再擺好活字，將其套印上格紙的二次刷印的做法。金簡將這種版匡欄格的樣式稱爲「套格」，將刻印的板片，稱爲「套格版」，而刷印好的紙張，稱爲「格紙」。

究其「套格」之名，當得之於「套印」，即文中所稱「套刷」。根據不同的色彩爲一葉書刻多塊板片，再用不同的顏色刷印於同一紙，即爲套印〔註3〕。套印本根據其色彩的數量，一般需要經過兩次以上的印刷。金簡的木活字本，成書也需經過二次印刷，第一次刷印版格，即「套邊」，第二次再刷印文字內容。

這種「套格」製成的「格紙」的樣式，同樣是仿照印本古籍的單葉版式，與前文所述的古籍寫本用紙非常相似。二者的用途也相似：留待填充文本內容，以集結成書。只不過金簡活字本的內容是木活字排版刷印而成，而寫本的內容爲手工書寫而成。

因此，本書將這種仿照印本古籍單葉版式、先行繪製或刷印而成的、供寫鈔書籍之用的傳統書寫用紙，命名爲「套格紙」。「套」，除了有分層施加筆墨（印或寫）於一紙的涵義（即「套印」的「套」）之外，也包含了固定格式的「套式」之意。

〔註2〕 元王楨《造活字印書法》:「今又有巧便之法：造板木做印盔，削竹片爲行，雕板木爲字。用小細鋸鎪開，各做一字，用小刀四面修之，比試大小高低一同，然後排字做行，削成竹片夾之。盔字既滿，用木屑屑之，使堅牢，字皆不動，然後用墨刷印之。」

〔註3〕 也有在同一板片的不同部位刷上不同顏色，分次印出的做法，但技術較粗糙，後多不用。

第二節　套格紙的類別

　　如前文所述，套格紙的版格，有繪製而成的，也有刻印而成的。我們將其分別稱爲「寫繪套格紙」和「刻印套格紙」。絕大多數套格紙都是刻印套格紙，其版式特徵、製作用途一目了然。寫繪套格紙則不常見，但其產生要早於刻印套格紙。也並非所有在素紙上繪製欄格的紙張都可以被稱作套格紙，需要留心判斷。

一、寫繪套格紙

　　在書寫材料上以界欄分行，以呈現出齊整的書寫效果，這種做法可追溯至帛書。陳斌龢、查猛濟在《中國書史》中說：「書本的用界畫格，是含有簡策的遺意。《大唐書儀》說：『寫以黃紙，界用鉛欄。』《國史補》說：『宋亳間有織成界道絹素，謂之烏絲欄、朱絲欄，又有繭紙。』《書史》說：『黃素《黃庭經》是六朝人書，上下是烏絲織成欄，其間以朱墨界行。』《廣川書跋》和岳倦翁《寶珍齋法書贊》都說：『唐許渾用烏絲欄書其詩爲集。』可見這種樣式是在用帛的時候開始。後代根據了這種的樣式，就不論帛和紙都有烏絲欄的名目。」〔註4〕這種界行欄線，可算是套格的前身。

　　很多的唐代寫經上都發現有界欄。據專家研究，敦煌遺書上的精緻欄格全都是用毛筆精心畫製的，在放大鏡下觀察，可發現著墨輕重的痕迹。還有一種紙張粗厚的小冊子，紙上的邊欄界行，是用硬物在紙張上刻劃出來的〔註5〕。

　　《中國書史》一書則指出：「現在流傳的唐宋鈔本，欄界多用鉛畫，大概用墨畫欄總有深淺濃薄的分別，一用了鉛，就可免去這種不調勻的缺點。」〔註6〕並且認爲用鉛的歷史在漢代以前，而用來畫界，大概也在六朝以前。

　　判斷書寫用紙是否套格紙，必須符合兩個基本特徵：版式上，與印本古籍的版式特徵一致；用途上，供寫鈔之用，因此需先行製作完成，且樣式固定。唐、五代欄格鈔本實物，就各大圖書館古籍圖錄書影來看，恐怕尚不能稱爲套格紙。

〔註4〕　《中國書史（插圖本）》，陳斌龢、查猛濟撰，上海古籍出版社，2008年，頁13。
〔註5〕　見李際寧《佛經版本》，江蘇古籍出版社，2002年。
〔註6〕　同註4。

我們可以確定的是，採用傳統印本古籍的版式，用於寫鈔的套格紙，在宋代的內府鈔本中已經出現。如中國國家圖書館藏宋仁宗趙禎撰《洪範政鑒》十二卷，宋淳熙十三年（1186）內府寫本，用手繪紅格紙，朱絲欄，半葉九行，四周單邊，匡 24.8×18.4cm〔註 7〕。宋史浩等纂修《仙源類聚》□□卷，宋內府鈔本，用半葉五行手繪朱絲欄套格紙，白口，四周單邊〔註 8〕。明清兩代的內府鈔書，也多用朱絲欄鈔書紙。中國歷史上最爲著名的百科全書式文獻集成《永樂大典》，彙集七八千種圖書共 22937 卷（目錄占 60 卷），約 3.7 億字，鈔寫成書共 11095 冊。這一萬多冊書，都用手繪朱絲欄套格紙鈔寫。傳世的明嘉靖內府鈔本《永樂大典》，用半葉八行紅格紙，上下大紅口，三魚尾，四周雙邊，匡 35.5×23.5cm〔註 9〕。此外，今見如明內府鈔元大德本《三國志》六十五卷，用手繪紅格紙，半葉十行，紅口，雙魚尾，四周雙邊，匡 24.5×17.5cm〔註 10〕。清嘉慶內府鈔本《全唐文》一千卷《目錄》三卷，亦用手繪紅格，半葉九行，白口，單魚尾，匡 18.8×13cm〔註 11〕。但到清乾隆年間，四庫全書館所鈔《四庫全書》，所用朱絲欄套格紙就是印製而成的了。

除了內府精繪的套格紙，民間也有完全手工繪製欄格的古籍寫本，最著名的當屬毛晉汲古閣影宋鈔本。此外，如復旦大學圖書館古籍部藏精鈔舊本《新雕校正大字白氏諷諫》一冊，黑色欄格，細黑口，順雙魚尾，左右雙邊，半葉十三行。所有欄格均手工細繪，而非刷印而成，精美異常。

二、刻印套格紙

在雕版印刷技術發明之前，人們用手寫書、鈔書，一次只能寫、鈔一部，費時費力，且容易出錯。而採用雕版印刷技術，一本書只要刻一套板，即可刷印數千百部，大大提高了效率和產量。而且木板可長期保存，破損亦可修

〔註 7〕 見《中國國家圖書館古籍珍品圖錄》，任繼愈主編，北京圖書館出版社，1999年，頁 37。

〔註 8〕 同見《中國國家圖書館古籍珍品圖錄》，頁 84。

〔註 9〕 版匡大小引自《書香人淡自莊嚴——周叔弢自莊嚴堪善本古籍展圖錄》，國家圖書館、國家古籍保護中心編，國家圖書館出版社，2012 年，頁 169。《中國國家圖書館古籍珍品圖錄》記其版匡 35×23cm，頁 160。

〔註 10〕 見《中國古籍稿鈔校本圖錄》，上海書店出版社、世紀出版集團，2000 年，頁 270。

〔註 11〕 見《中國古籍稿鈔校本圖錄》，頁 423。

補，不管多少年以後都可以刷印。所以雕版印刷技術的發明在中國書籍史乃至世界文明史上都是非常重大的進步。

　　但是，在刻本出現以後，稿本、鈔本等寫本還是同時大量存在。稿本當然是手寫，而此手寫稿本需得有刊印流佈的價值，且有充足刻資投入，方能聘請刻工付梓刊行，故今天見到的很多書，僅以稿本的形式流傳於世。鈔書的情況就更多了。有些人囊中羞澀，只能借書來鈔。有些書從未刊行，僅以傳鈔的方式流傳。也有藏書家以鈔書爲樂，四處搜尋佳本，精鈔精校，其鈔本具備極高的文獻價值及珍稀的文物價值，甚至遠甚於同時代的精刻本。

　　當然，今天見到的很多稿鈔本，都是寫在素紙之上的，沒有刻印版格，甚至也沒有手繪欄線。但是，要使得寫本呈現出精緻整齊的面貌，界欄無疑大有助益，因此，也有不少寫本使用了套格紙，尤以名家稿、鈔本爲多。上文所述手工寫繪的套格紙，費時費力，在民間很難大量推廣。這時，借助雕版印刷的力量，可大批量生產的刻印套格紙逐漸占據了套格紙的主體地位。使用刻印套格紙寫書，體現出傳統手鈔與印刷方法的結合，既有標準化的版式，又可隨意書寫，方便傳鈔。

　　刻印套格紙，迄今未發現有宋元以前的古籍實物。今見文獻記載中最早的刻印套格紙，當屬元初趙孟頫家製「管公樓」套格紙。清陳文述《頤道堂詩選》卷十七《題趙松雪爲管夫人楷書琴譜》注云：「書用宋羅紋紙紅印，中有字曰『管公樓』，旁小字曰『仲姬手集』，蓋道升鈔書紙也。」〔註12〕潘世璜《須靜齋雲煙過眼錄》中也記：「與梅麓同訪梯愚，觀所藏法帖、書畫。內松雪翁書《道德經》墨迹，在管公樓朱絲格上。……管公者，仲姬尊人。格首下方有『仲姬手集』四字，格心有『管公樓』三字。」〔註13〕惜其實物今未嘗得見。

　　到了明代，民間套格紙寫鈔書籍開始逐漸風行。明代張綖稿本《草堂詩餘別錄》一卷，用藍格紙，半葉十行，白口，無魚尾，四周單邊，版心上鐫「南湖」二字，匡 18.2×12.5cm〔註14〕。此書爲張綖門人黎儀於嘉靖戊戌年（1538）鈔寫完成，爲謄清稿本。明鈔本《觀象玩占》五十卷，用藍格紙，半

〔註12〕　清陳文述《頤道堂詩選》，收入《續修四庫全書》1505 冊，據中國科學院圖書館藏嘉慶二十二年刻道光增修本影印。

〔註13〕　潘世璜《須靜齋雲煙過眼錄》，潘向陽點校本，中國美術學院出版社，2000年版，頁 81。

〔註14〕　見《中國古籍稿鈔校本圖錄》，頁 14～15。

葉十行，粗藍口，雙魚尾，四周雙邊，匡 21.2×15cm〔註 15〕。這些都是今天能夠見到比較早的套格紙實物。

值得注意的是，在傳統書目著錄中並不會對寫繪套格紙和刻印套印紙刻意加以區分。所以今天在參考此類著作時，很難對版本情況有確切把握。要想瞭解古籍的套格紙情況，只有親自翻閱原書或借助高清晰度的彩色圖片加以判斷。

第三節　套格紙的版式特徵

一、與印本版式的關係

上文已經提及，寫本套格紙是仿照印本古籍的單葉版式製作而成。今天能夠見到的寫本套格紙，最早出現在宋代，用於內府鈔書。由於套格紙既有界欄便於書寫整齊，又方便裝訂成冊，故明清以來非常流行。

大多數套格紙都具備板匡、界欄、版心、線口（有無）、魚尾（有無、單雙三）等幾乎全部版式要素，但也有一些，僅有版匡而無界欄，比如彭元瑞知聖道齋套格紙，黑匡，無界欄，白口，單魚尾，四周單邊，版心下方鐫有「知聖道齋鈔校書籍」八字。而這種無界欄的版式在印本中也並非罕見。

也有的套格紙不僅有界欄，而且還有字格。界欄爲竪向平行的線條，加印上橫向平行的線條，縱橫交錯，便形成若干小字格。比如清朱筠所用紅格紙，半葉九行，行二十五字格，白口，單魚尾，四周單邊，版心上方鐫「椒華吟舫」四字。

字格的出現，極可能是受到印本寫樣的影響。在雕版印刷之前，有一個寫樣上板的過程，即有一個寫樣本。寫樣本一般採用專門的紅色寫樣套格紙。陳正宏師在《從寫樣到紅印——〈豫恕堂叢書〉中所見的晚清書籍刻印試印程序及相關史料》一文中，介紹了晚清書籍的寫樣、初印的程序。《豫恕堂叢書》寫樣本使用的寫樣套格紙，半葉十行，行二十一字格，紅口，單魚尾，四周單邊。特殊之處在於：每行正中加一竪線，作爲中準，使得繕寫整齊；兩行中間留白一窄行，居中亦加一線，是實際要刻印的界行。復旦大學圖書館藏《西廂五劇雜記》寫樣本，在每行中間三道竪線，將每個字

〔註 15〕見《中國古籍稿鈔校本圖錄》，頁 268。

格分成等距四小格，其目的是爲了寫雙行小字時也能各有中準，不致歪斜。
〔註16〕這種寫樣本，一般經校勘割補後，即供給刻工黏在木板上雕刻付印，
故很少保留至今。現在流傳下來的寫樣本，或是因寫樣不符要求而棄用，或
是該書因故未及刊刻。但這種寫樣本所用的規範欄格紙張，無疑是一種套
格紙。

　　清王汝玉撰《梵麓山房文稿》不分卷手稿本，用紅格紙鈔寫，半葉十行，
行二十一字格，每行居中加一豎線〔註17〕。丁丙有一種當歸草堂套格紙，紅
格，半葉九行，行二十一字格，亦在每行居中加一豎線〔註18〕。周星詒有一
種綠格紙，半葉十一行，行二十一字格，匡外左右上方均鐫「卷板行字」四
字，版心下方鐫「祥符周氏勉熹堂校錄本」十字〔註19〕。特別的是，每行正
中加一豎線，兩行中間留白一窄行，窄行居中亦加一豎線，版式特徵極類前
述《豫恕堂叢書》寫樣本。這些套格紙的樣式，無疑是仿製於寫樣本。當然，
絕大多數的套格紙字格都是僅由界行和水平欄線隔成的扁方形，可能是受到
寫樣本套格樣式的啓發，但樣式比較簡單。

　　此外，藍格紙、紅格紙等彩色刻印套格紙的使用，可能也是受到了試印
本用色的影響。

　　我們知道，印本中有紅印本、藍印本，是指用紅色或藍色刷印的圖書。
它們通常是一部書正式刷印之前的試印本，主要用於檢查刻板是否有錯字，
著墨是否均勻，以作進一步修訂。經校對沒有差錯以後，再用黑色正式印
刷。有的書初印用紅印，二印用藍印，成書用墨印，以其顏色逐漸加深可逐
層覆蓋之故。也有些書全用紅印或全用藍印做試印本。

　　藍格紙當是承接藍印本的傳統而來。因藍印本非最終定本，符合稿鈔本
並非正式出版物的屬性。藍色本身亦鮮明美觀，與墨筆所書文字對比明顯。
到了清代特別是中晚期，紅格紙越發多見，與當時的寫樣本、紅印本的色彩
選擇當不無關聯。

　　除上述各色套格紙外，竹簡式等花匡套格紙也偶有得見。如楊沂孫手稿
本《文字說解問訛》四卷，即用綠色簡片狀套格紙，半葉八行，每行即爲一

〔註16〕陳正宏《從寫樣到紅印——〈豫恕堂叢書〉中所見的晚清書籍刻印試印程序
　　　　及相關史料》，載於《中國典籍與文化》2008年第1期。
〔註17〕見《中國古籍稿鈔校本圖錄》，頁193。
〔註18〕見《中國古籍稿鈔校本圖錄》，頁588。
〔註19〕見《中國古籍稿鈔校本圖錄》，頁591。

條細長簡片，互不相連〔註20〕。

此外，有些套格紙上除版匡欄格外，還鐫有文字。書名一般鐫於版心，套格紙主人的室名齋號等則隨心所置，有的鐫於版心，有的鐫於版匡四周。本編第二章專門討論鐫字套格紙，這裡先略過。

二、與傳統欄格信箋的關係

就傳世實物來看，傳統信箋在明代中期以前也都是橫長形制，寫好信後對折或四折成豎長形狀寄出。信箋中的欄格箋，根據現存實物，早期也是寫繪出邊框、欄線，以使書寫整齊有致，後來多爲印製框欄。可以說，同樣是傳統書寫用紙的欄格信箋與套格紙，有著同樣的淵源。但是欄格信箋很快邁向了精美裝飾之路，出現了「竹冊」、「婉轉行」等變形欄框，花式邊框也花樣迭出，很多採用雙色甚至多色套印，精美紛呈。明代後期信箋的樣式也發生了變化，逐漸由橫長形發展爲豎長形，每葉少則四行，多則八行、九行，每信用箋一葉或數葉。這種豎長形單葉信箋，在清代中晚期直至民國，成爲了信箋的主要式樣。套格紙與之相比，除了套格有紅、藍、綠等色之外，其樣式可算樸實無華，且歷經數百年鮮有變化。二者在各自發展的道路上漸行漸遠。

欄格箋與套格紙最主要的區別在於有無版心。版心是書籍特有的樣式，一般有線口、魚尾，以供對折書葉時上下對齊。古籍刻本版心上通常刻有書名，下有頁碼，一些宋本版心註刻工姓名，明清以後也有刻書坊名稱等版本信息的。套格紙是專供寫鈔書籍之用的書寫用紙，也有版心，以供寫鈔成書後對齊裝訂之用。版心也常鐫有室名齋號等表明紙、書版權的信息。而欄格箋，特別是豎長形欄格箋，無需對齊折疊。其版權信息，如箋主或箋鋪名稱，通常鐫於版匡四周，因此也無需版心。

今天所用稿紙，是套格紙在現代的發展，也能看出欄格箋的影響。從清末、民國直到現代，中國的書籍樣式經歷了一個從傳統的單面印刷、橫向單葉對折裝訂的線裝形式，變爲現代從西方引入的豎向單頁、雙面印刷的平裝、精裝樣式的過程；人們的書寫習慣也由過去的從右至左豎向書寫，逐漸變爲橫向從上至下書寫。與之相對應的，稿紙也經歷了一個由橫向豎欄向豎向橫欄改變的過程。豎欄稿紙，到上世紀五十年代仍見使用。今人所用稿紙，

〔註20〕 見《中國古籍稿鈔校本圖錄》，頁 209。

多爲豎長形橫欄單葉紙。因爲稿紙不再有版心，所以就樣式來看，與欄格箋相似，其實是順應書籍版式的變化進行的改變。稿紙上多有字格，當是承接字格套格紙而來。框格多爲紅色、綠色，也有藍格、黑格的，與套格紙的版格色彩相仿。紙上通常還在擡頭處印有定制單位名稱，或在下方印有印刷廠（店）的名稱。這種做法在欄格箋和套格紙中均常見，但由於版式的改變和版心的缺失，所以樣式上更類欄格箋。

第四節　套格的顏色

　　套格紙相較刻本古籍，在版匡的色彩選擇上較爲豐富，除了最爲常見的黑格外，藍格、綠格、紅格紙也都常被使用，甚至偶見有黃格、紫格等色套格紙。

　　藍格寫本，根據現在看到的實例，大約在明弘治、正德間已經出現。臺北國立中央圖書館藏明韓應庚撰《三元通天照水經》四卷，根據明弘治十五年（1502）孫磐手跋，記爲明弘治間藍格鈔本，未鐫字〔註21〕。《中國古籍稿鈔校本圖錄》收錄《聖宋名賢四六叢珠》一百卷，爲明王寵家鈔本，也用藍格紙，半葉十行，也無鐫字〔註22〕。明清兩代多用藍格紙。

　　綠格紙，據文獻記載，明中期即已有之。孫從添《藏書紀要》稱「葉文莊鈔本用綠墨二色格」，但未見實例。葉德輝《書林清話》記明末錢謙益有綠格紙，版心鐫「絳雲樓」三字。但直到清代中期以後，綠格紙才多見使用。如倪模有經鉏堂九行綠格紙數種，一種匡外左下方鐫「經鉏堂校錄」五字；另一種版心下方鐫「經鉏堂重錄」五字；還有一種欄外有『宋本重錄』四字。吳大澂、葉昌熾、袁昶等人，也多製有綠格紙。

　　清代中期以前，除內府寫鈔本使用寫繪紅格紙外，民間刻印稿鈔套格紙中，紅色欄格並不常見。據文獻記載，元初趙孟頫「管公樓」套格紙即爲紅格紙，明代吳寬「叢書堂」亦有紅格紙，惜實物均未得見。今見明代私人用紅格紙，有臺北國立中央圖書館藏明羅萬化撰《易大全纂》二卷，記爲明會稽羅氏有是園朱絲欄清鈔底本；另有《編次琅環記》九卷，記爲明姚茂善朱

〔註21〕見《國立中央圖書館善本題跋眞迹》，台灣國立中央圖書館編印，國立中央圖書館，民國七十一年版。
〔註22〕見《國立中央圖書館善本題跋眞迹》，頁292。

絲欄鈔本等，二書套格紙上均未鐫字〔註23〕。明范欽天一閣鈔寫《大明興化府志》五十四卷、《萬曆延平府志》三十四卷〔註24〕等書，均用半葉十一行紅格紙，版心中間鐫「重修閩志採訪書」七字，版心下方鐫「天一閣鈔本」五字。直到清代中期，紅格紙才比較普遍地用於私家稿鈔本。

　　黑格紙，今見較早的有明吳寬叢書堂套格紙，半葉十行，白口，左右雙邊，版心中鐫有「叢書堂」三字〔註25〕。明柳僉於正德九年（1514）鈔五代釋貫休撰《禪月集》二十五卷，也用「叢書堂」黑格紙，半葉十行，白口，左右雙邊。〔註26〕明俞弁正德十二年（1517）手鈔宋高似孫《剡溪詩話》一卷，烏絲欄，半葉八行，白口，四周單邊。〔註27〕明范欽輯《建安七子集》不分卷稿本，半葉十行，白口，單魚尾，四周單邊。〔註28〕這些都是比較早的黑色套格紙。

　　套格的顏色，在本編第三章《套格紙與古籍寫本鑒定》中會有更加具體的介紹。

〔註23〕　同註21。
〔註24〕　見《中國善本書提要》，王重民撰，上海古籍出版社，1983年。
〔註25〕　見《中國古籍稿鈔校本圖錄》，頁275。
〔註26〕　見《中國古籍稿鈔校本圖錄》，頁287～288。
〔註27〕　見《中國古籍稿鈔校本圖錄》，頁284～285。
〔註28〕　見《中國古籍稿鈔校本圖錄》，頁25。

第二章　鐫字套格紙研究

　　如前文所述，套格紙有繪製而成的，也有刻印而成的。就中國傳統古籍的發展歷史來看，手工繪製的套格紙為數不多，且多為內府本，版式種類有限。故本書主要討論通過雕版印刷的方式製成的用於古籍稿鈔本的套格紙，即刻印套格紙。

　　明清以來的套格紙上，除版匡、欄格外，很多還鐫有文字，如主人的姓名字號、室名堂號等。清末民初時，紙鋪所售套格紙也多印有店名。使用未鐫字的套格紙寫鈔的古籍，其版本情況多從紙張本身和寫加於紙上的文字來判斷。而鐫有文字的套格紙，其鐫刻文字本身就可以提供很多信息，如主人身份、字號、郡望等等。瞭解各家套格紙的特徵，尤其是明代以後私家套格紙的特徵，對於傳統稿鈔本的鑒定有一定幫助。因此，本節即著重探討這種鐫有文字的套格紙。

　　根據所鐫文字的內容，套格紙可大致分為私家套格紙、公家套格紙和坊售套格紙幾類。私家套格紙是私人製作使用的套格紙，大多印有主人的室名齋號，或姓氏籍貫等。公家套格紙，為政府部門印製的帶有機構名稱的套格紙。印有書鋪店號的則是坊售套格紙。

　　此外還有一些特殊樣式的套格紙，如專為鈔寫某部書而印製的、版格中印有書名的專書套格紙等，列於本章末節進行介紹。

第一節　私家套格紙

一、綜述

　　本編第一章已經述及，有文獻記載的最早私家稿鈔本套格紙，可能是元初趙孟頫「管公樓」紅格紙。而所見最早的實物，為吳寬「叢書堂」套格紙數種，多為黑格紙。文獻多載其有紅格紙，若屬實，則為現知最早的私家紅格套格紙。最早的私家藍格套格紙，見於姚咨的「茶夢齋」。綠格紙出現得比較晚，所見最早的為錢謙益「絳雲樓」套格紙。

　　總體而言，明代的私家套格紙以黑格為主，也有一些藍格紙，如范大澈「臥雲山房」、秦四麟「又玄齋」、謝肇淛「小草齋」、祁承㸁「澹生堂」等，在黑格紙外，也製有藍格套格紙。

　　而清代的私家套格紙，除黑格紙外，藍格紙、紅格紙、綠格紙都屬常見，間或亦有紫格、黃格以及彩色套印格紙。朱筠「椒華吟舫」、嚴可均「四錄堂」、楊以增「海源閣」、傅以禮「長恩閣」、潘祖蔭「滂喜齋」、丁丙「當歸草堂」等均製有紅格紙。錢曾「述古堂」、鄭燮「橄欖軒」、袁廷檮「貞節堂」、陸芝榮「三間草堂」、劉喜海「嘉蔭簃」、「味經書屋」、劉承幹「嘉業堂」等均有藍格紙。倪模「經鉏堂」、袁廷檮「貞節堂」、劉喜海「嘉蔭簃」、「味經書屋」、姚覲元「咫進齋」、莫友芝「影山草堂」、吳大澂「春草閒房」、繆荃孫「雲自在龕」等均有綠格紙。

　　就鐫字的位置來看，室名齋號大多鐫於版心，尤以版心下方為多。亦有少數鐫於版心上方，如楊儀「七檜山房」、秦汴「綉石書堂」、秦四麟「又玄齋」等，以及版心中央的，如吳寬「叢書堂」。也有很多室名鐫於匡外，多在匡外左下方，如吳城「綉谷亭」、趙昱「小山堂」、鮑廷博「知不足齋」、「困學齋」、傅以禮「長恩閣」等等。匡外左上方鐫字的，有馮舒、錢曾、顧樵、葉林宗等人套格紙，多在版心鐫有室名，匡外左上方再鐫以室主姓氏。匡外右邊鐫字的較為少見，鐫於右下方的有蔣繼武「賜書樓」、張位「青芝山堂」、劉喜海「味經書屋」等，鐫於右上方的有繆荃孫「雲輪閣」、莫棠「經香閣」、徐乃昌「積學齋」、劉承幹「嘉業堂」等。

　　就版格樣式來看，與刻本相似，版心以白口單魚尾居多，黑口、雙魚尾的也很常見。明代套格紙版匡多見左右雙邊或四周單邊，清初較多四周雙邊，晚期則各種樣式均很常見。行格方面，半葉七行至十三行不等，以半葉十行

最爲常見，半葉九行、十一行也較多見。字格一般呈扁方形，每格供鈔一字。也有竪欄較密，兩欄合作一行使用的套格紙，如丁丙「當歸草堂」紅格紙。總體而言，套格紙的樣式與寫樣本非常接近。

　　自製套格紙的文人，多爲江浙一帶人。明末清初，江蘇又以蘇州、無錫、常熟三地文人喜製套格紙，浙江則多爲紹興、錢塘、海寧等地人。清代中期以後，江浙各地更是遍興此風，山東、安徽、江西等地文人也多仿傚。清末廣東、貴州等地文人也有自製套格紙的，南昌彭元瑞、漢陽葉志詵、聊城楊以增、諸城劉喜海、南陵徐乃昌等人均有兩種以上私家套格紙。

二、名家套格紙舉隅

　　私家套格紙的樣式特徵，詳見本書附錄《古籍寫本套格紙譜》。某些名家自製套格紙種類較多，或是存世稿鈔本數量眾多，或其套格紙特徵較具代表性，或是有一些套格紙譜中難以反映的問題，故挑選數家，略作論述。

1. 吳寬

吳寬稿鈔本現存較多，各家版本題跋著錄頗詳，且多有圖錄可參。

　　吳寬（1435～1504），字原博，號匏庵，又號玉延亭主，長洲（今江蘇吳縣）人。吳寬室名「叢書堂」，所用套格紙，均於版心鐫有「叢書堂」三字。

　　其中，黑格、半葉十行、白口、無魚尾、左右雙邊、版心中間鐫室名「叢書堂」的套格紙有三種，區別主要在版匡的大小。一種爲 17.7×12cm（鈔本明陶安《辭達類鈔》十九卷，見《中國古籍稿鈔校本圖錄》），一種爲 18×12.9cm（鈔本晉陸雲撰《陸士龍文集》十卷，《國立中央圖書館善本題跋眞迹》）。兩種套格紙樣式相似，版匡大小也相近，但從版心所鐫「叢書堂」三字的字體筆劃特徵來看，可判斷是分別印製的兩種套格紙。還有一種，《國立中央圖書館善本題跋眞迹》收錄鈔本魏嵇康撰《嵇康集》十卷，記板匡 13.2×13cm。就數字來看，與上述兩種套格紙比較，版格寬度相近，高度則相差甚多。但是查看書中書影，半葉版匡爲竪長長方形，行二十字，與上述兩種套格紙字數相同，高度、寬度相差顯然不止 0.2cm，書中記錄當有誤。但從「叢書堂」三字的字型判斷，與前兩種又不一樣，當是另外一種套格紙。又據《中國善本書提要》，鈔本《閩中古今》四卷，所用套格紙，書口鐫有「叢書堂」三字，板匡 21.8×12.8cm，其它版本信息則未著錄。

　　總體來看，吳寬這幾種「叢書堂」套格紙，版式特徵相似，版匡大小相近，鐫字的位置也相同，僅有所鐫文字字體字型上的細微差別。

　　另據王文進《文祿堂訪書記》記載，鈔本《吳氏遺集》亦用黑格、半葉十行套格紙，但「叢書堂」三字鐫於版心下。這是現知唯一一種吳寬所製的室名鐫於版心下方的套格紙。

　　除以上四種半葉十行的黑格紙外，筆者在復旦大學古籍部還見有鈔本明馮琦《經濟類編》存三十五卷，白綿紙，黑格，半葉十二行，白口，無魚尾，左右雙邊，版心中間鐫「叢書堂」三字，匡 22.1×15.2cm。考馮琦生於 1559年，卒於 1603 年，《經濟類編》刻於明萬曆年間。而吳寬在馮琦生年之前的1504 年即已去世，此書當非吳寬所鈔。

　　此外，《楹書隅錄續編》記載有校宋舊鈔本《學齋佔畢》二卷，「紅格，格心有『叢書堂』三字」。今人「補」曰：「周叔弢云：又在『紅格格心有叢書堂三字』條下加注：『此行是邵僧彌字』。『紅格格心』旁加批：『有橫格』。『叢書堂』三字旁加批：『篆書』。（《楹書隅錄》批校）」〔註 1〕

　　事實上，文獻中一直有吳寬用紅格紙鈔書的記載。《書林清話》就記：「孫從添《藏書記要》：匏庵鈔本用紅格，其手書者甚佳」，「毛目：紅格鈔本《續博物志》一本，紅格鈔本《霏雪錄》二本」，「黃續記：紅格竹紙鈔本《王建詩集》十卷。」〔註 2〕

　　但據今人版本目錄書所載，未見有吳寬紅格紙實證。且縱觀套格紙譜，除元初趙孟頫「管公樓」紙外，明代私家用紅格紙極少，如明會稽羅氏有是園、明姚茂善等有朱絲欄鈔本，但均無鐫字。范欽天一閣「重修閩志採訪書」用紅格紙，但爲專書套格紙，情況較爲特殊。最早的鐫刻私家室名的紅格套格紙，據筆者目前所見，爲清嘉慶間朱筠所用，紅格，半葉九行，行二十五字格，白口，單魚尾，四周單邊，版心上方鐫「椒華吟舫」四字。《中國古籍稿鈔校本圖錄》收其稿本《笥河文集》不分卷，可備一觀。紅格紙有字格的情況，最早亦見朱筠此紙，此後在光緒間多見使用。明代有字格套格紙，文獻記載僅此吳寬一例。綜合套格顏色與樣式兩方面，《楹書隅錄續編》所記之「叢書堂」套格紙，可能爲清人所製，此校宋舊鈔本《學齋佔畢》二卷，作

〔註 1〕　《楹書隅錄》五卷《楹書隅錄續編》四卷，清楊紹和撰，王紹曾、崔國光、杜澤遜、劉心明、王承略整理訂補，王紹曾增訂，收入《訂補海源閣書目五種》，齊魯書社，2002 年，頁 407～408。

〔註 2〕　葉德輝《書林清話》，岳麓書社，1999 年，頁 230。

偽的可能性極大。

另，《中國珍稀古籍善本書錄》載唐釋貫休撰《禪月集》二十五卷，明柳僉手鈔本，黑格，半葉十行二十字，左右雙邊，書口刻有「叢書堂」三字。沈津考證說：「柳僉，字大中，號安愚，又號味茶居士，生當武宗之世。……吳寬，長洲人，號匏庵，字原博，卒於弘治十七年（1504），則大中所用『叢書堂』紙，當非寬家所製。」〔註3〕考明武宗 1505～1521 年在位，其時吳寬已卒，故沈津認爲柳僉所用並非寬家所製。筆者認爲，柳僉年代比吳寬稍晚，又與吳寬同爲江蘇吳縣人，不能排除其在某種機緣下得到吳寬「叢書堂」套格紙並用之鈔書的可能性。可惜實物難見，若能將史籍記載諸書所用「叢書堂」套格紙詳加比對，想必能有更多發現。如前述馮琦《經濟類編》鈔本一樣，我們能肯定的是此「叢書堂」本非吳寬手鈔，但是吳寬遺紙，還是後人作偽，抑或另有一「叢書堂」，仍待探討。

2. 姚咨

姚咨（1495～1564），字順咨，一字潛坤，號茶夢主人、茶夢散人，江蘇無錫人。室名「茶夢齋」。

姚咨所製套格紙，有一種爲黑格，半葉十行，白口，左右雙邊，版心下方鐫「茶夢齋鈔」四字。匡 17.6×12cm。（鈔本明皇甫涍《續高士傳》十卷，《中國古籍稿鈔校本圖錄》）國家圖書館藏鈔本宋呂大圭撰《春秋五論》一卷，黑格，半葉十二行，白口，四周單邊，版心下鐫「茶夢齋鈔」四字。匡 18.1×12.1cm。（《中國國家圖書館古籍珍品圖錄》）

姚咨另製有藍格紙，半葉十行，藍口，版心下鐫「茶夢齋鈔」四字（鈔本宋倪思撰《經鉏堂雜誌》八卷，《文祿堂訪書記》、《藏園群書經眼錄》均有記載）。這是現知最早的藍格私家套格紙。

另有鈔本《建炎復辟記》一卷，《文祿堂訪書記》記套格紙版心下鐫「茶夢齋鈔」四字，而《藏園群書經眼錄》記行款顏色相同，但「版心下方有『茶夢軒鈔』四字」。不知是否後者有誤。

除室名套格紙外，據《國立中央圖書館善本題跋眞迹》記載，鈔本宋彭大雅撰《黑韃事略》一卷，用十行黑格紙，黑口，左右雙邊，版心下鐫「錫山姚氏」四字，匡 17.4×14.3cm，爲題署姓氏籍貫的套格紙。

〔註3〕 見《中國珍稀古籍善本書錄》，沈津著，廣西師範大學出版社，2006 年，頁 373。

3. 范大澈

范大澈（1524～1610），字子宣，號訥庵，鄞縣人。室名臥雲山房。所製套格紙數種，均在版心下方鐫「臥雲山房」四字，多爲黑格，有半葉十行、半葉十一行之別。

半葉十行的黑格紙兩種，均爲白口，版心下方鐫「臥雲山房」四字，區別在一爲四周單邊（鈔本《大觀法帖總釋》十卷，《中國古籍稿鈔校本圖錄》），一爲左右雙邊（鈔本明姚廣孝撰《逃虛子詩集》十卷《續集》一卷，《明別集版本志》）。《文祿堂訪書記》中亦記有鈔本宋曾宏父撰《石刻補敍》二卷、鈔本唐劉禹錫撰《劉賓客文集》三十卷《外集》十卷等書，用版心下鐫「臥雲山房」的十行黑格紙，不知爲何種邊框。此外，《藏園群書經眼錄》中還記有鈔本宋陳思輯《書苑菁華》二十卷，用紙爲「綿紙墨格，十行十九字，版心有『臥雲山房』四字」，《藝風藏書記》亦記有《竹素山房詩集》三卷《附錄》一卷，用紙「版心有『臥雲山房』四字」，是否上述兩種套格紙，有待查考。

另，鈔本唐虞世南輯《北堂書鈔》一百六十卷，《藏園群書經眼錄》記「綿紙墨格寫本，十一行十八字，版心下方有『臥雲山房』四字」，而《中國珍稀古籍善本書錄》則記「半葉十一行十八字至二十二字不等，藍格，書口下有『臥雲山房』四字」，不知孰是孰非，抑或二種均有用之，亦有待查看原書。

4. 謝肇淛

謝肇淛（1567～1624），字在杭，號武林、小草齋主人，長樂縣江田人。室名小草齋。

謝肇淛小草齋稿鈔本存世較多，所用套格紙有黑格九行、黑格十行、藍格九行、藍格十行等若干種。

九行黑格紙爲白口，左右雙邊，版心下方鐫「小草齋鈔本」五字，今存鈔本《小草齋集》十一卷《烏衣集》一卷（《明別集版本志》）、宋朱翌撰《猗覺僚雜記》二卷、唐莫休符撰《桂林風土記》一卷（《藏園群書經眼錄》）。

十行黑格紙，一種爲白口，無魚尾，左右雙邊，版心上方鐫「小草齋鈔本」五字。有鈔本唐沈亞之《沈下賢文集》十二卷（匡 19.5×12.7cm，《中國古籍稿鈔校本圖錄》）、宋梁克家撰《淳熙三山志》四十二卷（匡 19.7×13.6cm，《國立中央圖書館善本題跋眞迹》）。另一種在版心下方鐫「小草齋鈔

本」五字。有鈔本宋寇準撰《忠愍公詩》三卷、宋林希逸撰《竹溪鬳齋十一稿續集》三十卷、宋釋居簡撰《北磵文集》十卷（《文祿堂訪書記》）、鈔本宋賀鑄撰《慶湖遺老詩集》九卷《拾遺》一卷《後集補遺》一卷（《藏園群書經眼錄》）、鈔本宋辛棄疾《稼軒長短句》十二卷（匡 20.9×14cm，《中國善本書提要》）。

九行藍格紙，版心上方鐫有「小草齋鈔本」五字，如鈔本元薩都剌撰《薩天錫詩集》不分卷（《藏園群書經眼錄》、《國立中央圖書館善本題跋眞迹》）。十行藍格紙，版心下方鐫「小草齋鈔本」五字，如鈔本宋賀鑄撰《慶湖遺老詩集》九卷《拾遺》一卷《補遺》一卷（《文祿堂訪書記》）。

謝肇淛製套格紙，不外乎黑、藍兩種顏色，半葉九行、十行兩種行款，「小草齋鈔本」五字在版心上方或下方。所鈔之書以唐宋別集爲主。

另外，《清華大學圖書館藏善本書目》中還記有鈔本宋葉夢得撰《石林先生春秋傳》二十卷，所用套格紙爲十行二十字，白口，四周單邊，單魚尾，版心下寫有「小草齋鈔本」五字。

5. 常熟馮氏

常熟馮氏兄弟三人，由長及幼，爲馮舒、馮班、馮知十〔註4〕。馮舒（1593～1646），字己蒼，號默庵，又號癸巳老人、孱守居士。馮班（1602～1671），字定遠，號鈍吟老人、雙玉生。明末諸生，錢謙益弟子，少與兄齊名，並稱「二馮先生」。馮知十（？～1645），字彥淵，子馮武。

今見圖錄所載馮氏鈔本，套格紙有兩種，均爲黑格紙。一種半葉九行，細黑口，單魚尾，左右雙邊，匡外左上方鐫「馮氏家藏」四隸字；一種半葉十行，細黑口，單魚尾，左右雙邊，匡外左上方鐫「馮氏藏本」四隸字。

《中國古籍稿鈔校本圖錄·鈔本》收錄晉釋支遁《支遁集》二卷，用黑格紙，半葉九行，行二十字，細黑口，單魚尾，左右雙邊，匡外左上方鐫「馮氏家藏」四隸字，匡 16.9×13.3cm。書末有清馮武跋，云「明故海虞烈士彥淵馮公遺書，長子武藏」，定爲馮知十鈔本。

《文祿堂訪書記》亦收錄此書，記版格特徵爲「半葉九行，行十八字，黑格。左欄外刊『馮氏家藏』四字」。王文進將此本定爲「明馮己蒼鈔本」，即馮舒鈔本。此書還錄有陶弘景撰《貞白先生陶隱居文集》一卷、唐李紳撰

〔註4〕　馮舒《默庵遺稿》卷九《我府君玄堂志》記：「男子子三人，長舒，次班，次
　　　　知十。」《默庵遺稿》，清雍正年間世羮堂刻本。

《追昔遊記》三卷，版格、行款均與《支遁集》同。均定為馮舒鈔本。若此書裁定不虛，則可能有另一種版格較小的九行黑格紙存在。

《中國古籍稿鈔校本圖錄・鈔本》還收錄唐封演《封氏聞見記》十卷，用黑格紙，半葉十行，行十九字，細黑口，單魚尾，左右雙邊，匡外左上方鐫「馮氏藏本」四隸字。匡 15.9×13.1cm。書末跋語曰：「崇禎甲戌七月初二閱從弟叔昭所書也。屏守居士。」屏守居士為馮舒之號，故此書定為馮舒鈔本，實由其堂弟馮叔昭鈔寫，馮舒為其校跋。

《文祿堂訪書記》收錄鈔本唐陸龜蒙撰《重刊校正笠澤叢書》四卷《補遺》一卷《續補遺》一卷，版格特徵為「半葉十行，行十八字。黑格，黑口。左欄外刊『馮氏藏本』」，定其為清吳枚庵校馮定遠鈔本，即馮班鈔本。

陳先行《明清名家稿鈔本特徵列表》記馮班稿鈔本特徵為：「版心鐫有『空居閣』三字，或在匡外鐫『馮氏藏本』字樣。」「空居閣」套格紙未見實例。

葉德輝《書林清話》記「馮彥淵鈔本，格欄外有『馮彥淵藏本』五字」，並以其鈔《杜荀鶴文集》三卷為例。

綜上，馮舒所用有九行「馮氏家藏」紙和十行「馮氏藏本」紙，馮班所用有「空居閣」紙和十行「馮氏藏本」紙，馮知十所用有九行「馮氏家藏」紙和「馮彥淵藏本」紙。這些僅為筆者查找文獻所得，不盡完善，可能還有很多鈔本未見著錄。僅從現有資料來看，馮氏套格紙紙，不似別家多鐫室名齋號，而多用「馮氏藏本」或「馮氏家藏」字樣，強調姓氏，極可能為一家兄弟共用。

6. 錢曾

錢曾（1629～1701），字遵王，號也是翁，江蘇常熟人。室名有述古堂、也是園等。其所製套格紙，今見述古堂八種，也是園一種。

述古堂黑格紙，有半葉十行的，欄外有「虞山錢遵王述古堂藏書」小字一行（影宋寫本宋孫奭撰《孟子音義》二卷，《藏園群書經眼錄》）。

半葉十一行的兩種。一種匡外左上角有書耳，內鐫「錢遵王述古堂藏書」八字（匡 18.8×11.7cm，鈔本《雁門集》八卷，《中國善本書提要》）。一種白口，左右雙邊，匡外左上方鐫有「虞山錢氏述古堂藏書」九字，匡 23.7×17cm（影宋鈔本，宋丁度等撰《集韻》十卷，《中國古籍稿鈔校本圖錄》有書影）。

鈔本唐李翱撰《李文公集》十八卷，據《文祿堂訪書記》記載，用黑格十三行套格紙，黑口，版心下鐫「述古堂」三字。而據《自莊嚴堪善本書目》記載，則爲十三行黑格紙，白口，左右雙邊，版心下鐫「述古堂」三字，孰是孰非有待查考。與後者版式相同的，還有宋樂史撰《廣卓異記》二十卷（匡17×14.8cm，《國立中央圖書館善本題跋眞蹟》）。

述古堂藍格紙三種，一種左欄外上刊「虞山錢遵王述古堂藏書」十字（鈔本明張宣編《內閣藏書目》八卷，《文祿堂訪書記》）。一種半葉八行，版格有「述古堂」三字（寫本《述古堂藏書目錄》十卷，《藏園群書經眼錄》）。另一種半葉十一行，左欄外鐫「錢遵王述古堂藏書」八字（鈔本唐呂溫撰《呂和叔文集》十卷，《藏園群書經眼錄》）。

也是園套格紙一種，墨格，半葉十一行，版心左角上鐫「虞山錢遵王也是園藏書」十字（鈔本唐徐夤撰《唐秘書省正字先輩徐公釣磯文集》十卷，《藏園群書經眼錄》）。

錢曾套格紙，除了顏色和行數的區別外，鐫字內容也不盡相同。有僅鐫室名「述古堂」的，有加上堂主姓氏、字號的如「錢遵王述古堂藏書」，再加上籍貫的如「虞山錢遵王述古堂藏書」、「虞山錢遵王也是園藏書」等。多以小字鐫於匡外左上方，亦有於匡外左上角鐫書耳的，較之他人所製套格紙，不僅種類多，且別有趣致。

7. 鮑廷博

鮑廷博（1728～1814），字以文，號淥飲，祖籍安徽歙縣。室名有知不足齋、清風萬卷樓和困學齋等，分別製有套格紙。

知不足齋套格紙多爲十行黑格紙，細黑口，左右雙邊。區別在鐫字，一種在版心下方鐫「知不足齋正本」六字，一種在版心下方鐫「知不足齋叢書」六字，還有一種在匡外左下鐫「知不足齋藏書」六字。還有一種半葉九行，版心下方鐫「知不足齋恭摹」六字。

清風萬卷樓用紙爲黑格，半葉十行，細黑口，無魚尾，左右雙邊，版心下方鐫「清風萬卷堂藏書／鮑廷博以文手校」十四字。

困學齋亦用黑格紙，半葉十行，白口，無魚尾，左右雙邊，匡外左下方鐫「鮑氏困學齋」五字。

「知不足齋正本」套格紙所鈔之書有宋孫復《孫明復小集》一卷《附錄》一卷（《中國古籍稿鈔校本圖錄》、《中國珍稀古籍善本書錄》）、宋劉安上撰《劉

給事文集》五卷（《中國珍稀古籍善本書錄》）、元錢惟善撰《江月松風集》十二卷（《國立中央圖書館善本題跋眞迹》）、唐沈亞之撰《沈下賢文集》十二卷、元曹志撰《拱和詩集》一卷、清方甘白手鈔本宋吳仁傑撰《離騷草木疏》四卷（《文祿堂訪書記》）、題高仲明撰《玉井樵唱》三卷（《藏園群書經眼錄》）、元曹志撰《拱和詩集》一卷《附》一卷（《自莊嚴堪善本書目》）、《陽春白雪》八卷《外集》一卷（《木犀軒藏書書錄》）等。

「知不足齋叢書」套格紙兩種，一種雙魚尾（鈔本元丁鶴年撰《丁鶴年詩集》四卷附《詩》一卷《詩補》一卷《集外詩》一卷《附錄》一卷，《國立中央圖書館善本題跋眞迹》），一種無魚尾（五代何光遠撰《重雕足本鑒誡錄》十卷，《國立中央圖書館善本題跋眞迹》）等。

「知不足齋藏書」套格紙鈔有元吳景奎撰《藥房樵唱》三卷《附錄》一卷（《自莊嚴堪善本書目》）。

「知不足齋恭摹」套格紙鈔有元李治撰《敬齋古今黈》八卷（18.6×11.7cm）、宋張淏撰《雲谷雜記》四卷《卷首》一卷《卷末》一卷（18.5×11.6cm，《中國善本書提要》）。

「清風萬卷堂」套格紙鈔有元陳孚《陳剛中詩集》三卷《附錄》一卷（《中國古籍稿鈔校本圖錄》）。

「困學齋」套格紙鈔有題宋岳珂撰《相臺書塾刊正九經三傳沿革例》一卷（《中國古籍稿鈔校本圖錄》、《藏園群書經眼錄》）、明都穆撰《南濠居士文跋》四卷（《明別集版本志》）等書。

鮑廷博鈔書，多爲宋元文集。

8. 劉喜海

劉喜海（1793～1853），字吉甫，號燕庭，山東諸城人。清道光、咸豐間著名金石學家、藏書家。其自製套格紙種類，就筆者目前調查所見，爲眾人之冠。

劉喜海室名有嘉蔭簃、味經書屋、十七樹梅花山館、來鳳堂等，其中「嘉蔭簃」、「味經書屋」均製有套格紙。

嘉蔭簃套格紙今見四種。其中三種爲藍格。一種半葉八行，白口，單魚尾，四周雙邊，版心下鐫「東武劉氏嘉蔭簃鈔書」九字（匡 21.4×11.4cm，宋戴復古《石屏詩集》十卷，《中國古籍稿鈔校本圖錄》）。一種半葉九行，白口，單魚尾，四周單邊，版心中鐫「嘉蔭簃寫書」五字（匡 20.5×10.3cm，清黃生

《字詁》一卷，《中國古籍稿鈔校本圖錄》）。還有一種半葉十四行，書口上方鐫「聖宋名賢五百家播芳大全文粹」，欄外鐫「東武劉氏嘉蔭簃宋本校鈔」十一字（宋魏齊賢、葉棻輯《聖宋名賢五百家播芳大全文粹》一百二十六卷，《中國珍稀古籍善本書錄》），此為專書套格紙。

另有一種綠格紙，半葉九行，版心中鐫「嘉蔭簃寫書」五字（《朝鮮志》上下卷附《箕田考》，《藏園群書經眼錄》）。

味經書屋套格紙今見五種，其中藍格紙三種，綠格紙一種，黑格紙一種。藍格紙一為半葉九行，白口，單魚尾，左右雙邊，版心下鐫「味經書屋寫本」六字（鈔本清沈復粲編《鳴野山房匯刻帖目》四集，《山東大學圖書館古籍善本書目》）。一為半葉十行，上黑口，單魚尾，四周單邊，版心下鐫「味經書屋鑒藏書籍」八字，匡外右下鐫「東武劉燕庭氏校鈔」八字。匡 18.6×12.6cm（鈔本明李文鳳《越嶠書》二十卷，《中國古籍稿鈔校本圖錄》）。一為半葉十一行，版心鐫「東武劉氏味經書屋校鈔書籍」十二字（鈔本宋柳開撰《河東先生集》十五卷、宋張景撰《行狀》一卷，《藏園群書經眼錄》）。

綠格紙為半葉十一行，白口，四周雙邊，版心下鐫「東武劉氏味經書屋校鈔書籍」十二字，有鈔明張丁撰《白石山房逸稿》二卷（《明別集版本志》），鈔宋傅察撰《傅忠肅公文集》三卷（《藏園群書經眼錄》）等。

黑格紙半葉十行，版心下鐫「東武劉氏味經書屋藏書」十字，左欄外下方鐫「燕庭校鈔」四字。有鈔元安熙撰《默庵安先生文集》五卷《附錄》一卷（《文祿堂訪書記》）、鈔查慎行撰《人海記》不分卷（《藏園群書經眼錄》）等。

除了室名套格紙外，根據《藏園群書經眼錄》的記載，劉喜海寫本《嘉蔭簃古泉隨筆》八卷所用之紙為紅格紙，版心鐫「燕庭叢錄」四字。鈔宋陳元靚撰《歲時廣記》四十二卷，用十行套格紙，「欄外有『東武劉燕庭氏校鈔』一行」。

總觀劉喜海製套格紙，以藍格為主，計六種，綠格兩種，黑格兩種，紅格一種。其中一種鐫書名，為專用紙，其他諸種鐫室名、字號，均為通用套格紙。

劉喜海本人為金石學家，所著之書多金石學研究，但其鈔書，卻以目錄版本書為主。其書今多藏國家圖書館。根據胡昌健《劉喜海年譜》，其嘉蔭簃、味經書屋鈔書有如下百餘種，現引鈔如下：

嘉慶二十五年（1820），「嘉蔭簃」鈔成《絳雲樓書目》五卷。

道光四年（1824），「味經書屋」鈔成《樂靜先生李公文集》三卷（宋李昭玘撰）、《長春眞人西遊記》二卷（元李志常撰）、《附錄》一卷、《圭塘欸乃》一卷（元許有壬等撰），《乾坤清氣》十四卷（明偶桓輯）。

道光五年（1825），「味經書屋」劉雯將《錢錄》十二卷（清張端木撰）鈔成。

道光六年（1826），「味經書屋」鈔成《閱清樓書目》不分卷，《借書園書目》五卷（清周永年藏並撰），《天祿琳琅書目》十卷、後編二十卷（清彭元瑞等撰），《千頃堂書目》不分卷（清黃虞稷撰），《遂初堂書目》一卷（宋尤袤藏並撰），《菉竹堂書目》不分卷（明葉盛藏並撰），《曹氏棟亭書目》不分卷（清曹寅藏），《養素堂藏書目錄》一卷、《續目》一卷（清黃叔琳藏），《傳是樓宋元板書目》一卷（清徐乾學藏），《曝書亭書目》不分卷（清朱彝尊藏），《三魚堂書目》一卷（清陸隴其藏並撰），《也是園藏書目》十卷（清錢曾藏並撰），《萬卷堂藝文目錄》二卷（明朱睦㮮藏），《聚樂堂藝文目錄》十七卷（明朱睦㮮藏），等等，或爲之跋。

道光七年，「味經書屋」鈔成《傳是樓書目》四卷（清徐乾學藏），《徐氏家藏書目》七卷（明徐𤊹藏並撰），《武英殿頒發通行書籍目錄》一卷（「味經書屋」劉雯鈔本），《石刻目錄》一卷（劉雯鈔本），《御書樓書目》一卷（劉雯鈔本），《懋勤殿書目》二卷，《國子監典籍廳存貯書目》一卷，《七錄》一卷（梁阮孝緒撰）等等，或爲之跋。

道光八年，「味經書屋」鈔成《傳是樓書目》六卷（清徐乾學藏）。

道光九年，「味經書屋」鈔成《穆參軍集》三卷（宋穆修撰）及《遺事》一卷，《巴西鄧先生文集》一卷（元鄧文原撰），《貞白先生陶隱居文集》一卷（梁陶弘景撰），《韓集點勘》四卷（清陳景雲撰），《追惜遊詩》三卷（唐李紳撰），《遊志續編》一卷（明陶宗儀輯），《眾經目錄》五卷，《眾經目錄》七卷（隋釋法經等撰），《書畫

題跋記》十二卷（明郁逢慶輯），《吳郡黃氏所藏宋槧本書目》一卷（清黃丕烈藏並撰），《靜惕堂宋元人集目》一卷（清曹溶藏），《籀史》二卷（宋翟耆年撰），《吳中金石新編》八卷（明陳煒輯），《四庫闕書》一卷（清徐松輯注），《元西湖書院重整書目》一卷，《內閣藏書錄》八卷（明張萱撰），《違礙書目》一卷，《應禁書目》一卷，《慎貽堂書目》一卷（清畢忠吉藏），《商邱宋氏西陂藏書目》（清宋犖藏），《說學齋稿》不分卷，又二卷（明危素撰），等等，或跋之，或校之。

道光十年，劉喜海輯成《書目類編》不分卷，由「味經書屋」劉如海鈔成。「味經書屋」鈔成《裘杼樓藏書目》四卷（清汪森藏，劉如海鈔），《葆醇堂藏書目》不分卷（清朱文藻藏并撰），《謙牧堂藏總書目》二卷（清揆敘藏），等等，或為之跋，鈔本今皆藏於國家圖書館。

道光十一年，「味經書屋」鈔成《武周刊定眾經目錄》十四卷、《偽經目錄》一卷（唐釋明佺等撰），《大清重刻龍藏彙記》一卷、《續藏目錄》一卷，《竹崦庵傳鈔書目》不分卷（清趙魏藏并撰），《書目彙編》二卷，《春暉堂書目》一卷（清陳奕禧藏），以上皆為劉如海鈔本。「味經書屋」又鈔成《河東先生集》十五卷、《行狀》一卷（宋張景撰），《王黃州小畜外集》二十卷（宋王禹偁撰），《默庵安先生文集》五卷（元安熙撰）及《附錄》一卷。

道光十二年，「味經書屋」鈔成《池北書目》一卷、《碑目》一卷（清王士禛藏），《佳山堂書目》一卷（清馮溥藏），皆為劉如海鈔本。

道光二十八年，「嘉蔭簃」鈔成《則堂集》六卷（宋家鉉翁撰），《新編古今姓氏遙華韻甲集》十卷，乙集十卷，丁集十卷，戊集十一卷，巳集八卷，庚集十卷，辛集十卷，壬集八卷，癸集十卷（元洪景修輯）；《錢幣考》不分卷（清華玉淳撰）；《百川書志》二十卷（明高儒藏并撰）。

道光二十九年，約在是年，「嘉蔭簃」鈔成《益都金石略》二卷（清傅洪撰）；《嘉蔭簃古泉隨筆》八卷；《嘉蔭簃雜著》一卷，《述

古堂書目》二卷（清錢曾藏并撰）；《石墨聯吟》一卷（張開福撰），《九華集》二十五卷（宋員興宗撰）、《附錄》一卷；《朝鮮志》二卷；《箕田考》一卷（朝鮮韓百謙撰）；《歷代諱名考》一卷（清劉錫信撰）；《百石圖跋》不分卷（清賈鉉輯）；《歲時廣記》四十卷、《卷首》一卷、末一卷（宋陳元靚撰）；《后村先生長短句》五卷（劉克莊撰）。

以上諸書，其版格特徵如何，有待赴國家圖書館查考。

引文中多次提及「劉雯鈔本」或「劉如海鈔本」。可知劉喜海除自己鈔書外，還請他人幫助鈔錄，自己再加以校跋。這種情況在當時並不罕見，如宋吳仁傑撰《離騷草木疏》四卷，用鮑廷博「知不足齋正本」套格紙，實爲方甘白手鈔。「劉雯」、「劉如海」實爲一人，爲劉喜海族兄，初名劉雯，因欽佩劉喜海之才學，於道光十年（1830）七十四歲時改名「如海」。

第二節　公家套格紙

公家套格紙以紅格紙爲主。在中國傳統社會中，內府寫、鈔書籍多用朱紅欄格。到了清代晚期，不僅內府鈔書，各級官府、各地志局、館院也都撰書、鈔書。公家印製的套格紙，爲與私家以墨格爲主的套格紙相區別，大多採用較爲正式、宣示公家身份的紅格紙。

據文獻記載及筆者所見，以下諸種均爲明確鐫字的公家套格紙：

明鈔本《高昌譯語》一卷，上書口刻「四夷館」三字，匡 22.9×14.3cm。（復旦大學圖書館古籍部）

清稅務處編《督理稅務處清檔》，清光緒間鈔本。紅格，版心有「稅務處檔」字樣（《清華大學圖書館藏善本書目》）。

清光緒間稿本《戶部山東司奏稿》不分卷，紅格，白口，四周雙邊，半葉八行，版心上鐫「戶部公牘」四字（《北京師範大學圖書館古籍善本書目》）。

清趙之謙稿本《贛省通志》不分卷，用紅格紙，半葉十行，白口，單魚尾，四周單邊，版心上鐫有「江西纂修省志局」七字（《上海圖書館藏明清名家手稿》）。

清陳經撰《雙溪物產疏》十五卷，清宣統江南圖書館傳鈔本，用藍格紙，半葉十行，書口下印「江南圖書館」（沈津《中國珍稀古籍善本書錄》）。

《駐德使館檔案鈔》不分卷，半葉八行，匡 16.3×10.3cm，稿紙下書口刻「駐德使館」四字，「蓋爲駐德使館中隨員就館藏檔案選輯成書，預備回國後付梓者」（王重民《中國善本書提要》）。

《宗室王公章京世襲爵秩冊》四卷，清內府黃檔房鈔本，朱絲欄，朱墨筆鈔寫。十行二十一字，白口，四周雙邊，版心鐫「黃檔房」（《中國人民大學圖書館古籍善本書目》）。

清戶部江南司編《江南司編案》，稿本，紅格，半葉八行，白口，四周雙邊，單紅魚尾，版心上刻「戶部」，下刻「江南司」，匡 20.8×12.9cm（《山東省圖書館館藏海源閣書目》）。

民國駱成昌撰《邦交志（俄羅斯）》三卷，民國清史館謄清稿本，紅格紙，半葉八行，白口，版心有「清史館」三字（《清華大學圖書館藏善本書目》）。

〔日〕澀江全善、森立之撰《經籍訪古志》八卷，清光緒間皇華使館選鈔本，十行二十五字，紅格，白口，四周單邊，版心鐫「皇華使館」（《北京師範大學圖書館古籍善本書目》）。

其實，不僅公家套格紙，清末民初乃至今天，各級政府機構、圖書館、出版社、學校等處印製使用的信箋稿紙，也多用紅欄、紅格，即是繼承了這種以紅色爲官方色的傳統。

第三節　坊售套格紙

清代中晚期直到民國，隨著商品經濟的發展，各地湧現出許多著名紙鋪，信箋、套格紙均有出售。坊售套格紙多爲紅格紙，可能爲當時風氣所及。就套格紙來看，今見使用較多、影響較大的有松竹齋和翰寶齋。

1. 松竹齋、榮寶齋

今見版本圖錄記載使用松竹齋套格紙之稿鈔本有數種，其套格特徵爲紅格，半葉八行至十行不等，白口，單魚尾，四周雙邊，版心下鐫「松竹齋」三字。

半葉八行的松竹齋套格紙，今見有：

清董麟撰《觀阜山房日記》不分卷，匡 14.5×10.4cm。（《山西省珍貴古籍名錄圖錄》）

　　清董麟撰《忘適適齋日記》不分卷，清光緒元年（1875）三月至十二月稿本。匡 15×10.5cm。（《山西省珍貴古籍名錄圖錄》）從版心所鐫「松竹齋」字樣來看，與之前《觀阜山房日記》所用套格紙並非同一板片刷印而成。

　　清董文燦撰《藐籠日記》不分卷，清同治二年至十二年（1863～1873）稿本。匡 14.5×10.5cm。（《山西省珍貴古籍名錄圖錄》）此書所用套格紙，從書影來看，似與董麟《觀阜山房日記》所用套格紙相同。

　　清董文燦撰《驫齋日記》不分卷，清光緒元年（1875）稿本。匡 15×10.7cm。（《山西省珍貴古籍名錄圖錄》）此書所用套格紙，似與董麟《忘適適齋日記》所用套格紙相同。

　　清馮婉琳撰《佩藐日記》不分卷，清同治六年至八年（1867～1869）稿本。匡 14.6×10.7cm。（《山西省珍貴古籍名錄圖錄》）此書所用套格紙，似與董麟《忘適適齋日記》所用套格紙相同。

　　半葉九行的松竹齋套格紙，所見有：

　　清徐繼畬撰《退密齋詩鈔》不分卷，清白恩祐鈔並跋（《中國人民大學圖書館古籍善本書目》）。徐繼畬（1795～1873），字健男，號松龕，山西五臺縣人。白恩祐，山西介休人，徐繼畬學生。

　　清何紹基《何紹基日記》不分卷，稿本（《中華典籍聚珍·國家珍貴古籍特展圖錄》）。

　　清吳繩年輯《端溪硯志》三卷首一卷（《山東大學圖書館古籍善本書目》）。

　　《四種詩集合鈔》七卷（《北京師範大學圖書館古籍善本書目》）。

　　清黃彭年撰、黃襄成輯《陶樓函稿》不分卷，稿本（《北京師範大學圖書館古籍善本書目》）。

　　李慈銘《越縵筆記》不分卷，稿本（《上海圖書館藏明清名家手稿》）。

　　張佩綸《煙波榭日記》不分卷，稿本（《上海圖書館藏明清名家手稿》）。

　　《蟻術要錄》不分卷，清董文煥鈔本。匡 18.7×12.5cm。（《山西省珍貴古籍名錄圖錄》）

　　另有一種紅格九行有字格的松竹齋套格紙，見董文煥稿本《藐姑射山房詩集》三卷，半葉九行，行二十五字格。匡 19.9×11.6cm。（《山西省珍貴古籍名錄圖錄》）

　　紅格十行的松竹齋套格紙，亦爲白口，單魚尾，四周雙邊，版心下鐫「松

「竹齋」三字。有殷兆鏞《御賜齋莊中正堂春夢錄》一卷，匡 17×11.2cm（《中國古籍稿鈔校本圖錄》）。

松竹齋創始於康熙十一年（1672），主人姓張。到乾隆時發展成爲一家較有影響的南紙店。李慈銘、張佩綸等清末名家均用其套格紙作稿紙，其規模、名氣可見一斑。光緒二十年（1894），松竹齋主人開榮寶齋，作爲松竹齋的連號。光緒二十四年（1898），榮寶齋被沈露筠、楊耀東收購〔註5〕。光緒二十六年（1900），松竹齋因虧累甚多，閉門歇業〔註6〕。

榮寶齋製套格紙，《北京師範大學圖書館古籍善本書目》中也記有一種，稿本清江翰撰《江叔海日記》不分卷，藍格或紅格紙，其中紅格紙半葉九行，四周雙邊，版心下鐫「榮寶齋」三字。

2. 翰寶齋

關於翰寶齋的情況，文獻記載較少，僅見於數種古籍著述：

明周順昌等撰《明賢尺牘》四卷《附》一卷，有清末黃彭年鈔本，用九行紅格紙，白口，四周單邊，版心下鐫「翰寶齋」。（《北京師範大學圖書館古籍善本書目》）

稿本何紹基《猿翁日記》不分卷，用紅格紙，白口，單魚尾，四周雙邊，版心下鐫「翰寶齋」三字。匡 17.3×11.6cm。（《中國古籍稿鈔校本圖錄》）

稿本（題）清錫珍撰《倉場事宜初稿》，半葉九行，白口，單魚尾，四周雙邊。版心下鐫「翰寶齋」。（《中國人民大學圖書館古籍善本書目》）

《成案備考》十卷，紅格，半葉九行，白口，四周雙邊，單紅魚尾，版心鐫「翰寶齋」三字。匡 18×12.6cm。（《山東省圖書館館藏海源閣書目》）

3. 其他

清文廷式撰《知過軒隨錄》不分卷之手稿本，用紅格紙，書口下印「錦泰號製」、「懿文齋」字樣（《中國珍稀古籍善本書錄》）。

稿本清王芸仙撰《寫韻軒詩稿》不分卷、清陳靜賢撰《鏡花妝閣合稿》

〔註5〕鄭茂達《關於榮寶齋歷史的幾個問題》：「光緒二十四年（1898）莊虎臣在《開設榮寶齋南紙摺紳鋪萬金老帳定規記》中寫道：『只因沈、楊宅於光緒二十四年五月憑中出資一萬兩，購買松竹齋之連號榮寶齋生意一處。』」《榮寶齋》2006 年 04 期。

〔註6〕鄭茂達《關於榮寶齋歷史的幾個問題》：「光緒二十九年（1903）莊虎臣在兩份呈文中分別提到『庚子亂前，松竹齋……因虧累甚多，即閉門歇業』，『二十六年兵燹後，松竹齋閉門歇業』。」

不分卷，用六行紅格紙，白口，四周雙邊，版心上鐫「青雲直上」，下鐫「天成紙號」（《中國人民大學圖書館古籍善本書目》）。

第四節　特殊套格紙

以上三種分類之外，還有一種特殊的套格紙，紙上鐫有書名，一般即為所寫鈔書籍的名稱，稱為專書套格紙。

專書套格紙也有公、私之分。如明末鈔本，明馮繼科等纂修《【嘉靖】建陽縣志》十六卷，套格紙版心上方鐫「建陽縣志」四字，就屬公家套格紙。其他如清內府巾箱朱絲欄鈔本，清傅以漸、曹本榮撰《易經通注》九卷，版心上鐫書名。民國時組織編纂《續修四庫全書總目提要》，所用套格紙若干種，多在版心上方鐫「續修四庫全書總目」八字。

相較公家專書套格紙，私家製專書套格紙更為多見。如明鈔本明楊嗣昌撰《楊文弱先生集》五十七卷，就在版心鐫有書名、卷次。有清一代此風甚行。清王筠稿本《說文釋例》二十卷，用藍格紙寫，版心上方鐫「說文釋例」四字。很多專書套格紙除鐫有書名外，還有書室名稱、主人姓氏等。如嘉業堂鈔《清實錄》，版心上方鐫「皇帝實錄」四字，版心下方鐫「嘉業堂鈔」四字。

專書套格紙，其版式特徵，如版匡、欄格等，與前述私家、公家、坊售套格紙相似，在版心格式上則更接近於刻本。如《續修四庫全書總目提要》所用套格紙，一種版心上方鐫「續修四庫全書總目」八字，版心中間鐫「卷」字，稍下方右側鐫「部」字。「卷」字下方供填寫卷數，「部」字上方供填寫部屬，下方空白處還可填寫類目。還有一種，其他特徵與前種相同，版心中間鐫「經部」二字，為專供撰寫經部書籍提要的套格紙。嘉業堂鈔《清實錄》也是如此，版心上方的「皇帝實錄」四字前有約三字的空白供填寫，《太祖高皇帝實錄》即寫「太祖高」三字，與所鐫「皇帝實錄」連成書名，《太宗文皇帝實錄》寫「太宗文」三字。

專書套格紙，一般用於鈔寫大部頭書籍，今見以方志、叢書為多，即使單部古籍，也多在十卷以上。專書套格紙有用於稿本的，也有用於鈔本的，而稿本專書套格紙和鈔本專書套格紙也有各自的特點，現分述如下：

1. 稿本用套格紙

稿本專書套格紙，筆者所見文獻記載有：

　　清金匱秦蕙田撰《五禮通考》清稿本二百六十二卷，計七十三冊，用紅格紙，中縫刻有「五禮通考卷」五字（《蛾術軒篋存善本書錄》）。

　　清楊以增撰《宋存書室宋元秘本書目》稿本，所用套格紙爲紅格，半葉八行，四周雙邊，版心上方鐫「金石書畫目」五字，下方鐫「海源閣」三字。此爲海源閣書目專用稿紙。

　　清楊以增撰，楊紹和編集《先都御史公奏疏》三十六卷，稿本，計二十一冊二函，用紅格紙，半葉六行，白口，四周雙邊，版心上方鐫「先都御史公奏疏」七字。匡 11×8.8cm（《山東省圖書館館藏海源閣書目》）。

　　《海源閣書目》不分卷，楊保彝重編之清稿本，計有六冊一函，所用套格紙爲紅格，半葉八行，白口，四周雙邊，版心鐫「海源閣書目」五字，匡 16.9×11.5cm（《山東省圖書館館藏海源閣書目》）。

　　清王大經撰《獨善堂文集》八卷之清稿本，用十行格紙，版心上鐫「王石袍文集」，下鐫「春輝堂藏板」（《明別集版本志》）。此書有嘉慶丁丑（1817）春輝堂刻本，當據此稿鈔錄。

　　清洪瑛撰《小容齋詩稿》不分卷，其清咸豐十一年（1861）手稿本用藍格紙，八行二十字，小字雙行三十字，白口，單魚尾，四周雙邊，版心上鐫「小容齋詩稿」，下鐫「梅溪書屋珍藏」六字（《山東大學圖書館古籍善本書目》）。

　　清顧文彬撰《過雲樓日記》稿本一冊，用藍格紙，半葉十行，書口下刻「過雲樓筆記」五字（《中國珍稀古籍善本書錄》）。

　　清胡聘之輯《山右石刻叢稿》四十卷，稿本共三十二冊，用紅格紙，半葉十二行，白口，四周雙邊，版心有「山右金石志卷」六字（《南京大學圖書館館藏古籍善本圖書目錄》）。

　　清王同纂《唐棲志略稿》稿本十三卷，用紅格紙，半葉十一行，行二十二字，小字雙行同。版心上鐫「唐棲志略」四字（《中國人民大學圖書館古籍善本書目》）。

　　清何德新撰《雲臺山人詩集》九卷之清稿本，用紅格紙，半葉九行，白口，順魚尾，四周單邊。版心上鐫「雲臺山人詩集」六字。（《中國人民大學圖書館古籍善本書目》）

　　清宋書升撰《周易要義》十二卷，綠格稿本，十行二十一字，白口，順魚尾，四周單邊，版心中刻「周易宋氏義」五字。（《山東大學圖書館古籍善

本書目》)

清瞿世壽撰《春秋年譜》稿本，用紅格紙，版心中間鐫「春秋年譜」四字，版心下方鐫「香綠居」三字。(《中國珍稀古籍善本書錄》)

《續修四庫全書總目提要》，據今齊魯書社影印本可知，用套格紙數種，均為白口，單魚尾，四周雙邊。一種半葉八行，版心上方寫「續修四庫全書總目」八字，匡外右下鐫「仿文津閣四庫全書樣式」十字。半葉九行的有四種。三種版心上鐫「續修四庫全書總目」八字，版心中間鐫「卷」字。其中一種「卷」字稍下右側鐫「部」字；一種同前，但「部」字較小；一種鐫「經部」二字。還有一種版心上方鐫「續修四庫全書提要」八字，匡外左下方鐫「仿欽定四庫全書總目版式」十一字。此外還有半葉十行、半葉十二行的未鐫字套格紙。

通過比較上述稿本套格紙，我們可以發現，稿本套格紙多用有色欄格，尤以紅格紙、藍格紙為多。在古籍刻本中，一般板片刻成之後，先用紅色刷印一遍，用於初校，再用藍色刷印一遍，用於二校，墨筆改訂。紅印本、藍印本都為校本，正式出版則用墨本。因此黑格紙給人感覺相對較為穩妥、正式，而紅格紙、藍格紙則更多與未定稿聯繫在一起。紅格、藍格紙在清代私家套格紙中的廣泛使用，很有可能是受到刻本的初印校本、正本的色彩選擇的影響。

2. 鈔本用套格紙

以下為查見文獻記載中的部分鈔本專書套格紙：

明鈔本明魏浣初撰《踽庵集》不分卷，用八行黑格紙，四周雙邊，版心上鐫書名 (《明別集版本志》)。

清鈔本清王克昌輯《寶翰堂藏書考》十一卷，六冊，用黑格紙，四周雙邊，白口，單魚尾，書口上刻「寶翰堂藏書考」六字 (《中國珍稀古籍善本書錄》)。寶翰堂為清代王熙藏順治、康熙兩朝宸翰之所，藏書始自明王崇簡。王克昌為王崇簡之孫、王熙之子。

清鈔本明溫如璋撰《溫函野詩集》二卷，用藍格紙，九行十八字，白口，左右雙邊，版心鐫「函野詩集」四字 (《明別集版本志》)。

明黎遂球撰《蓮須閣集》二十六卷，有清鈔本八冊，用黑格紙，半葉九行十九字，白口，四周雙邊，書口上鐫「蓮須閣集」四字 (《中國珍稀古籍善本書錄》)。

　　明何維柏撰《天山草堂存稿》六卷，清沙溠何氏鈔本，九行套格紙，版心上鑴「天山存稿」，下鑴「沙溠何氏家藏」(《明別集版本志》)。

　　清許珌撰《鐵堂詩草》二卷《補逸》二卷，海源閣鈔本，用九行紅格紙，白口，左右雙邊，版心上鑴「鐵堂詩草」，中鑴「閩許珌天玉著」，下鑴「海源閣鈔」(《明別集版本志》)。

　　清顧沅藝海樓曾鈔唐虞世南輯《大唐類要》一百六十卷，所用套格紙上書口刻「大唐類要」四字，下書口刻「藝海樓」三字。(《中國善本書提要》)

　　清方宗誠撰《柏堂集》不分卷，用紫格紙鈔，十行二十字，白口，四周雙邊，版心下鑴「畿輔通志」四字。(《北京師範大學圖書館古籍善本書目》)

　　宋李若水撰《忠愍集》三卷，有清龍鳳鑴知服齋鈔本一冊，用藍格紙，半葉八行，白口，單魚尾，四周雙邊。版心上鑴「欽定四庫全書」，下鑴「龍氏知服夆恭鈔文瀾閣藏本」(《柏克萊加州大學東亞圖書館中文古籍善本書志》)。

　　《木犀軒藏書書錄》錄「黑格鈔。版心上有『藝苑叢鈔』四字」書數種，計有：宋釋適之撰《金壺記》三卷；宋朱翌撰《猗覺僚雜記》二卷；宋趙與峕撰《賓退錄》十卷；宋孔平仲撰《珩璜新論》一卷；《南窗紀談》一卷。不知鈔者何人。

　　此外，《木犀軒藏書書錄》中還錄有日本鈔本《夷匪犯境錄》不分卷，版心刻「夷匪犯疆錄」五字。

　　與稿本不同，鈔本多是鈔錄前人著作，又大多從刻本鈔錄，其內容不再存在不確定性。故鈔本多用黑格紙。當然，其中也不乏藍格等顏色格紙，這與明清直至民國稿鈔本套格紙的用色傳統、鈔寫者本人的偏好也有關係。

　　大多數鈔本專書套格紙，所鈔內容與套格紙上所鑴書名均相吻合。較爲特殊的是天一閣鈔本，其版格特徵爲：朱絲欄，半葉十一行，白口，單魚尾，四周雙邊，版心中間鑴「重修閩志採訪書」七字，版心下方鑴「天一閣鈔本」五字。王重民《中國善本書提要》記其鈔有《大明興化府志》五十四卷（匡 19.7×12.3cm）和《萬曆延平府志》三十四卷（匡 19.4×12.3cm）兩種志書。同時，我們發現很多非方志書也用這種套格紙鈔寫，如鈔本《旗峰詩集》十卷（《中國善本書提要》）、明柯潛撰《竹岩先生文集》十二卷、明林炫撰《林榕江先生集》三十卷、明陳音撰《愧齋文粹》五卷（《明別集

版本志》）等。

由此可見，專書套格紙爲鈔寫專門書籍而印製，所鈔之書多卷帙浩繁，套格紙印量亦大。如「重修閩志採訪書」這樣的，可能隨得隨鈔，初時並無預算，書名套格紙印製過多，故也用於鈔寫其他古籍。實際上很多時候是忽視了套格紙的「專書」功能，而強調「天一閣鈔本」的「私家」身份。

在研究鐫字套格紙的同時，我們也應注意到，傳統稿鈔書籍，很多都寫於未經印刷加工的素紙之上。印製的套格紙，很多也未鐫字，不能準確判斷其歸屬。此外，還有一些鐫字套格紙，室名或店名暫無考，比較著名的有「怡顏堂」等，有待進一步的發掘研究。

第三章　套格紙與古籍寫本鑒定

　　古籍的寫本鑒定，字體筆迹是最重要的判斷依據，也可與刻本鑒定一樣，通過印章、序跋、題識、避諱等進行鑒別。此外，作爲一種傳統的書寫用紙，稿鈔本所用的紙張本身可以提供鈔寫年代的線索。而明清以來大量使用的稿鈔本套格紙，尤其是紙上所鐫文字，爲我們提供了另一種重要的鑒定依據。

第一節　利用紙張鑒定寫本

　　造紙術自漢代發明以後，紙張成爲中國傳統社會不可或缺的用品。寫印書籍是紙張的主要用途之一。根據現代科技檢驗，由造紙原料來進行分類，可分爲麻紙、皮紙、藤紙、竹紙、草紙等幾大類紙張。而古籍用紙則以皮紙和竹紙爲多見。

一、各種古籍寫本用紙

　　在鑒定古籍時，首先要對紙張的特徵、名稱有所認識。文獻和實物中較常見的傳統紙張，有白綿紙、開化紙、羅紋紙等。

　　白綿紙潔白勻淨，纖維細長可見，偶爾會糾結成小團狀，觸感細膩柔軟，簾紋不明顯。明代人喜用白綿紙鈔書。

　　貴州綿是特產於清代雲貴地區的皮紙，顏色灰白，纖維較長較粗，呈團霧狀，極易辨認。這種紙厚實堅韌，但因不太美觀，故未被廣泛採用。雲貴地區的很多家譜、地方志等書籍都用這種皮紙寫印。

日本皮紙種類也很多，總體來說用料純正，絮狀纖維長，細膩勻淨，透薄有光澤。

高麗皮紙一般呈米白色或灰白色，較中國、日本各色皮紙爲厚，極堅韌，有清晰可見與簾紋同向長纖維。簾紋寬 2 釐米左右，且製作竹簾的絲線較粗，紙上呈現出寬 1～2 毫米的絲線紋，篾紋也較寬，約 1～2 毫米，不太均勻清晰。還有一種較常見的高麗皮紙，稍厚，表面呈織物狀細密斜紋。

總體來看，皮紙的特徵一是清晰可見的絲絮狀長纖維，一是觸感綿軟，抖動時無清脆響聲。此外，一般皮紙的簾紋都比較寬，2 釐米左右，不太明顯。

竹紙的纖維短小細密。普通竹紙雜質較多，正面觸感光滑，反面較粗糙，薄脆色黃。因爲竹類纖維較短，成紙時不夠緊密，紙的韌性較差，時間一長容易脆裂，也更易蟲蛀，所以在製造竹紙時也常會添加一些皮料，增強紙的拉力。

開化紙，是竹紙中的精品，以產於浙江開化而得名，南方稱「桃花紙」。開化紙色澤潔白，細膩勻淨，簾紋不明顯，觸感光滑綿軟，有韌性。稍厚一點的開化榜紙，簾紋亦不明顯，略有雜質，反面稍粗糙。清內府武英殿印書鈔書大都用開化紙。

羅紋紙，一般呈白色或米黃色，細薄柔軟，纖維勻細。羅紋紙最重要的特徵是簾紋極窄。普通手工紙的簾紋一般在1～3釐米之間，篾紋不太清晰，而羅紋紙的簾紋僅有3、4毫米寬，篾紋清晰，簾紋與篾紋縱橫交錯，形成如絲織物羅的經緯線般的紋樣，因而得名。羅紋紙最早出現在宋代，清乾隆年間多有仿製，多用作古籍的外封或襯葉。

毛邊紙、毛太紙，二紙均由明末出版家毛晉而得名，色黃堅韌，纖維勻細，簾紋約 1 釐米。毛邊質厚，毛太薄脆，正面光滑，反面雜質較多，是較典型的竹紙。

二、寫本用紙的時代特徵

同樣名稱的紙，在不同朝代不同時期，特徵上也有細微差異。也有一些色澤、外觀相似的紙，實際原料、工藝均有差別。

白綿紙在明清兩代都被用來鈔書，明代早期的白綿紙較爲細薄，隆慶、萬曆以後的則稍顯粗厚。清代也有一些精鈔本用白綿紙，非常美觀。明代寫本中還有一種白紙，略顯厚硬，有韌性；簾紋寬約 2 釐米，不明顯，篾紋 1

～2毫米，較清晰；紙纖維較短，交織勻密；觸感不太光滑，特別是紙的反面比較粗糙；抖動時響聲較清脆。從這些特徵來看，此紙應是竹紙的一種。但其潔白勻淨，與毛邊、毛太紙區別明顯，與開化紙也不太一樣。現在看到的很多明代精鈔本都用這種紙，如明精鈔《華夷譯語》、《譯文備覽》、《高昌館來文》、明小草齋鈔《沈下賢文集》等〔註1〕。

綿紙一般在製造過程中經過自然漂白，紙色潔白。白紙擱置過久，受潮，會在紙張各處出現淺黃色的「銹斑」。未經漂白的綿紙一般呈灰白或灰黑色。

竹紙在明代後期開始逐漸在寫本中使用，直到民國時期，一直是最主要的古籍鈔本用紙。竹紙一般呈黃色，因為造竹紙時通常不加以漂白，紙張因而呈現出竹料纖維本身的微黃色。此外，紙張經長期擱置，與空氣接觸，也會由四周向中間逐漸泛黃。我們看到的早期竹紙通常呈黯黃色，薄脆，如明鈔本《東宮備覽》。民國時期的紙相對較新，一般呈米黃色，且製造工藝更加進步，厚薄均一，纖維勻密。典型的如王欣夫鈔書常用之紙，均為米黃竹紙，纖維勻密，有一種橫簾紋約2釐米寬，箆紋約1.5毫米寬，均清晰；一種豎簾紋約 2 釐米寬，簾紋、箆紋均不明顯。而後者更是常見於民國時期劉承幹、胡玉縉等人的鈔本中。

機製紙在 1840 年以後首先由歐美日本等國輸入，光緒年間中國才有機器造紙廠，因此寫在機製紙上的稿鈔本顯然是清晚期以後的。如王欣夫的鈔本，大部分用竹紙，也有用機製紙的。

手工抄製的紙張一直到今天仍有生產，較常見的如連史紙，潔白無雜質，簾紋寬約 2 釐米，箆紋勻細清晰。現在經修補、重新裝裱的古籍，前後襯頁一般用連史紙。

總體來看，明代或清代前期的寫本，由於距今年代較久，紙張通常顯得比較陳舊，皮紙綿軟溫潤，竹紙薄脆泛黃，清末民國時期的竹紙則厚薄適中，呈現較新的米黃色。在印本中比較常見的染紙作偽的情況在寫本中倒很少，經過染色加工的紙，一般顏色暗沉呆滯，浮於表面，沒有層次感，不似舊紙顏色由紙張內部自然泛出，也較易識別。

當然，在鑒定時我們也不能排除用舊紙鈔書的情況存在。筆者在復旦大學圖書館調閱的一部清鈔本《沈下賢文集》，用紙滑薄軟韌，瑩潤可愛，不類

〔註 1〕　均為復旦大學圖書館古籍部藏本。

時紙。該書幾乎所有書葉都先經過細緻的黏連補綴，再印版匡，鈔寫。如此繁複，當是珍惜舊紙之故。

第二節　利用套格特徵鑒定稿鈔本

除了紙張本身的材質特徵外，加諸於紙上的套格對於鑒定稿鈔本也很有幫助。本編前兩章已分別對套格紙和鐫字套格紙的版式特徵進行了介紹。由於套格紙提供了方便書寫的欄格，同時也能彰顯各家特色，標明稿鈔用紙的私有性，故其在明清至民國多見使用。鐫字的套格紙，對於古籍稿鈔本的鑒定尤有助益。

套格紙的樣式由刻本而來，亦有白口、黑口之分，版匡四周雙邊、四周單邊或左右雙邊，每半葉七行至十三行不等，以半葉十行比較常見。也有有匡無欄，或是有欄且有字格的情況。

鐫字套格紙多鐫私人室名齋號，也有鐫書名的，晚清有見鐫部府、志館名稱的公家用紙和鐫有店名的紙鋪售紙。

鐫字位置不拘。如楊儀用套格紙，在版心上方鐫有「嘉靖乙未七檜山房」八字；葉盛用紙，在版心中間鐫有「菉竹堂」三字；馮舒用紙，在匡外左上方鐫有「馮氏藏本」四隸字。而又以鐫於版心下方較爲常見，如姚咨用紙，版心下方鐫有「茶夢齋鈔」四字；祁承㸁用紙，版心下方鐫「澹生堂鈔本」五字。

有些套格紙上既有室名，也有室主籍貫、姓氏等信息，或是有書名。一般而言，室名多鐫於版心下方，書名多鐫於版心上方，室主信息多鐫於板匡外。如瞿紹基製套格紙，版心下鐫有「恬裕齋」三字，匡外左上鐫有「海虞瞿氏藏本」六字。又如楊以增撰《宋存書室宋元秘本書目》稿本，所用套格紙爲紅格，半葉八行，四周雙邊，版心上方鐫「金石書畫目」五字，下方鐫「海源閣」三字。倪模鈔寫宋王禹偁《王黃州小畜集》三十卷，則在套格紙版心上鐫「小畜集」三字，在匡外左下鐫「經鉏堂校錄」五字。

1.版格的顏色

套格紙與印本相比，一個顯著的特徵是欄格的顏色較爲豐富。除普通的黑格外，套格紙常見紅色、藍色、綠色套格。在鑒定的時候，我們可以從欄格的顏色入手，根據其特徵以及鐫字來判斷套格紙的主人。

　　紅格又稱朱絲欄，宋代起即應用於內府本。但直到清代中期以後，紅格紙才爲私家普遍使用，且多見於專書套格紙，如秦蕙田鈔《五禮通考》二百六十二卷，所用紅格紙版心鐫「五禮通考卷」五字。何德新稿本《雲臺山人詩集》九卷，用紅格紙，半葉九行，白口，順魚尾，四周單邊，版心上方鐫「雲臺山人詩集」六字。鐫室名的，如嚴可均用紙，紅格十三行，白口，雙魚尾，左右雙邊，版心下方鐫「四錄堂校鈔本」或「冶城山館」。楊以增海源閣諸套格紙，也都爲紅格。

　　紅格紙除了普通的界行外，很多還有方形字格，這在藍格紙中不太常見。《中國古籍稿鈔校本圖錄》收有清翁同書手鈔本《蓼野自訂年譜》不分卷，用紅格紙，半葉八行，行二十字，有字格，但未鐫字。朱筠有一種「椒華吟舫」紅格紙，半葉九行，行二十五字格，白口，單魚尾，四周單邊，版心上方鐫「椒華吟舫」四字。丁丙「當歸草堂」紅格紙，半葉九行，行二十一字格，紅口，單魚尾，左右雙邊，版心下方鐫「當歸草堂」四字。潘祖蔭滂喜齋用紙，有紅格十二行，行二十一字格，白口，單魚尾，左右雙邊，版心下鐫有「滂喜齋」三字。

　　藍格寫本，根據現在看到的實例，大約在明弘治、正德間已經出現，嘉靖以後使用較多。半葉九行的藍格紙，有秦四麟「又玄齋」紙，白口，四周單邊，版心上方鐫「又玄齋」三篆字；孫永祚「修遠樓」紙，白口，無魚尾，左右雙邊，下方鐫「修遠樓」三字。半葉十行的藍格紙，白口，無魚尾，四周單邊的套格紙，版心上方鐫有「南湖」二字的爲張縯用紙，版心下方鐫有「澹生堂鈔本」五字的是祁承爜澹生堂諸鈔本用紙，范欽也有天一閣鈔本用十行藍格紙，白口，四周單邊，但未鐫字。

　　藍格紙在清代也被廣泛使用。半葉八行的有顧沅的套格紙，白口，左右雙邊，版心下鐫有「藝海樓」三字。半葉九行的，如鄭燮用紙，白口，單魚尾，版心下鐫有「橄欖軒」三字；黑口，單魚尾，版心下方鐫有「袁氏貞節堂鈔本」七字的是袁廷檮用紙。半葉十行的，白口，單魚尾，四周單邊，匡外左下鐫有「萃古齋鈔本」五字的是錢聽默之紙；黑口，雙魚尾，左右雙邊，匡外左下鐫「陸香圃三間草堂藏書」九字的是陸芝榮之紙；黑口，單魚尾，四周單邊，匡外左下方鐫有「通藝閣校錄」五隸字的是姚椿之紙。半葉十一行的，如方履籛鈔《海東金石文字》所用版心下鐫有「萬善花室手錄本」七字的套格紙，上白口，下黑口，單魚尾，左右雙邊；包世臣用紙，白口，單

魚尾，左右雙邊，版心下鐫「小倦遊閣」四字。何紹基之紙藍格十二行，白口，四周雙邊，版心下方鐫有「東洲草堂」四字。

總體來看，明代藍格大都顏色黯淡，偏藍黑色，而清代藍格顏色鮮亮，偏藍綠色。此外，明代套格紙大多無魚尾，清代的一般有魚尾，又以單魚尾居多。

綠格紙，據文獻記載，明中期即已有之，但也要到清代中期以後才使用較多。倪模愛用經鉏堂九行綠格紙，一種白口，單魚尾，左右雙邊，匡外左下方鐫「經鉏堂校錄」五字；另一種白口，無魚尾，四周單邊，版心下方鐫「經鉏堂重錄」五字；還有一種欄外有『宋本重錄』四字。半葉九行，白口，單魚尾，左右雙邊，版心下方鐫「春草閒房」四篆字的是吳大澂之紙。綠格十行的套格紙，白口，單魚尾，左右雙邊，版心下鐫有「守山閣」三字的是錢熙祚之紙；四周雙邊，版心下鐫有「五百經幢館」五字的爲葉昌熾用紙；四周單邊，版心下方鐫「雲自在龕」四字的是繆荃孫之紙；而四周單邊，有匡無欄，版心上鐫有「漸西村舍」四字，下鐫有「陳郡袁氏」四字的套格紙屬於袁昶。倪模經鉏堂也有半葉十一行綠格紙，「欄外有『經鉏堂重錄』五字」。

綠格紙很多有字格。半葉九行，行二十一字格，黑口，單魚尾，四周雙邊，版心下方鐫「郋亭寫本」四篆字的是汪鳴鑾用紙。半葉十行，行二十二字格，白口，單魚尾，四周雙邊，版心下方鐫「香禪精舍蒙稿」六字的是潘鍾瑞用紙。周星詒鈔《莊氏史案本末》二卷，半葉十一行，每行中間又有一條細欄，行二十一字格，上細黑口，下白口，左右雙邊，版心下方鐫「祥符周氏勉憙堂校錄本」十字，匡外左方鐫「卷板行字」四字。羅以智《恬養齋文集》稿本用綠色格紙，半葉十二行，行二十四字格，白口，單魚尾，四周單邊，版心上鐫「恬養齋偶鈔」五字。

此外，綠格紙常見特殊的外框或欄格式樣，如楊沂孫《文字說解問訛》所用稿紙，無外框，半葉八行，綠色簡狀界欄；陶濬宣用紙，綠格九行，白口，單魚尾，博古欄，版心下方或鐫「心雲輯錄」，或鐫「稷山讀書樓」。

此外，清代偶有黃格紙，如梁同書之紙，半葉七行，白口，單魚尾，左右雙邊，版心鐫「雪舟製」三字；紫格紙，如徐時棟之紙，半葉十行，黑口，雙魚尾，左右雙邊，版心下鐫有「煙嶼樓初本」五字。

當然，無論何時，黑格紙仍爲大宗。比較著名的，如半葉八行，白口，單

魚尾，四周單邊的套格紙，版心下方鐫有「檇李曹氏倦圃藏書」八字的，是曹溶之紙；版心下方鐫有「裘杼樓」三字的，是汪森之紙。半葉九行，白口，單魚尾，四周雙邊，版心下鐫有「葉氏元尚齋鈔」六字的是葉德輝用紙。

　　半葉十行的黑格紙最多，白口的有范大澈用紙，四周單邊，版心下方鐫有「臥雲山房」四字；謝肇淛用紙，左右雙邊，版心上方鐫有「小草齋鈔本」五字；祁彪佳之紙，四周單邊，版心下方鐫有「遠山堂鈔本」五字；馬思贊用紙，單魚尾，左右雙邊，版心下方鐫有「紅藥山房鈔本」六字；洪亮吉之紙，四周雙邊，雙魚尾，版心上方鐫「更生齋」三篆字；張金吾用紙，單魚尾，四周雙邊，版心下方鐫有「詒經堂」三字，匡外左上方鐫有「昭文張金吾寫定續經解」十字。黑口的，四周單邊，版心下方鐫有「世學樓」三字的是紐緯用紙。同樣單魚尾，四周雙邊，匡外鐫有「紅豆齋藏書鈔本」七字的是惠棟用紙；版心下鐫有「謏聞齋」三字，匡外左上書耳內鐫有「太倉顧錫麟添補寫定續經解」十二字的是顧錫麟用紙。單魚尾，四周單邊，版心下方鐫有「小玲瓏山館鈔本」七字的是馬曰璐用紙。同樣雙魚尾，左右雙邊，版心下方鐫有「擷藻堂」三字的為汪文柏用紙；版心下鐫有「三間草堂鈔傳秘冊」八字的是陸芝榮之紙。

　　黑格十一行，白口的套格紙，四周單邊，版心下方鐫有「雁里草堂」四字的是秦柄之紙；四周單邊，單魚尾，版心下方鐫有「鬱岡齋藏書」五字的是王肯堂之紙；左右雙邊，匡外左上方寫有「虞山錢氏述古堂藏書」九字的是錢曾之紙。

　　黑格十二行的套格紙，如姚觀元所用之紙，黑口，雙魚尾，左右雙欄，版心下鐫有「咫進齋鈔本歸安姚氏藏」十字。孫星衍所用之紙，黑格十三行，白口，雙魚尾，左右雙邊，版心下方鐫有「平津館」三字。

2. 一家多個室名、多種套格紙

　　在鑒定古籍寫本時要注意的是，一家有多個齋名室號的，往往也有不止一種套格紙，行格版式、版匡大小，以及鐫刻的文字、位置都可能不太一樣。對於各種版式特徵，要盡可能全面掌握。

　　如鮑廷博知不足齋、清風萬卷堂、困學齋等，均有套格紙，其中「知不足齋」紙有四種，分別於匡外左下鐫「知不足齋藏書」六字、版心鐫「知不足齋恭摹」六字、版心下方鐫「知不足齋正本」六字和「知不足齋叢書」六字。「清風萬卷堂」紙一種，於版心下方鐫「清風萬卷堂藏書／鮑廷博以文

手校」十四字。「困學齋」紙一種，於匡外左下方鐫「鮑氏困學齋」五字。所有套格紙均爲黑格，其中半葉九行的有一種「知不足齋藏書」紙，其餘均爲半葉十行，且都爲左右雙邊。除「困學齋」紙爲白口外，其餘各種均爲細黑口。

繆荃孫有雲輪閣、藕香簃、雲自在龕等室，各製套格紙。「雲輪閣紙」爲黑格十二行，黑口，單魚尾，四周單邊，匡外右上有空書耳，左下鐫有「雲輪閣鈔」四字，匡 19.2×15cm。「藕香簃」紙兩種，均爲半葉十行，細黑口，雙魚尾，左右雙邊，一種框外左下方鐫「藕香簃鈔」四字，匡 17.5×14cm；一種匡外左下鐫有「藕香簃鈔」四字，匡 17.5×13.9cm。「雲自在龕」紙爲綠格，半葉十行，白口，單魚尾，四周單邊，版心下方鐫「雲自在龕」四字，匡 17.5×13.9cm。

更爲常見的情況是，一家以同一室名印製多種顏色、版式各異的套格紙。

如袁廷檮室名貞節堂，製套格紙今見六種，以半葉十行爲多，亦有九行。顏色以藍格爲主，今見五種，另有一種綠格紙。藍格紙一種有匡無欄，黑口，單魚尾，版心下方鐫有「袁氏貞節堂鈔本」七字，匡 19.5×13.5cm。一種有欄，半葉九行，餘同前種。還有三種十行藍格紙，一種左欄下方鐫「貞節堂袁氏鈔」六字，一種欄外有「貞節堂袁氏鈔本」七字，還有一種在版心鐫「袁氏貞節堂鈔本」七字。綠格紙也爲半葉十行，版心下鐫「袁氏貞節堂鈔本」七字。

沈與文野竹齋套格紙，一種版心下方鐫「野竹齋錄」四字；一種版心上方鐫「吳郡沈氏」四字，版心下方鐫「野竹齋錄」四字；另一種匡外鐫「吳郡野竹齋沈辨之製」九字。朱筠椒花吟舫套格紙兩種，一爲九行紅格，白口，單魚尾，四周單邊，版心上鐫「椒華吟舫」四字；一爲十行黑格，白口，單魚尾，四周雙邊，版心下鐫「椒花吟舫」四字。

值得注意的是，鑒定古籍時會遇到與常見套格紙特徵不符的情況，此時應格外留意，從寫鈔內容等方面綜合判斷其是否有僞書的可能性。如吳寬「叢書堂」套格紙，大家熟悉的是十行黑格紙。筆者在復旦大學古籍部見有鈔本明馮琦《經濟類編》，用白綿紙，黑格，半葉十二行，白口，無魚尾，左右雙邊，版心中間鐫「叢書堂」三字。如本編第二章中所考，馮琦生於 1559 年，卒於 1603 年，《經濟類編》刻於明萬曆年間。而吳寬在馮琦生年之前的 1504

年即已去世，此書當非吳寬所鈔。而除半葉行數外，此紙其他特徵，如白口、無魚尾、左右雙邊、版心鐫字等都與吳寬「叢書堂」紙一樣，極可能是後人作偽。

3. 區分相似室名

在鑒定時，還要留心一些相似的室名齋號，注意區別。

如清初葉樹廉有樸學齋，所製套格紙爲十行黑格紙，黑口，左右雙邊，匡外左下鐫「樸學齋」三字；另有一種十行紙，「樸學齋」三字鐫於框外右下方。

嘉慶道光年間徐松有治樸學齋，用十行綠格紙，白口，四周單邊，匡外右下方鐫「治樸學齋著錄」六字，右下方鐫有「星伯綢書」四字。

鮑廷博知不足齋製套格紙今見四種，分別爲：九行黑格紙，版心鐫「知不足齋恭摹」六字；十行黑格紙，版心下方鐫「知不足齋正本」六字；十行黑格紙，版心下方鐫「知不足齋叢書」六字；十行黑格紙，匡外左下鐫「知不足齋藏書」六字。鮑氏私家套格紙，包括「清風萬卷堂」和「困學齋」紙，均爲黑色欄格。

其後有王紹蘭知足知不足館，製十行藍格紙，白口，單魚尾，四周雙邊，版心下鐫有「知足知不足館鈔本」八字。

彭元瑞有知聖道齋，用無界欄黑匡紙，白口，單魚尾，四周單邊，版心下方鐫有「知聖道齋鈔校書籍」八字，版匡 18.8×13.3cm。

杜春生有知聖教齋，製十行黑格紙，細黑口，單魚尾，左右雙邊，版心下方鐫「山陰杜氏鈔本知聖教齋藏書」十二字，匡 19×12.7cm。

以上這些套格紙，所鐫室名相似，但版格顏色、樣式等方面仍有區別，在熟悉各家套格紙特徵的基礎上，並不難辨別。

如上文所述，套格紙是鑒定明清寫本的重要依據，熟悉明清民國各家室名齋號，瞭解其使用的套格紙特徵，能夠幫助我們迅速準確地鑒定寫本。當然，我們實際遇到的大多數稿鈔本都用素紙，或是紙上僅有欄格而沒有鐫字，需要通過其他方法來進行鑑定。儘管使用紙張來進行古籍鑑定存在一定的局限性，但是紙張本身以及附加在紙上的欄格等所傳達的信息，確是古籍不容忽視的組成要素。

附錄：古籍寫本套格紙譜

凡　例

一、本譜以私家稿鈔本套格紙為主，所錄套格紙除版格行款外，均鐫有可供判斷紙主身份的文字。僅有匡欄、未鐫字的套格紙，均不收錄。公家套格紙、坊售套格紙亦暫不收錄。

二、本譜以紙主生卒年代排序。生卒不明的，列於本朝末尾。

三、譜中所舉例證，或為筆者親見，或為圖錄書影，或為目錄版本文獻中所載，均在括號中注明出處。若有多種古籍例證，則有主例證一種，其他以「參照」小字旁列。主例證的選擇，以筆者親見、圖錄書影、文獻記載最詳細者，依次優先擇錄。

四、套格紙特徵一欄，全譜統一格式，依次記欄格顏色、半葉行數、書口、魚尾、邊欄樣式、所鐫文字位置、內容、板匡大小。文獻記載語為不詳的，如不明確「某處鐫某字」，而曰「某處有某字」，則原文以引號列出，出處見例證後。

五、一家有多種套格紙的，先以室名分類，再依黑格、藍格、紅格、綠格的順序依次記之，其中又按半葉行數由少到多排列。

姓　名	字號	生卒	籍貫	室　名	特　　徵	例　　證
趙孟頫	子昂	1254～1322	吳興		「書用宋羅紋紙紅印，中有字曰『管公樓』」。	鈔本，《琴譜》（陳文述《頤道堂詩選》）參照：鈔本《道德經》（潘世璜《須靜齋雲煙過眼錄》）
葉　盛	與中	1420～1474	崑山	菉竹堂	「版心鐫有『菉竹堂』三字」。	暫無（陳先行《明清名家稿鈔本特徵列表》）
					「版心有『賜書樓』三字。」	鈔本，唐《李元賓文集》六卷《補遺》一卷（《書林清話》）
吳　寬	原博	1435～1504	長洲	叢書堂	黑格，半葉十行，白口，左右雙邊，版心中間鐫「叢書堂」三字。匡 17.7×12cm。	鈔本，明陶安《辭達類鈔》十九卷（《中國古籍稿鈔校本圖錄》）
				叢書堂	黑格，半葉十行，白口，左右雙邊，版心中間鐫「叢書堂」三字。匡 18×12.9cm。	鈔本，晉陸雲撰《陸士龍文集》十卷（《國立中央圖書館善本題跋眞迹》）
				叢書堂	黑格，半葉十行，白口，左右雙邊，版心中鐫「叢書堂」三字。匡 13.2×13cm。（疑爲 18.2×13cm。）	鈔本，魏嵇康撰《嵇康集》十卷（《國立中央圖書館善本題跋眞迹》）
				叢書堂	黑格，半葉十行，書口刻「叢書堂」三字。匡 21.8×12.8cm。	鈔本，《閩中古今》四卷（王重民《中國善本書提要》）
				叢書堂	黑格，半葉十行，版心下鐫「叢書堂」三字。	鈔本，《吳氏遺集》不分卷（王文進《文祿堂訪書記》）
文徵明	衡山	1470～1559	長洲	玉蘭堂	匡外鐫「玉蘭堂錄」四字。	暫無（《明清名家稿鈔本特徵列表》）
姚　咨	舜咨	1495～1564	無錫	茶夢齋	黑格，半葉十行，白口，左右雙邊，版心下方鐫「茶夢齋鈔」四字。匡 17.6×12cm。	鈔本，明皇甫涍《續高士傳》十卷（《中國古籍稿鈔校本圖錄》）
				茶夢齋	黑格，半葉十二行，白口，四周單邊，版心下方鐫「茶夢齋鈔」四字。匡 18.1×12.1cm。	鈔本，宋呂大圭撰《春秋五論》一卷（《中國國家圖書館古籍珍品圖錄》、《藏園群書經眼錄》）

				茶夢齋	藍格，半葉十行，藍口，版心下方鐫「茶夢齋鈔」四字。	鈔本，《建炎復辟記》一卷、宋倪思撰《經鉏堂雜誌》八卷（《文祿堂訪書記》）
					黑口，半葉十行，左右雙邊，版心下方鐫「錫山姚氏」四字。匡 17.4×14.3cm。	鈔本，宋彭大雅撰《黑韃事略》一卷（《國立中央圖書館善本題跋眞迹》）
楊　儀	夢羽			常熟	七檜山房	黑格，半葉九行，黑口，版心上方鐫有「嘉靖乙未七檜山房」八字。	鈔本，晉釋支遁撰《支遁集》二卷（《中國珍稀古籍善本書錄》）
					七檜山房	黑格，半葉十行，白口，單魚尾，左右雙邊，版心上方鐫有「嘉靖乙未七檜山房」八字。匡 20×14cm。	鈔本，晉釋支遁《支遁集》二卷（《中國古籍稿鈔校本圖錄》）
張　綖	世文			高郵		藍格，半葉十行，白口，四周單邊，版心上方鐫有「南湖」兩字。匡 18.2×12.5cm。	稿本，《草堂詩餘別錄》一卷（門人黎儀謄清稿，《中國古籍稿鈔校本圖錄》）
鄭　曉	窒甫	1499～1566		海鹽	淡泉書屋	藍格，半葉八行，白口，四周單邊，版心下鐫「淡泉書屋」四字。匡 19.7×15.8cm。	鈔本，《北虜事迹》一卷《西番事迹》一卷（《國立中央圖書館善本題跋眞迹》） 注：此例《中國善本書提要》亦有載，但記「半葉九行」、「版心刻曰『獨寤園淡泉書屋』」、「匡 21.4×15cm」。
葛守禮	興立	1502～1578		德平	棣萼山房	黑格，半葉九行，白口，四周單邊，版心下方鐫「棣萼山房」四字。	付刻底稿本，《葛端肅公集》十八卷、《識闕》一卷（《北京師範大學圖書館古籍善本書目》）
范　欽	堯卿	1506～1585		鄞縣	天一閣	紅格，半葉十一行，白口，單魚尾，四周雙邊，版心中間鐫「重修閩志採訪書」七字，版心下方鐫「天一閣鈔本」五字。	鈔本，明林炫撰《林榕江先生集》三十卷、明陳音撰《愧齋文粹》五卷、明柯潛撰《竹岩先生文集》十二卷（《明別集版本志》） 參照：鈔本，《大明興化府志》五十四卷（匡 19.7×12.3cm）、《【萬曆】延平府志》三十四卷（匡

						19.4×12.3cm）（《中國善本書提要》）
秦 汴	思宋	1509～1581	無錫	繡石書堂	黑格，半葉十行，白口，四周單邊，版心上方鐫有「繡石書堂」四字。匡19.2×11.8cm。	鈔本，明劉辰《國初事迹》一卷（《中國古籍稿鈔校本圖錄》）
				繡石書堂	黑格，半葉十行，白口，四周單邊，版心上方鐫有「繡石書堂」四字。匡19.7×15.2cm。	鈔本，《天潢玉牒》一卷（《江蘇首批國家珍貴古籍名錄圖錄》）
晁 瑮	君石	1511～1575	開州	寶文堂	藍格，半葉十行，版心鐫「寶文堂」三字。	鈔本，《明太祖實錄》不分卷（《王子霖古籍版本學文集——古籍善本經眼錄》）
俞允文	仲蔚	1511～1579	崑山		藍格，半葉九行，「欄外上端有『文園雜俎』四字」。	稿本，《俞仲蔚文稿》不分卷（沈津《中國珍稀古籍善本書錄》）
鈕 緯	石溪	1518～1579	會稽	世學樓	黑格，半葉十行，四周單邊，版心下方鐫有「世學樓」三字。匡18.2×12.7cm。	鈔本，明佚名《平蜀記》一卷（《中國古籍稿鈔校本圖錄》）
范大澈	子宣	1524～1610	鄞縣	臥雲山房	黑格，半葉十行，白口，四周單邊，版心下方鐫有「臥雲山房」四字。匡18.8×13.3cm。	鈔本，《大觀法帖總釋》十卷（《中國古籍稿鈔校本圖錄》）
				臥雲山房	黑格，半葉十行，白口，左右雙邊，版心下方鐫「臥雲山房」四字。	鈔本，明姚廣孝撰《逃虛子詩集》十卷《續集》一卷（《明別集版本志》）
秦 柄	汝操	1527～1582	無錫	雁里草堂	黑格，半葉十行，白口，四周單邊，版心下方鐫有「雁里草堂」四字。匡20×14cm。	鈔本，宋蔡卞《毛詩名物解》二十卷（《中國古籍稿鈔校本圖錄》）
				雁里草堂	黑格，半葉十一行，白口，四周單邊，版心下方鐫「雁里草堂」四字。	鈔本，元齊履謙撰《春秋諸國統紀》不分卷（《北京師範大學圖書館古籍善本書目》）參照：鈔本，宋董逌撰《廣川書跋》十卷（《藏園群書經眼錄》）
沈與文	辨之		吳縣	野竹齋	黑格，半葉九行，白口，左右雙邊，版心下方鐫「野竹齋校刻」五字。	鈔本，元湯垕撰《畫鑒》一卷（周叔弢《自莊嚴堪善本書目》）

				野竹齋	黑格，半葉十行，白口，雙魚尾，版心上方鐫「吳郡沈氏」四字，版心下方鐫「野竹齋錄」四字，匡 19.2×14.7cm。	鈔本，宋馬永卿《嬾眞子》（《中國古籍稿鈔校本圖錄》）
				野竹齋	匡外鐫「吳郡野竹齋沈辨之製」九字。	暫無（《明清名家稿鈔本特徵列表》）
王肯堂	宇泰		金壇	鬱岡齋	黑格，半葉十行，版心下方鐫「鬱岡齋藏書」五字。	鈔本，宋葉夢莘《三朝北盟會編》二百五十卷（《文祿堂訪書記》）參照：鈔本，《灌畦暇語》一卷、宋孔平仲《珩璜新記》一卷、明王鏊《守溪筆記》一卷、宋陳思《古賢小字錄》一卷（《文祿堂訪書記》）
				鬱岡齋	黑格，半葉十一行，白口，單魚尾，四周單邊，版心下方鐫「鬱岡齋藏書」五字。匡 20.6×14cm。	鈔本，宋趙彥衛《雲麓漫鈔》四卷（《中國古籍稿鈔校本圖錄》）參照：鈔本，宋葉夢莘編《三朝北盟會編》二百五十卷（《中國國家圖書館古籍珍品圖錄》）、鈔本，宋王得臣撰《麈史》不分卷（《自莊嚴堪善本書目》）
秦四麟	酉岩		常熟	又玄齋	黑格，半葉十行，版心下方鐫「玄覽中區」四字。	鈔本，宋洪適撰《隸釋》二十七卷（《文祿堂訪書記》）
				又玄齋	藍格，半葉九行，細藍口，無魚尾，四周單邊。版心上方鐫有篆文「玄覽中區」四字。	鈔本，宋洪適撰《隸釋》二十七卷（《北京大學圖書館藏善本書錄》、《木犀軒藏書書錄》、《藏園群書經眼錄》）參照：宋董逌撰《廣川書跋》十卷（《藏園群書經眼錄》）
				又玄齋	藍格，半葉九行，白口，無魚尾，四周單邊，版心上方鐫「又玄齋」三篆字。匡 17.7×13.8cm。	鈔本，唐姚合《唐詩極玄》二卷（《中國古籍稿鈔校本圖錄》）
				致爽閣	版心有「致爽閣」三字。	鈔本，唐蘇鶚《獨陽雜編》三卷（葉德輝《書林清話》）

呂　坤	新吾	1536～1618	寧陵		黑格，版心鐫「了醒亭」三字。	鈔本，明范守己撰《皇明肅皇外史》四十六卷（《文祿堂訪書記》）
唐鶴徵	凝庵	1538～1619	武進	純白齋	黑格，半葉十行，白口，單魚尾，四周雙邊，版心下方鐫「純白齋」三字。匡20.5×13.1cm。	鈔本，《道藏本道德經七種》（《中國古籍稿鈔校本圖錄》）
陳禹謨	錫元	1548～1618	常熟	挹爽樓	藍格，半葉十一行，版心鐫「挹爽樓」三字。	稿本，《學半齋集》不分卷（《明別集版本志》）
祁承爜	爾光	1563～1628	山陰	澹生堂	藍格，半葉十行，白口，四周單邊，版心下方鐫「澹生堂鈔本」五字。匡22×16cm。	鈔本，宋明瓚《安定先生周易繫辭》二卷（復旦大學圖書館古籍部） 參照：鈔本，元張伯淳《養蒙先生文集》十卷（匡21.5×15.5cm，《中國古籍稿鈔校本圖錄》、《蛾術軒篋存善本書錄》） 鈔本，明沈軺集《南詔野史》一卷、明楊慎撰《滇載記》一卷、宋曾慥編《類說》五十卷（《文祿堂訪書記》） 鈔本，金王若虛撰《滹南遺老王先生文集》四十五卷附《續編詩》一卷（《藏園群書經眼錄》） 鈔本，宋韓維撰《南陽集》三十卷（《中國珍稀古籍善本書錄》） 鈔本，明錢宰撰《臨安集》詩五卷文五卷、明袁凱撰《在野集》二卷（《明別集版本志》） 鈔本，《管窺小識》四卷（匡22.1×15.3cm）、元華幼武撰《黃楊集》六卷（匡21.5×15.4cm，《中國善本書提要》） 鈔本，宋曾慥《曾氏類說》五十卷（王子霖《古籍善本經眼錄》） 鈔本，宋尹焞《論語解》十卷（《書香人淡自莊嚴——周叔弢自莊嚴堪善本古籍展圖錄》）

安希范	小范	1564～1621	無錫	芙蓉軒	黑格，半葉十行，無魚尾，四周單邊，版心上方鐫「芙蓉軒」三字，匡20.6×12.7cm。	稿本，《安希范遊記》一卷（《中國古籍稿鈔校本圖錄》）
程嘉燧	孟陽	1565～1644	休寧	繪佛堂	黑格，半葉十行，單魚尾，左右雙邊，版心下方鐫「繪佛堂」三字。	稿本，《松圓居士浪淘集》六卷（《上海圖書館藏明清名家手稿》、《明別集版本志》）
謝肇淛	在杭	1567～1624	長樂	小草齋	黑格，半葉九行，白口，左右雙邊，版心鐫「小草齋鈔本」五字。	鈔本，《小草齋集》十一卷《烏衣集》一卷（《明別集版本志》） 參照：鈔本，宋朱翌撰《猗覺僚雜記》二卷、唐莫休符撰《桂林風土記》一卷（《藏園群書經眼錄》） 鈔本，明楊廷和撰《視草餘錄》一卷（《楮墨芸香——國家珍貴古籍特展圖錄二〇一〇》）
				小草齋	黑格，半葉十行，白口，無魚尾，左右雙邊，版心上方鐫「小草齋鈔本」五字。匡19.5×12.7cm。	鈔本，唐沈亞之《沈下賢文集》十二卷（《中國古籍稿鈔校本圖錄》） 參照：宋梁克家撰《淳熙三山志》四十二卷（匡19.7×13.6cm，《國立中央圖書館善本題跋真迹》）
				小草齋	黑格，半葉十行，版心下方鐫「小草齋鈔本」五字。匡20.9×14cm。	鈔本，《稼軒長短句》十二卷（《中國善本書提要》） 參照：鈔本，宋寇準撰《忠愍公詩》三卷、宋林希逸撰《竹溪鬳齋十一稿續集》三十卷、宋釋居簡撰《北磵文集》十卷（《文祿堂訪書記》）、宋賀鑄撰《慶湖遺老詩集》九卷《拾遺》一卷《後集補遺》一卷（《藏園群書經眼錄》）
				小草齋	藍格，半葉九行，版心上方鐫「小草齋鈔本」五字。	鈔本，元薩都刺撰《薩天錫詩集》不分卷（《國立中央圖書館善本題跋真迹》、《藏園群書經眼錄》）

				小草齋	藍格，半葉十行，版心下方鐫「小草齋鈔本」五字。	鈔本，宋賀鑄撰《慶湖遺老詩集》九卷《拾遺》一卷《補遺》一卷《文祿堂訪書記》）
曹學佺	能始	1574～1646	侯官		黑格，版心鐫有「曹氏書倉」四字。	暫無（《明清名家稿鈔本特徵列表》）
錢謙益	牧齋	1582～1664	常熟	絳雲樓	黑格，版心鐫有「絳雲樓」三字。	殘稿本，《開國群雄事略》（《書林清話》）
					綠格，版心鐫有「絳雲樓」三字。	鈔本，《雙陸譜》一卷（《書林清話》）
錢謙貞	履之	1593～1646	常熟	竹深堂	「板心有『竹深堂』三字。」	鈔本，唐杜荀鶴《唐風集》一卷（《書林清話》）
馮　舒	己蒼	1593～1646	常熟		黑格，半葉九行，「左欄外刊『馮氏家藏』四字」。	鈔本，東晉釋支遁撰《支遁集》二卷（《文祿堂訪書記》）參照：鈔本，梁陶弘景撰《貞白先生陶隱居文集》一卷、唐李紳撰《追昔遊記》三卷（《文祿堂訪書記》）
					黑格，半葉十行，細黑口，單魚尾，左右雙邊，匡外左上方鐫「馮氏藏本」四隸字。匡 15.9× 13.1cm。	鈔本，唐封演《封氏聞見記》十卷（《中國古籍稿鈔校本圖錄》）
張　岱	宗子	1597～1679	滄縣	鳳嬉堂	黑格，無界欄，白口，四周雙邊，版心下鐫「鳳嬉堂」三字。	稿本，《張子文秕》十八卷《詩秕》五卷（《明別集版本志》）參照：鈔本，張岱撰《石匱書》二百二十卷（《藏園群書經眼錄》）
毛　晉	子晉	1599～1659	常熟	汲古閣	黑格，半葉十行，行格窄細，魚尾下鐫「毛氏定本」雙行小字，版心下方鐫「汲古閣」三字。	鈔本，佚名《瘦碧軒詞鈔》一卷（王子霖《古籍善本經眼錄》）
					黑格，半葉十行，左右雙邊，雙魚尾，版心下鐫「汲古閣」三字。	稿本，《汲古閣集》四卷（《明別集版本志》、《楮墨芸香——國家珍貴古籍特展圖錄二〇一〇》）參照：鈔本，唐李筌撰《神機制敵太白陰經》

						十卷（《木犀軒藏書書錄》）
					「欄格外有『毛氏正本汲古閣藏』八字。」	鈔本，《雲臺編》三卷（《書林清話》）
祁彪佳	弘吉	1602～1645	山陰	遠山堂	黑格，半葉十行，白口，四周單邊，版心下方鐫「遠山堂抄本」五字。匡 21.3×15cm。	鈔本，祁彪佳撰《壬午里中書稿》一卷（《中國古籍稿鈔校本圖錄》）參照：鈔本，祁彪佳撰《辛巳越中荒記》一卷附《辛巳歲救荒小議》一卷（《楮墨芸香——國家珍貴古籍特展圖錄二〇一〇》）
				遠山堂	藍格，半葉十行，白口，四周單邊，版心下方鐫「遠山堂抄本」五字。匡 22×14.6cm。	稿本，《遠山堂曲品》一卷（《中國國家圖書館古籍珍品圖錄》）
				東書堂	黑格，半葉八行，白口，四周單邊，框外左下方鐫「東書堂」三字。	鈔本，明祁彪佳撰《遠山堂詩集》十卷（《明別集版本志》）
				起元社	黑格，半葉九行，白口，四周單邊，框外左下方鐫「起元社」三字。	鈔本，明祁彪佳撰《遠山堂文稿》一卷（《明別集版本志》）
馮 班	定遠	1602～1671	常熟		黑格，半葉十行，黑口，「左欄外刊『馮氏藏本』」四字。	鈔本，唐陸龜蒙撰《重刊校正笠澤叢書》四卷《補遺》一卷《續補遺》一卷（《文祿堂訪書記》）
				空居閣	版心鐫有「空居閣」三字。	暫無（《明清名家稿鈔本特徵列表》）
馮知十	彥淵	?～1645	常熟		黑格，半葉九行，細黑口，單魚尾，左右雙邊，匡外左上方鐫「馮氏家藏」四隸字。匡 16.9×13.3cm。	鈔本，晉釋支遁《支遁集》二卷（《中國古籍稿鈔校本圖錄》）
					「格欄外有『馮彥淵藏本』」五字。	鈔本，唐《杜荀鶴文集》三卷（《書林清話》）
郭紹孔	墨巢	明			藍格，半葉十行，版心下方鐫「墨巢」二字。	鈔本，《晏子春秋》四卷（《文祿堂訪書記》）
葉 奕	林宗	明			黑格，半葉十行，黑口，左右雙邊，匡外左上方鐫「葉氏藏書」四字。	鈔本，唐劉知幾撰《史通》二十卷（《自莊嚴堪善本書目》）

						參照：鈔本，唐劉知幾撰《史通》二十卷（《藏園群書經眼錄》）
王自超	茂遠	明	會稽	足徵堂	黑格，半葉八行，四周單邊，匡外左下方鐫「足徵堂」三字。	稿本，《柳潭遺集》不分卷（《明別集版本志》）
					黑格，半葉十行，版心上方鐫「菌閣鈔」三字。	鈔本，《妙遠堂詩》三集一卷《閩遊草》一卷（《明別集版本志》）
孫永祚	子長	明	常熟	修遠樓	藍格，半葉九行，白口，無魚尾，左右雙邊，版心下方鐫「修遠樓」三字。	稿本，《孫雪屋文集》一卷（《中國古籍稿鈔校本圖錄》）
曹　溶	倦圃	1613～1685	平湖		黑格，半葉八行，白口，單魚尾，四周單邊，版心下方鐫「檇李曹氏倦圃藏書」八字。匡21×13.7cm。	鈔本，明虞堪《鼓枻藁》一卷（《中國古籍稿鈔校本圖錄》）參照：鈔本《皇華集》五卷（匡 20.8 × 11.5cm，《中國善本書提要》）鈔本，元何中撰《知非堂稿》六卷（《藏園群書經眼錄》）鈔本，《圭塘欸乃集》一卷（《藝風藏書記》）
					黑格，半葉十行，版心有「檇李曹氏倦圃藏書」八字。	鈔本，明危素撰《說學齋稿》二卷（《藏園群書經眼錄》）
					黑格，半葉十行，白口，單魚尾，四周雙邊，版心上方鐫「倦圃詩集」四字。匡22×12.9cm。	稿本，《德藻堂詩集》一卷（《中國古籍稿鈔校本圖錄》）
					藍格，版心下方鐫「檇李曹氏古林鈔書」八字。	鈔本，宋王炎午撰《王梅邊集》不分卷（《文祿堂訪書記》）
葉樹廉	石君	1619～1685	常熟	樸學齋	半葉十行，框外右下方鐫「樸學齋」三字。	鈔本，明王英撰《王文安公詩集》五卷《文集》六卷（《明別集版本志》）
					黑格，半葉十行，黑口，左右雙邊，框外左下鐫「樸學齋」三字。	鈔本，明羅泰撰《覺非先生文集》五卷（《明別集版本志》）

						參照：鈔本，明魏濬《西事珥》八卷（匡 19.7×13.6cm，《中國善本書提要補編》）
呂留良	莊生	1629～1683	石門	講習堂	半葉十七行，版心有「講習堂」三字。	鈔本，宋劉克莊撰《後村居士集》五十卷（《藏園群書經眼錄》）
葉奕苞	九來	1629～1686	崑山	小有堂	黑格，版心鎸「葉氏小有堂鈔本」七字。	鈔本，元陶振、謝常撰《雲間清嘯集桂軒詩集》不分卷（《文祿堂訪書記》）
錢　曾	遵王	1629～1701	常熟	述古堂	半葉十行，「欄外有『虞山錢遵王述古堂藏書』小字一行」。	影宋鈔本，宋孫奭撰《孟子音義》二卷（《藏園群書經眼錄》）
				述古堂	半葉十一行，「左耳有『錢遵王述古堂藏書』」八字。匡 18.8×11.7cm。	鈔本，《雁門集》八卷（《中國善本書提要》）
				述古堂	黑格，半葉十一行，白口，左右雙邊，匡外左上方鎸「虞山錢氏述古堂藏書」九字。匡 23.7×17cm。	影宋鈔本，宋丁度等撰《集韻》十卷（《中國古籍稿鈔校本圖錄》）
				述古堂	黑格，半葉十三行，黑口，版心下方鎸「述古堂」三字。	鈔本，唐李翱撰《李文公集》十八卷（《文祿堂訪書記》）
				述古堂	黑格，半葉十三行，白口，左右雙邊，版心下方鎸「述古堂」三字。匡 17×14.8cm。	鈔本，宋樂史撰《廣卓異記》二十卷（《國立中央圖書館善本題跋眞迹》） 參照：鈔本，唐李翱撰《李文公集》十八卷（《自莊嚴堪善本書目》）
				述古堂	藍格，匡外左上方鎸「虞山錢遵王述古堂藏書」十字。	鈔本，明張宣編《內閣藏書目》八卷（《文祿堂訪書記》）
				述古堂	藍格，半葉八行，版格有「述古堂」三字。	寫本，《述古堂藏書目錄》十卷（《藏園群書經眼錄》）
				述古堂	藍格，半葉十一行，左匡外有「錢遵王述古堂藏書」八字。	鈔本，唐呂溫撰《呂和叔文集》十卷（《藏園群書經眼錄》）

				也是園	黑格，半葉十一行，「版心左角上有『虞山錢遵王也是園藏書』十字」。	鈔本，唐徐夤撰《唐秘書省正字先輩徐公釣磯文集》十卷（《藏園群書經眼錄》）
徐乾學	健庵	1631～1694	崑山	傳是樓	黑格，半葉十一行，細黑口，雙魚尾，左右雙邊，版心下方鐫有「傳是樓」三字。匡 19×14.2cm。	鈔本，元劉祁《歸潛志》十四卷（《中國古籍稿鈔校本圖錄》）
					黑格，半葉十一行，左匡外鐫「影寫崑山徐氏傳是樓所藏宋槧本」十四字。匡 19.9×14cm。	鈔本，宋陳淵撰《默堂先生文集》二十二卷（《楹書隅錄補遺》）
宋犖	漫堂	1634～1713	商丘		藍格，半葉十行，版心下方鐫「漫堂鈔本」四字。	鈔本，王黃州《小畜集》三十卷（《文祿堂訪書記》）
					黑格，半葉十行，白口，順雙魚尾，四周單邊，版心下方鐫「漫堂鈔本」四字。匡 19.0×14.2cm。	鈔本，明楊士奇等撰《文淵閣書目》不分卷（《西諦藏書善本圖錄：附西諦書目》）
熊賜履	敬修	1635～1709	孝感	下學堂	黑格，半葉十行，白口，單魚尾，四周雙邊，版心上方鐫「下學堂」三字。匡 21.6×15.2cm。	鈔本，清張廷玉等撰《明史本紀》十卷（《中國古籍稿鈔校本圖錄》）
				下學堂	黑格，半葉九行，單魚尾，四周雙邊，版心鐫「下學堂」三字。	稿本，《些餘集》六卷（《山東師範大學圖書館館藏古籍書目》）
查昇	仲韋	1650～1707	海寧	靜學齋	黑格，半葉九行。版心上方鐫「靜學齋」三字。	稿本，《靜學齋詩文稿》一卷附《雜鈔》一卷（《蛾術軒篋存善本書錄》）
汪森	晉賢	1653～1726	休寧	裘杼樓	黑格，半葉八行，白口，單魚尾，四周單邊，版心下方鐫「裘杼樓」三字。匡 17×10.5cm。	鈔本，明陳昂《白雲集》七卷《附錄》一卷（《中國古籍稿鈔校本圖錄》）
				裘杼樓	黑格，半葉九行，白口，左右雙邊，版心下方鐫「裘杼樓」三字。匡 19.5×13cm。	鈔本，《海叟集》四卷（《中國善本書提要》）參照：鈔本，明汪元范撰《汪明生詩草》一卷《借研齋草》一卷《齊梁草》一卷《秦草》二卷、明汪舜民撰《靜軒文鈔》不分卷（《明別集版本志》）

				裘杼樓	黑格，半葉十行，黑口，左右雙邊，版心下方鐫「裘杼樓」三字。	鈔本，宋唐虞撰《唐先生文集》七卷（《自莊嚴堪善本書目》） 參照：鈔本，宋陳藻撰《樂軒先生集》八卷（《中國珍稀古籍善本書錄》） 鈔本，元黃庚撰《月屋漫稿》不分卷（《藏園群書經眼錄》）
				裘杼樓	黑格，半葉十一行，白口，左右雙邊，版心下方鐫「裘杼樓」三字。	鈔本，明吳斌撰《韞玉先生集》不分卷（《明別集版本志》）
吳允嘉	志上	1655～？	錢塘	四古堂	黑匡，無行格，白口，雙魚尾，四周單邊，版心下方鐫「四古堂」三篆字。匡 17.7×12.2cm。	鈔本，宋林景熙《霽山先生白石樵唱》六卷《文集》四卷（《中國古籍稿鈔校本圖錄》） 參照：鈔本，明虞堪撰《鼓枻稿》六卷《補遺》一卷（《明別集版本志》）
汪文柏	季青		休寧	摛藻堂	黑格，半葉十行，細黑口，雙魚尾，左右雙邊，版心下方鐫「摛藻堂」三字。匡 20×14cm。	鈔本，元陳孚《陳剛中詩集》三卷《附錄》一卷（《中國古籍稿鈔校本圖錄》） 參照：元釋明本撰《元天目中峰和尚四居詩》一卷（《中國珍稀古籍善本書錄》）
				屧硯齋	黑格，半葉八行，白口，左右雙邊，版心下方鐫「屧硯齋」三字。	鈔本，明袁凱撰《袁海叟在野集》不分卷（《明別集版本志》）
龔翔麟	天石	1658～1733	仁和	玉玲瓏閣	黑格，半葉十行，白口，四周單邊，版心下方鐫「玉玲瓏閣鈔本」六字。匡 20.1×14.8cm。	鈔本，宋孫逢吉《職官分紀》五十卷（《中國古籍稿鈔校本圖錄》、《國立中央圖書館善本題跋眞迹》）
				玉玲瓏山房	黑格，半葉十行，白口，四周單邊，版心下方鐫「玉玲瓏山房」五字。匡 20.4×14.8cm。	鈔本，宋彭百川撰《皇朝太平治迹統類前集》三十卷（《國立中央圖書館善本題跋眞迹》）
林佶	吉人	1660～1722	侯官	蘭諩堂	半葉九行，白口，左右雙邊，版心下方鐫「蘭諩堂鈔」四字。	鈔本，明徐𤊻撰《紅雨樓題跋》一卷（《明別集版本志》）

金　檀	星軺	約1660～1730	桐鄉	文瑞樓	黑格，半葉十一行，白口，單魚尾，左右雙邊，版心下方鐫「文瑞樓」三字。匡19.5×13.3cm。	鈔本，元劉一清撰《錢塘遺事》十卷（《中國古籍稿鈔校本圖錄》）參照：鈔本，明高棅撰《高漫士木天清氣集》十四卷、明郭奎撰《望雲集》五卷、明宣宗朱瞻基撰《宣廟御製總集》不分卷、明李時勉撰《諡忠文古廉文集》六卷、明姚福撰《風樹亭稿》十二卷（《明別集版本志》）鈔本，元傅若金撰《傅與礪詩集》八卷（《藏園群書經眼錄》）鈔本，明姚廣孝撰《逃虛子詩集》十卷《續集》一卷《類稿》五卷（《文祿堂訪書記》、《明別集版本志》、《藏園群書經眼錄》）鈔本，明侯復撰《觀光詩集》二卷《助教侯先生詩集》四卷《文集》四卷（《明別集版本志》）
馬思贊	寒中	1669～1722	海寧	紅藥山房	黑格，半葉十行，白口，單魚尾，左右雙邊，版心下方鐫「紅藥山房鈔本」六字。匡19×13.7cm。	鈔本，宋張耒《宛丘先生文集》七十六卷（《中國古籍稿鈔校本圖錄》）參照：鈔本，宋黃榦撰《勉齋先生黃文肅公集》四十卷《附集》一卷（《木犀軒藏書書錄》）
				道古樓	黑格，半葉十行，版心鐫「花山馬氏道古樓鈔」八字。	鈔本，宋潛說友纂修《咸淳臨安志》一百卷存九十五卷（《藏園群書經眼錄》）
吳　焯	尺鳧	1676～1733	錢唐	綉谷亭	黑格，半葉十行，白口，四周單邊，匡外左下方鐫「錢塘吳氏綉谷亭抄」八字。匡20×13.6cm。	鈔本，宋姚述堯《簫臺公餘詞》一卷（《中國古籍稿鈔校本圖錄》）
				綉谷亭	黑格，半葉九行，欄外有「西泠吳氏綉谷亭抄本」九字。	鈔本，宋汪藻撰《浮溪遺集》十五卷《附錄》一卷（《藏園群書經眼錄》）

許廷錄	升聞	康、雍年間	常熟	東野軒	綠格，半葉九行，白口，無魚尾，四周單邊，版心下右鐫「東野軒」三字。匡 19×15.4cm。	鈔本，清王應奎《柳南續筆》四卷（復旦大學圖書館古籍部）
遊紹安	心水		福清		黑格，半葉十行，白口，單魚尾，四周單邊，版心上鐫「涵有堂稿」四字。匡 21.3×16cm。	稿本，《涵有堂詩初集》不分卷《涵有堂文集》不分卷（《江西省圖書館館藏珍本古籍圖錄》）
吳　城	甌亭	?～1780	錢唐	綉谷亭	黑格，半葉九行，白口，單魚尾，左右雙邊，匡外左下方鐫「綉谷亭續藏」五字。匡 17×12.3cm。	鈔本，清釋顯鵬撰、丁文衡選《嘯翁老人村居以後詩》三卷（《中國古籍稿鈔校本圖錄》）
				綉谷亭	黑格，半葉十行，左欄外下方有「綉谷亭續藏」五字。	鈔本，元袁俊翁撰《新編待問集四書疑節》十二卷（《藏園群書經眼錄》）
				綉谷亭	十行十八字，版匡左欄外下方有「綉谷亭續藏鈔本」七字。	鈔本，唐權德輿撰《新刊權文公文集》十卷（《藏園群書經眼錄》）
蔣繼武	蜀瞻		江都	賜書樓	黑格，半葉九行，白口，左右雙邊，匡外右下方鐫「賜書樓鈔」四字。匡 17.7×13cm。	鈔本，唐皇甫湜《皇甫持正集》六卷（《中國古籍稿鈔校本圖錄》）
				賜書樓	半葉十行，版心有「賜書樓」三字。	鈔本，明都穆集《吳下冢墓遺文》三卷葉恭煥《續》一卷（《藏園群書經眼錄》） 參照：鈔本，宋孫光憲撰《北夢瑣言》二十卷（《藏園群書經眼錄》）
趙　昱	功千	1689～1747	仁和	小山堂	黑格，半葉九行，白口，四周單邊，匡外鐫「小山堂鈔本」。	鈔本，宋陳淳撰《北溪先生大全文集》五十卷《外集》一卷（《北京師範大學圖書館古籍善本書目》）
				小山堂	黑格，半葉十行，白口，單魚尾，四周單邊，匡外左下方鐫「小山堂鈔本」五字。匡 21.2×14.5cm。	鈔本，宋陳亮《龍川詞補》一卷（《中國古籍稿鈔校本圖錄》） 參照：鈔本，宋游九言撰《默庵遺稿》二卷（《文祿堂訪書記》） 鈔本，北魏酈道元撰《水

						經注》四十卷（《天津圖書館古籍善本書目》）
程廷祚	啓生	1691～1767	上元	道寧堂	黑格，半葉九行，版心下鐫「道寧堂」三字。匡 18.8×13.1cm。	稿本，《易通殘稿三種》（《中國古籍稿鈔校本圖錄》）
鄭 燮	克柔	1693～1765	興化	橄欖軒	藍格，半葉九行，白口，單魚尾，版心下方鐫「橄欖軒」三字。匡 18×12.7cm。	鈔本，宋柴望《寶顏堂訂正丙丁高擡貴手》五卷《續錄》一卷（《中國古籍稿鈔校本圖錄》）
惠 棟	定宇	1697～1758	長洲	紅豆齋	黑格，半葉十行，黑口，單魚尾，四周雙邊，匡外左下方鐫「紅豆齋藏書鈔本」七字。匡 19.1×14.1cm。	鈔本，明徐禎卿《談藝錄》一卷（《中國古籍稿鈔校本圖錄》） 參照：鈔本，清惠棟撰《後漢書補注》二十四卷（《木犀軒藏書錄》、《北京大學圖書館藏善本書錄》） 清吳縣惠周惕《硯溪先生遺稿》二卷（《蛾術軒篋存善本書錄》）
馬日璐	半槎	1701～1761	揚州	小玲瓏山館	黑格，半葉十行，細黑口，單魚尾，版心下方鐫「小玲瓏山館鈔本」七字。匡 18.1×12.1cm。	鈔本，宋王銍《雪溪詩》五卷（《中國古籍稿鈔校本圖錄》）
秦蕙田	樹峰	1702～1764	金匱		紅格，版心鐫「五禮通考卷」五字。	稿本，《五禮通考》二百六十二卷（《蛾術軒篋存善本書錄》）
顧 櫰	肇聲	1703～1767			黑格，半葉十行，雙魚尾，左右雙邊，匡外左上方鐫「善耕顧氏文房」六字。匡 20.5×14cm。	鈔本，元宋無《翠寒集》一卷（《中國古籍稿鈔校本圖錄》）
					「每葉欄外小耳『善耕堂顧氏文房』六字。」	鈔本，《東國史略》六卷（《藝風藏書記》）
魚元傅	虞岩	1704～1768	常熟	閑止樓	黑格，半葉十行，白口，單魚尾，左右雙邊，版心下方鐫「閑止樓藏書」五字。匡 19.8×12.5cm。	鈔本，佚名《桂林留守始末》一卷（《中國古籍稿鈔校本圖錄》）
何德新	輝吉		開州		紅格，半葉九行，白口，順魚尾，四周單邊，版心上方鐫「雲臺山人詩集」六字。	稿本，《雲臺山人詩集》九卷（《中國人民大學圖書館古籍善本書目》）

汪 憲	千陂	1721～1771	仁和	振綺堂	版心下方鐫有「振綺堂」三字。	暫無（《明清名家稿鈔本特徵列表》）
梁同書	元穎	1723～1815	錢塘		黃格，半葉七行，白口，單魚尾，左右雙邊，版心鐫「雪舟製」三字。匡 19.9×12.9cm。	稿本，《碑版異文錄》不分卷（《中國古籍稿鈔校本圖錄》）
王 昶	德甫	1724～1806	青浦	經訓堂	黑格，半葉十行，白口，單魚尾，左右雙邊，版心下方鐫「經訓堂王氏」五字。匡 16×11.5cm。	鈔本，《老子道德經》四卷（《中國古籍稿鈔校本圖錄》）
張 位	立人	1724～1810	長洲	青芝山堂	黑格，半葉十行，白口，單魚尾，左右雙邊，匡外右下方鐫「青芝山堂鈔書」六字。匡 18.4×11.1cm。	鈔本，唐李德裕《明皇十七事》一卷（《中國古籍稿鈔校本圖錄》）
阮葵生	寶成	1727～1789	山陽	七錄齋	黑格，半葉十行，黑口，雙魚尾，四周雙邊，版心中間鐫「七錄齋鈔」四字。匡 17.3×12.8cm。	稿本，《春甸集》不分卷（復旦大學圖書館古籍部）
鮑廷博	以文	1728～1814	歙縣	知不足齋	黑格，半葉九行，版心鐫「知不足齋恭摹」六字。匡 18.6×11.7cm。	鈔本，元李治撰《敬齋古今黈》八卷（《中國善本書提要》） 參照：鈔本，宋張淏撰《雲谷雜記》四卷《卷首》一卷《卷末》一卷（18.5×11.6cm《中國善本書提要》）
				知不足齋	黑格，半葉十行，黑口，雙魚尾，左右雙邊，版心下方鐫「知不足齋正本」六字。匡 17.7×11.5cm。	鈔本，宋孫復《孫明復小集》一卷《附錄》一卷（《中國古籍稿鈔校本圖錄》、《中國珍稀古籍善本書錄》） 參照：鈔本，宋劉安上撰《劉給事文集》五卷（《中國珍稀古籍善本書錄》） 鈔本，元錢惟善撰《江月松風集》十二卷（《國立中央圖書館善本題跋真迹》） 鈔本，唐沈亞之撰《沈下賢文集》十二卷、元曹志撰《拱和詩集》一卷、宋吳仁傑撰《離騷草木疏》四卷（《文祿堂

						訪書記》） 鈔本，題高仲明著《玉井樵唱》三卷（《藏園群書經眼錄》） 鈔本，元曹志撰《拱和詩集》一卷《附》一卷（《自莊嚴堪善本書目》） 鈔本，《陽春白雪》八卷《外集》一卷（《木犀軒藏書書錄》） 鈔本，元尹廷高撰《玉井樵唱》三卷（《書香人淡自莊嚴——周叔弢自莊嚴堪善本古籍展圖錄》）
					知不足齋	黑格，半葉十行，黑口，雙魚尾，左右雙邊，版心下方鐫「知不足齋叢書」六字。匡 22.3×13.8cm。	鈔本，元丁鶴年撰《丁鶴年詩集》四卷附《詩》一卷《詩補》一卷《集外詩》一卷《附錄》一卷（《國立中央圖書館善本題跋眞迹》）
					知不足齋	黑格，半葉十行，黑口，無魚尾，左右雙邊，版心下右鐫「知不足齋叢書」六字。匡 18.2×13.3cm。	鈔本，五代何光遠撰《重雕足本鑒誡錄》十卷（《國立中央圖書館善本題跋眞迹》）
					知不足齋	黑格，半葉十行，黑口，左右雙邊，匡外左下鐫「知不足齋藏書」六字。	鈔本，元吳景奎撰《藥房樵唱》三卷《附錄》一卷（《自莊嚴堪善本書目》）
					清風萬卷堂	黑格，半葉十行，細黑口，無魚尾，左右雙邊，版心下方鐫「清風萬卷堂藏書／鮑廷博以文手校」十四字。匡 19×13.4cm。	鈔本，元陳孚《陳剛中詩集》三卷《附錄》一卷（《中國古籍稿鈔校本圖錄》）
					困學齋	黑格，半葉十行，白口，無魚尾，左右雙邊，匡外左下方鐫「鮑氏困學齋」五字。匡 18.2×12.8cm。	鈔本，題宋岳珂撰《相臺書塾刊正九經三傳沿革例》一卷（《中國古籍稿鈔校本圖錄》、《藏園群書經眼錄》） 參照：明都穆撰《南濠居士文跋》四卷（《明別集版本志》）

朱 筠	笥河	1729〜1781	大興	椒花唫舫	黑格，半葉十行，白口，單魚尾，四周雙邊，版心下方鐫「椒花唫舫」四字。匡 18.1×13.4cm。	稿本，《笥河文集》不分卷（《中國古籍稿鈔校本圖錄》）
				椒華吟舫	紅格，半葉九行，行二十五字格，白口，單魚尾，四周單邊，版心上方鐫「椒華唫舫」四字。匡 22.1×12cm。	稿本，《笥河文集》不分卷（《中國古籍稿鈔校本圖錄》）
王初桐	於陽	1729〜1821	嘉定	白阜山房	藍格，半葉十行，白口，環形邊，雙對黑魚尾，版心上方鐫「白阜山房」四字。	鈔本，唐趙蕤撰《長短經》十卷（《首都圖書館古籍善本書目》）
周廣業	勤補	1730〜1798	海寧	種松書塾	黑格，半葉十行，黑口，單魚尾，左右雙邊，版心下方鐫「種松書塾鈔本」六字。匡 17.7×13.8cm。	稿本，清周廣業輯，清周勛懋續輯《海昌詩繫》二十卷（《江蘇第三批國家珍貴古籍名錄圖錄》）參照：稿本，《客皖紀行》二卷（《中國珍稀古籍善本書錄》）
彭元瑞	掌仍	1731〜1803	南昌	知聖道齋	黑匡，無行格，白口，單魚尾，四周雙邊，版心下方鐫「知聖道齋鈔校書籍」八字。匡 18.8×13.3cm。	鈔本，元盛如梓《庶齋老學叢談》三卷（《中國古籍稿鈔校本圖錄》）參照：鈔本，宋呂夏卿撰《唐書直筆》四卷（匡 20.5×14.8cm）、宋李心傳撰《舊聞證誤》四卷（匡 19.2×14.4cm）、宋吳淑撰《江淮異人錄》二卷（匡 20.1×14.5cm）、宋晁說之撰《嵩山景迂生集》二十卷（匡 19.4×14.3cm）（《國立中央圖書館善本題跋眞迹》）鈔本，《重雕足本鑒誠錄》十卷（匡 18.8×13.4cm，《中國善本書提要》）校鈔本，宋曹勛撰《松隱文集》四十卷（《文祿堂訪書記》）鈔本，《元典章前集》六十卷附《新集至治條例》

						（《藝風藏書續記》） 鈔本，明鞏珍撰《西洋番國志》一卷（《書香人淡自莊嚴——周叔弢自莊嚴堪善本古籍展圖錄》）
洪亮吉	北江	1736〜 1809	陽湖	更生齋	黑格，半葉十行，上白口，下黑口，雙魚尾，四周雙邊，版心上方鐫「更生齋」三篆字。匡 16.8×13.2cm。	稿本，《更生齋詩》□卷（《中國古籍稿鈔校本圖錄》）
					紅格，單欄，單魚尾，版心上鐫「志稿」二字。	稿本，《更生齋詩》□卷（《中國古籍稿鈔校本圖錄》，無圖例）
余　集	蓉裳	1738〜 1823	仁和		黑格，半葉十行，白口，單魚尾，四周單邊，版心下方鐫「秋室居士手鈔」六字。匡 17.7×12.4cm。	稿本，《秋室我聞錄》一卷（《中國古籍稿鈔校本圖錄》）
					黑格，「邊欄外有『東嘯軒鈔本』、『花可可齋鈔本』款字」。	稿本，《酒邊琴外詞》一卷（《藏園群書經眼錄》）
戴　璐	敏夫	1739〜 1806	歸安	秋樹山房	黑格，半葉十行，「板心有『戴氏秋樹山房鈔本』八字」。	鈔本，明李清撰《南北史合注》一九一卷（《木犀軒藏書書錄》）
周錫瓚	漪堂	1742〜 1819	吳縣	香岩書屋	藍格，「版心有『香岩書屋』四字」。	稿本，《琴清閣書目》不分卷（《蛾術軒篋存善本書錄》）
錢聽默	景開		湖州	萃古齋	藍格，半葉十行，白口，單魚尾，四周單邊，匡外左下方鐫「萃古齋鈔本」五字。匡 18×12cm。	鈔本，宋楊伯輯《六帖補》二十卷（《中國古籍稿鈔校本圖錄》）
				萃古齋	黑格，半葉十八行，白口，左右雙邊，「下有『萃古齋鈔』字」。	鈔本，宋陳均撰《皇朝編年備要》三十卷（《南京大學圖書館館藏古籍善本圖書目錄》）
楊復吉	列歐	1747〜 1820	震澤	運南堂	紅格，半葉九行，「版心下方有『運南堂』三字」。	稿本，《昭代叢書續編》五十卷（《藏園群書經眼錄》）

倪　模	迂村	1750〜1825	望江	經鉏堂	綠格，半葉九行，白口，單魚尾，左右雙欄，匡外左下方鐫「經鉏堂校錄」五字。匡 18.8×12.2cm。	鈔本，宋王禹偁《王黃州小畜集》三十卷（《中國古籍稿鈔校本圖錄》）
				經鉏堂	綠格，半葉九行，白口，無魚尾，四周單邊，版心下方鐫「經鉏堂重錄」五字。	鈔本，宋王禹偁撰《王黃州小畜集》三十卷（《中國古籍稿鈔校本圖錄》） 參照：鈔本，元安熙《默庵安先生文集》五卷（《蛾術軒篋存善本書錄》）
				經鉏堂	綠格，半葉九行，「欄外有『宋本重錄』四字」。	鈔本，宋岳珂撰《鄂國金佗稡編》二十八卷《續編》三十卷（《藏園群書經眼錄》）
				經鉏堂	綠格，半葉十一行，「欄外有『經鉏堂重錄』五字」。	鈔本，宋胡寅撰《致堂胡先生斐然集》三十卷（《藏園群書經眼錄》）
				經鉏堂	茶褐色格紙，半葉十一行，版心下鐫「經鉏堂」三字。	鈔本，宋傅察撰《傅忠恕公文集》三卷（《柏克萊加州大學東亞圖書館中文古籍善本書志》）
法式善	開文	1753〜1813	蒙古正黃旗	存素堂	黑格，「版心有『存素堂鈔本』五字」。	鈔本，宋汪炎昶撰《古逸民先生集》不分卷《附錄》一卷（《藏園群書經眼錄》）
孫星衍	淵如	1753〜1818	陽湖	平津館	黑格，半葉十三行，白口，雙魚尾，左右雙邊，版心下方鐫「平津館」三字。匡 19.3×15cm。	鈔本，宋陳暘《樂書》二百卷（《中國古籍稿鈔校本圖錄》） 參照：清嚴萬里輯《爾雅一切注音》十卷（《木犀軒藏書錄》）
張海鵬	若雲	1755〜1816	昭文	照曠閣	黑格，半葉九行，細黑口，左右雙邊，版心下方鐫「照曠閣」三字。匡 19.3×12.7cm。	鈔本，宋周密《癸辛雜識前集》一卷《後集》一卷（《中國古籍稿鈔本圖錄》） 參照：鈔本，清戴震撰《孟子私淑錄》三卷（《北京師範大學圖書館古籍善本書目》）

王宗炎	以除	1755～1826	蕭山	十萬卷樓	藍格，半葉十一行，黑口，單魚尾，左右雙邊，版心下方鐫有「十萬卷樓鈔本」六字。匡 19.3×15cm。	鈔本，唐沈亞之撰《沈下賢文集》十二卷（《中國古籍稿鈔校本圖錄》）參照：鈔本，清李遜之輯《崇禎朝記事》四卷（《山東大學圖書館古籍善本書目》）鈔本，宋項安世撰《平庵詩稿》十六卷（《木犀軒藏書書錄》）
錢　泳	立群	1759～1844	金匱	寫經樓	綠格，半葉十行，白口，無魚尾，左右雙邊，版心下方鐫「錢氏寫經樓」五字。匡 23.1×11.9cm。	稿本，《僑遊紀勝》不分卷（《中國古籍稿鈔校本圖錄》）
王紹蘭	畹馨	1760～1835	蕭山	知足知不足館	藍格，半葉十行，白口，單魚尾，四周雙邊，版心下方鐫「知足知不足館鈔本」八字。匡 18×13.3cm。	稿本，《蕭山王氏十萬卷樓輯佚七種》八卷（《中國古籍稿鈔校本圖錄》）
張惠言	彥惟	1761～1802	武進		藍格，半葉十一行，白口，單魚尾，左右雙邊，版心下方鐫「端虛勉一之居」六字。匡 17.8×12.9cm。	稿本，《諧聲譜》五十卷（《中國古籍稿鈔校本圖錄》）
吳翌鳳	枚庵	1762～1819	長洲		藍格，半葉九行，版心下方鐫「枚庵鈔本」四字。	鈔本，《疑砭錄》二卷（《文祿堂訪書記》）
嚴可均	鐵橋	1762～1843	烏程	四錄堂	紅格，半葉十三行，白口，雙魚尾，左右雙邊，版心下方鐫「四錄堂校鈔本」或「冶城山館」。匡 19.5×15cm。	稿本，《全上古三代秦漢三國六朝文》七百四十一卷（《中國古籍稿鈔校本圖錄》）
袁廷檮	綏階	1764～1810	吳縣	貞節堂	藍匡，無行格，藍口，單魚尾，版心下方鐫「袁氏貞節堂鈔本」七字。匡 19.5×13.5cm。	鈔本，清于敏中《欽定天祿琳琅書目》十卷（《中國古籍稿鈔校本圖錄》）
				貞節堂	藍格，半葉九行，藍口，單魚尾，四周雙邊，版心下右鐫「袁氏貞節堂鈔本」七字。	鈔本，遼釋行均《龍龕手鑒》四卷（復旦大學圖書館古籍部）參照：鈔本，宋陳騤撰《中興館閣錄》十卷（匡 19.3×13.4cm，《中國善本書提要補編》）

						鈔本，周孫武撰《孫子注解》十三卷附《本傳》一卷《遺說》一卷（《國立中央圖書館善本題跋眞迹》）
				貞節堂	藍格，半葉十行，細黑口，單魚尾，四周雙邊，框外左下方鐫「貞節堂袁氏鈔」六字。匡 19.4×14.2cm。	鈔本，清錢大昕撰《唐石經考異》十三卷（《中國國家圖書館古籍珍品圖錄》） 參照：鈔本《三朝北盟會編存》一百七十二卷（《蛾術軒篋存善本書錄》）
				貞節堂	藍格，半葉十行，「欄外有『貞節堂袁氏鈔本』七字」。	鈔本，《素問六氣玄珠密語》十七卷（《蛾術軒篋存善本書錄》）
				貞節堂	藍格，半葉十行，「版心有『袁氏貞節堂鈔本』七字」。	鈔本，唐王松年撰《仙苑編珠》三卷（《藏園群書經眼錄》） 參照：鈔本，清莊述祖輯《五經異義纂》一卷《摭遺》一卷（《中國珍稀古籍善本書錄》）
				貞節堂	綠格，半葉十行，版心下方鐫「袁氏貞節堂鈔本」七字。	鈔本，元吳碩撰《至元嘉禾志》三十二卷（《文祿堂訪書記》）
陶　氏			吳興	篤素好齋	黑格，半葉十行，白口，單魚尾，四周單邊，版心下方鐫「篤素好齋藏書」六字，匡外左下方鐫「吳興陶氏抄本」六字。匡 18.8×13cm。	鈔本，清厲鶚《東城雜記》二卷（《中國古籍稿鈔校本圖錄》）
彭兆蓀	湘涵	1768～1821	太倉		藍格，半葉十行，白口，單魚尾，左右雙邊，匡外左下方鐫「吉祥雲室」四字。匡 19.2×12.7cm。	稿本，《全上古三代文》八卷《全秦文》一卷（《中國古籍稿鈔校本圖錄》）
丁履恒	若士	1770～1832	武進		藍格，半葉九行，白口，版心鐫「諧聲類篇」四字。匡 18.3×12.8cm。	稿本，《諧聲類篇》四卷（《中國古籍稿鈔校本圖錄》）
瞿紹基	厚培	1772～1836	常熟	恬裕齋	黑格，半葉十行，粗黑口，雙魚尾，左右雙邊，版心下方鐫「恬裕齋」	鈔本，清陳揆《琴川續志草》十卷（《中國古籍稿鈔校本圖錄》）

					三字，匡外左上方鐫「海虞瞿氏藏本」六字。匡 18.7×13.4cm。	
陸芝榮	香圃		蕭山	三間草堂	黑格，半葉十行，黑口，雙魚尾，左右雙邊，版心下方鐫「三間草堂鈔傳秘冊」八字。匡 18×12.7cm。	鈔本，宋廖剛《高峰先生文集》十二卷（《中國古籍稿鈔校本圖錄》）
				三間草堂	藍格，半葉十行，黑口，雙魚尾，左右雙邊，匡外左下方鐫「陸香圃三間草堂藏書」九字。匡 18.4×12.7cm。	鈔本，清洪昇《稗畦集》六卷（《中國古籍稿鈔校本圖錄》）
沈欽韓	文起	1775～1831	吳縣		黑格，半葉十行，白口，單魚尾，左右雙邊，版心下方鐫「織簾選著」四字。匡 19.1×12.7cm。	稿本，《漢書疏證》二十卷《後漢書疏證》二十卷（《中國古籍稿鈔校本圖錄》）
					藍格，版心下方有「織簾選著」四字。	稿本，《幼學堂續稿》存四卷（《蛾術軒篋存善本書錄》）
包世臣	慎伯	1775～1853	涇縣	小倦遊閣	藍格，半葉十一行，白口，單魚尾，左右雙邊，版心下方鐫「小倦遊閣」四字。匡 17.8×13cm。	稿本，《安吳四稿》（《中國古籍稿鈔校本圖錄》）
				小倦遊閣	藍格，半葉十一行，版心下方鐫「小倦遊閣」四字。	鈔本，清包世臣撰《小倦遊閣集》□□卷（存八至十卷）（《北京師範大學圖書館古籍善本書目》）
姚 椿	春木	1776～1852	婁縣	通藝閣	藍格，半葉十行，藍口，單魚尾，四周單邊，匡外左下方鐫「通藝閣校錄」五隸字。匡 20.1×13.2cm。	鈔本，明吳履震《五茸志逸錄存》一卷（《中國古籍稿鈔校本圖錄》）
顧錫麟	敦淳		太倉	謏聞齋	黑格，半葉十行，黑口，單魚尾，四周雙邊，版心下方鐫「謏聞齋」三字，匡外左上書耳內鐫「太倉顧錫麟添補寫定續經解」十二字。匡 18.5×13.3cm。	鈔本，元馬道貫《尙書殊義》六卷（《中國古籍稿鈔校本圖錄》）

				謏聞齋	半葉十行，白口，四周單邊，版心下鐫「謏聞齋」三字。匡 22.1×14.6cm。	鈔本，清張宸撰《平圃遺稿》十四卷（《國立中央圖書館善本題跋眞迹》）
錢天樹	子嘉	1778～1841	平湖	味夢軒	黑格，半葉十一行，白口，四周單邊，版心下方鐫「味夢軒手抄」五字。匡 18.4×12.5cm。	鈔本，元釋梵琦《北遊詩》不分卷（《中國古籍稿鈔校本圖錄》、《中國珍稀古籍善本書錄》）
沈復粲	霞西	1779～1850	山陰	鳴野山房	黑格，半葉十行，白口，左右雙邊，版心下方鐫「鳴野山房鈔存」六字。匡 18.2×12.4cm。	鈔本，明劉宗周《劉蕺山文鈔》不分卷（《中國古籍稿鈔校本圖錄》）
				鳴野山房	黑格，半葉十行，白口，無魚尾，四周單邊，版心下右鐫「鳴野山房鈔本」六字。匡 16.7×14.1cm。	鈔本，元趙友欽撰、明王禕訂《革象新書》二卷（復旦大學圖書館古籍部）
				鳴野山房	黑格，半葉十行，細黑口，單魚尾，左右雙邊，版心下方鐫「鳴野山房鈔本」六字。匡 20.0×13.7cm。	鈔本，明祁彪佳撰《救荒全書》十六卷《紹興圖書館館藏古籍地方文獻書目提要》
葉志詵	東卿	1779～1863	漢陽	平安館	藍格，半葉九行，白口，無魚尾，四周雙欄，版心下鐫有「漢陽葉氏平安館寫」八字。匡 17.5×11.3cm。	鈔本，《天元歌》一卷《三元運氣說》一卷（《中國古籍稿鈔校本圖錄》）
					藍格，半葉十行，細黑口，單魚尾，四周雙邊，版心下方鐫「漢陽葉氏寫本」六字。匡 18.8×13.3cm。	鈔本，清臧庸《拜經堂文集》五卷（《中國古籍稿鈔校本圖錄》）
				怡怡草堂	「版心有『怡怡草堂鈔書』六字」。	稿本，《平安館碑目》八冊（《藝風藏書記》）
貝墉	既勤	1780～1846	吳縣		藍格，半葉十行，細黑口，單魚尾，四周雙邊，匡外左下方鐫「平江貝氏千墨莽鈔藏本」十字。匡 19×13.5cm。	鈔本，清金農《冬心先生詩續集》二卷《補遺》一卷《三體詩》一卷《甲戌近詩》一卷（《中國古籍稿鈔校本圖錄》）
徐松	星伯	1781～1848	大興	治樸學齋	綠格，半葉十行，白口，四周單邊，匡外右下方鐫「治樸學齋著錄」六字，匡外左下方鐫「星	鈔本，宋楊堯弼《僞齊錄》二卷（《中國古籍稿鈔校本圖錄》）

					伯綑書」四字。匡 20.3×13cm。	
杜春生	禾子	1785～？	山陰	知聖教齋	黑格，半葉十行，細黑口，單魚尾，左右雙邊，版心下方鐫「山陰杜氏鈔本知聖教齋藏書」十二字。匡 19×12.7cm。	鈔本，元韓信同《韓氏遺書》二卷（《中國古籍稿鈔校本圖錄》、《中國珍稀古籍善本書錄》）
				知聖教齋	黑格，半葉十一行，白口，左右雙邊，版心下方鐫「山陰杜氏鈔本知聖教齋藏書」十二字。匡 20.2×13.9cm。	鈔本，《太常因革禮》殘存六十九卷（《國立中央圖書館善本題跋眞迹》、《中國善本書提要補編》）
朱士端	銓甫	1786～？	寶應	吉金樂石山房	藍格，半葉十行，藍口，雙魚尾，四周單邊，版心下鐫「吉金樂石山房」六字。匡 19.1×13.8cm。	鈔本，《齊魯韓三家詩釋十六卷》（《西諦藏書善本圖錄：附西諦書目》）
張金吾	月霄	1787～1825	昭文	詒經堂	黑格，半葉十行，版心下方鐫「詒經堂」三字，匡外左上方鐫「昭文張金吾寫定續經解」十字。匡 18.6×13.4cm。	黃廷鑑稿本，《漢武故事》一卷（《中國古籍稿鈔校本圖錄》）
				愛日精廬	黑格，半葉十行，單魚尾，四周雙邊，版心下鐫「愛日精廬／匯鈔秘冊」，匡左上書耳題「昭文張金吾藏書」。匡 18.5×13.5cm。	鈔本，宋李埴撰《皇宋十朝綱要》二十五卷（《柏克萊加州大學東亞圖書館中文古籍善本書志》）
				愛日精廬	「每葉邊欄有『愛日精廬匯鈔秘冊』八字」。	鈔本，《作邑自箴》十卷（《藝風藏書續記》）
楊以增	益之	1787～1856	聊城	海源閣	紅格，半葉八行，四周雙邊，版心上方鐫「金石書畫目」五字，下方鐫「海源閣」三字。	鈔本，《宋存書室宋元秘本書目》（《宋存書室宋元秘本書目》）
				海源閣	紅格，半葉九行，左右雙邊，版心上方鐫「鐵堂詩草」四字，中鐫「閩許珌天玉著」六字，下鐫「海源閣鈔」四字。	鈔本，清許珌撰《鐵堂詩草》二卷《補逸》二卷（《明別集版本志》）
				海源閣	紅格，半葉九行，白口，單魚尾，四周單邊，版心下方鐫「海源閣」三字。匡 19.8×13.2cm。	鈔本，《歷科甲第錄》不分卷（《山東省圖書館館藏海源閣書目》）

				海源閣	紅格，半葉九行，白口，單魚尾，四周雙邊，版心鐫「海源閣」三字。匡 20×13.3cm。	鈔本，宋歐陽修撰、明歸有光輯評《震川先生評選歐陽文忠公文鈔》不分卷（《山東省圖書館館藏海源閣書目》）
羅以智	鏡泉	1788～1860	錢塘	恬養齋	綠格，半葉十二行，行二十四字格，白口，單魚尾，四周單邊，版心上方鐫「恬養齋偶鈔」五字。匡 18.9×13.2cm。	稿本，《恬養齋文集》不分卷（《中國古籍稿鈔校本圖錄》）
方履籛	彥聞	1790～1831	陽湖	萬善花室	藍格，半葉十一行，上白口，下黑口，單魚尾，左右雙邊，版心下方鐫「萬善花室手錄本」七字。匡 19.7×12.2cm。	鈔本，《海東金石文字》不分卷（《中國古籍稿鈔校本圖錄》）
葉廷管	調生	1791～1861	吳縣	榊花盦	綠格，半葉十行，白口，左右雙邊，版心下方鐫「榊花盦鈔本」五字。匡 17.2×11.8cm。	鈔本，清張京度撰《通隱堂詩存》四卷（《中國古籍稿鈔校本圖錄》）
劉喜海	燕庭	1793～1852	諸城	嘉蔭簃	藍格，半葉八行，白口，單魚尾，四周雙邊，版心下方鐫「東武劉氏嘉蔭簃鈔書」九字。匡 20.5×10.3cm。	鈔本，宋戴復古《石屏詩集》十卷（《中國古籍稿鈔校本圖錄》）
				嘉蔭簃	藍格，半葉九行，白口，單魚尾，四周單邊，版心中間鐫有隸書「嘉蔭簃寫書」五字。匡 21.4×11.4cm。	鈔本，清黃生《字詁》一卷（《中國古籍稿鈔校本圖錄》）
				嘉蔭簃	藍格，半葉十四行，書口上方鐫「聖宋名賢五百家播芳大全文粹」十三字，欄外鐫「東武劉氏嘉蔭簃宋本校鈔」十一字。	鈔本，宋魏齊賢、葉棻輯《聖宋名賢五百家播芳大全文粹》一百二十六卷（《中國珍稀古籍善本書錄》）
				嘉蔭簃	綠格，半葉九行，「版心中縫有『嘉蔭簃寫書』五字」。	鈔本，《朝鮮志》上下卷附《箕田考》（《藏園群書經眼錄》）
				味經書屋	黑格，半葉十行，版心下方鐫「東武劉氏味經書屋藏書」十字，左欄外鐫「燕庭校鈔」四字。	鈔本，元安熙撰《默庵安先生文集》五卷《附錄》一卷（《文祿堂訪書記》） 參照：鈔本，查慎行撰

						《人海記》不分卷（《藏園群書經眼錄》）
				味經書屋	藍格，半葉九行，白口，單魚尾，左右雙邊，版心下方鐫「味經書屋寫本」六字。	鈔本，清沈復粲編《鳴野山房匯刻帖目》四集（《山東大學圖書館古籍善本書目》）
				味經書屋	藍格，半葉十行，上黑口，下白口，單魚尾，四周單邊，版心下方鐫「味經書屋鑒藏書籍」八字，匡外右下方鐫「東武劉燕庭氏校鈔」八字。匡18.6×12.6cm。	鈔本，明李文鳳《越嶠書》二十卷（《中國古籍稿鈔校本圖錄》）
				味經書屋	藍格，半葉十一行，「版心有『東武劉氏味經書屋校鈔書籍』」十二字。	鈔本，宋柳開撰《河東先生集》十五卷宋張景撰《行狀》一卷（《藏園群書經眼錄》）
				味經書屋	綠格，半葉十一行，白口，四周雙邊，版心下方鐫「東武劉氏味經書屋校鈔書籍」十二字。	鈔本，明張丁撰《白石山房逸稿》二卷（《明別集版本志》） 參照：鈔本，宋傅察撰《傅忠肅公文集》三卷（《藏園群書經眼錄》）
					紅格，「版心有『燕庭叢錄』四字」。	寫本，《嘉蔭簃古泉隨筆》八卷（《藏園群書經眼錄》）
					十行二十五字，「欄外有『東武劉燕庭氏校鈔』一行」。	鈔本，宋陳元靚撰《歲時廣記》四十二卷（《藏園群書經眼錄》）
黃爵滋	樹齋	1793～1853	宜黃		藍格，半葉九行，白口，單魚尾，四周雙邊，版心上鐫「仙屏書屋」四字。匡18.6×12.7cm。	稿本，《仙屏書屋文稿》不分卷（《江西省圖書館館藏珍本古籍圖錄》）
顧沅	湘舟	1799～1851	長洲	藝海樓	藍格，半葉八行，白口，左右雙邊，版心下方鐫「藝海樓」三字。匡20.5×12.3cm。	鈔本，宋張大亨《春秋五禮例宗》十卷（復旦大學圖書館古籍部） 參照：鈔本，元吳鎮《梅花道人遺墨》二卷《附錄》一卷（《中國古籍稿鈔校本圖錄》） 鈔本，宋史浩撰《尚書講義》二十卷（《北京師範大學圖書館古籍善本書目》）

				藝海樓	十行二十二字，上書口刻「大唐類要」四字，下書口刻「藝海樓」三字。18×12.4cm。	鈔本，唐虞世南輯《大唐類要》一百六十卷（《中國善本書提要》）
				藝海樓	黑格，半葉八行，白口，單魚尾，四周單邊，版心下鐫「藝海樓」三字。	鈔本，宋翟汝文撰《忠惠集》四卷（《南京大學圖書館館藏古籍善本圖書目錄》）
何紹基	子貞	1799～1873	道州	東洲草堂	藍格，半葉十二行，行二十五字格，白口，四周雙邊，版心下方鐫「東洲草堂」四字。匡 20.8×16cm。	稿本，《阮元列傳》一卷（《中國古籍稿鈔校本圖錄》）
錢熙祚	錫之	1801～1844	金山	守山閣	綠格，半葉十行，白口，單魚尾，左右雙邊，版心下方鐫「守山閣」三字。匡 18.8×12.3cm。	鈔本，宋晁伯宇撰《續談助》五卷（《中國古籍稿鈔校本圖錄》）
黃贊湯	莘農	1805～1869	廬陵		半葉十一行，版心鐫「繩其武齋自纂年譜」八字。17.6×12.8cm。	鈔本，清黃贊湯撰《繩其武齋自纂年譜》一卷（《中國善本書提要》補編）
湯成烈	果卿	1805～1880	武進	古藤書屋	藍格，半葉十行，版心下方鐫「古藤書屋鈔本」六字。	稿本，《古藤書屋雜著十種》二十九卷《附二種》五卷（《天津圖書館古籍善本書目》） 參照：稿本，《古藤書屋詩稿》四卷（《蛾術軒篋存善本書錄》）
姚覲元	彥侍	?～約1902	歸安	咫進齋	黑格，半葉十二行，黑口，雙魚尾，左右雙欄，版心下方鐫「咫進齋鈔本歸安姚氏藏」十字。匡 17.8×12.3cm。	鈔本，《弘治湖州府志》二十四卷（《中國古籍稿鈔校本圖錄》）
				咫進齋	綠格，半葉十三行，左右雙邊，版心下方鐫「咫進齋鈔本」五字。	鈔本，清程琰撰《說文引經考》不分卷（《北京師範大學圖書館古籍善本書目》）
					綠格，半葉十一行，行二十四字格，白口，單魚尾，四周單邊，版心下方鐫「廣雅書局校抄本」。匡 20.8×14.3cm。	稿本，《校說文稿》不分卷（《中國古籍稿鈔校本圖錄》）

潘曾綬	紱庭	1810～1883	吳縣	陔蘭書屋	藍格，半葉十二行，白口，無魚尾，四周雙邊，版心下方右側鐫「陔蘭書屋鈔本」六字。匡11.9×8.6cm。	稿本，《詩經集說》不分卷（復旦大學圖書館古籍部）
					紅格，半葉十二行，白口，單魚尾，四周雙邊，版心上方鐫「萬金」二字。匡18×13.8cm。	稿本，《陔蘭書屋日記》不分卷（《中國古籍稿鈔校本圖錄》）
莫友芝	邵亭	1811～1871	獨山	影山草堂	綠格，匡外鐫有「影山草堂」四字。	暫無（《明清名家稿鈔本特徵列表》）
				影山草堂	藍格，半葉十行，版心下方鐫「影山草堂鈔本」六字。	鈔本，唐釋玄應撰《一切經音義》二十六卷（《文祿堂訪書記》）
吳雲	少甫	1811～1883	歸安	二百蘭亭齋	綠格，半葉九行，版心下方鐫「二百蘭亭齋稿本」七字。	稿本，《二百蘭亭齋鑒藏書畫錄》一卷（《中國珍稀古籍善本書錄》）
顧文彬	蔚如	1811～1889	蘇州	過雲樓	藍格，半葉十行，版心下方鐫「過雲樓筆記」五字。	稿本，《過雲樓日記》（《中國珍稀古籍善本書錄》）
蔣光煦	生沐	1813～1860	海寧	別下齋	綠格，半葉十行，綠口，雙魚尾，左右雙邊，版心下方鐫「別下齋校本」五字。匡18×12.1cm。	鈔本，清張鼎撰《易漢學舉要》一卷《易漢學訂誤》一卷（《中國古籍稿鈔校本圖錄》）
徐時棟	定宇	1814～1873	鄞縣	煙嶼樓	紫格，半葉十行，行二十一字格，紫口，雙魚尾，左右雙邊，版心下方鐫「煙嶼樓初本」五字。匡19×13.1cm。	鈔本，明沈泰藩撰《沈文恭公年譜》一卷（《中國古籍稿鈔校本圖錄》）
				煙嶼樓	青蓮色方格，半葉十一行，線口，四周雙邊，版心下方鐫「煙嶼樓初本」。	鈔本，明袁珙撰《柳莊先生詩集》一卷（《明別集版本志》）
汪鋆	研山	1816～？	儀徵	半畝園	紅格，半葉八行，白口，四周雙邊，「版心下有『半畝園』三字」。	鈔本，清韓崇撰《江左石刻文編殘帙》（《南京大學圖書館館藏古籍善本圖書目錄》）
				半畝園	紫格，半葉八行，「『半畝園稿紙』」。匡19×11.8cm。	稿本，《十二硯齋金石經眼錄》不分卷（《法蘭西學院漢學研究所藏漢籍善本書目提要》）

瞿世瑛	良玉		錢塘	清吟閣	黑格，半葉十行，黑口，雙魚尾，左右雙邊，匡外左下方鐫「清吟閣寫本」五字。匡 18.8×12cm。	鈔本，宋陳棣撰《蒙隱集》二卷（《中國古籍稿鈔校本圖錄》）
潘鍾瑞	譽生	1823～1890	長洲	香禪精舍	綠格，半葉十行，行二十二字格，白口，單魚尾，四周雙邊，版心下方鐫「香禪精舍叢稿」六字。匡 17×12.3cm。	鈔本，清查嗣璉撰《側翅集》一卷（《中國古籍稿鈔校本圖錄》）
丁日昌	雨生	1823～1882	廣東豐順	彩玉齋	紅格，半葉八行，「書口下有『彩玉齋』三字」。	稿本，《炮錄》不分卷（《中國珍稀古籍善本書錄》）
任道溶	筱沅	1823～1906	宜興	寄鷗館	紅格，半葉十行，下粗口，四周雙邊，版心上方鐫「寄鷗館」三字。	稿本，《寄鷗館集五種》不分卷（《清華大學圖書館藏善本書目》）
傅以禮	節子	1826～1898	會稽	長恩閣	黑格，半葉十一行，細黑口，單魚尾，左右雙邊，匡外左下方鐫「大興傅氏長恩閣鈔本」九字。匡 17×10.1cm。	鈔本，清溫睿臨撰《南疆逸史》五十六卷（《中國古籍稿鈔校本圖錄》）
				長恩閣	黑格／紅格，半葉十一行，白口，單魚尾，左右雙邊，匡外左下方鐫「傅氏長恩閣鈔本」七字。匡 17.3×10.5cm。	稿本，《傅氏家書七種》（《中國古籍稿鈔校本圖錄》）
王 棻	子莊	1826～1899	黃岩		藍格，「口上有『玩芳草堂叢稿』六字，下有『柔橋隱居』四字」。	稿本，《六書古訓》五卷（《蛾術軒篋存善本書錄》）
王 韜	利賓	1828～1897	吳縣		藍格，半葉九行，白口，單魚尾，四周雙邊，版心下方鐫「弢園精鈔本遁叟手校過」十字。匡 19.5×12.3cm。	鈔本，清楊引傳撰《甫里寇難紀略》一卷《野煙錄》一卷（《中國古籍稿鈔校本圖錄》）
					綠格，半葉十一行，綠口，四周雙邊，版心上方鐫「弢園雜錄」四字。	鈔本，清徐傳纂《光福志》十二卷首一卷（《北京師範大學圖書館古籍善本書目》）
				蘅花館	藍格，半葉十行，白口，單魚尾，四周雙邊，版心上方鐫「蘅花館」三字。	稿本，《蘅花館日記》不分卷（《上海圖書館藏明清名家手稿》）

				衢華館	藍格，半葉十行，白口，單魚尾，四周雙邊，版心上鐫「衢華館」三字。匡 18.7×11.4cm。	稿本，《瀛壖雜誌》一卷（《柏克萊加州大學東亞圖書館中文古籍善本書志》）
趙宗建	次侯	1828～1900	常熟	非昔軒	黑格，半葉十行，黑口，雙魚尾，左右雙邊，版心下方鐫「非昔軒鈔書」五字。匡 17.7×9.6cm。	稿本，《舊山樓詩錄》一卷（《中國古籍稿鈔校本圖錄》）
趙之謙	益甫	1829～1884	會稽		紅格，半葉十行，白口，單魚尾，四周單邊，版心上方鐫「江西纂修省志局」七字。	稿本，《贛省通志》不分卷（《上海圖書館藏明清名家手稿》）
李慈銘	炁伯	1829～1894	會稽	越縵堂	半葉八行，白口，四周雙邊，版心下方鐫「越縵堂鈔藏」五字。	鈔本，清阮元撰《文選樓藏書記》六卷（《南京大學圖書館館藏古籍善本圖書目錄》）
方功惠	慶齡	1829～1899	巴陵	碧琳琅館	黑格，半葉十一行，白口，單魚尾，四周雙邊，版心下方鐫「碧琳琅館抄書」六字。匡 18.5×13.3cm。	鈔本，清徐鼒《小腆紀年附考》二十卷（《中國古籍稿鈔校本圖錄》）
				碧琳琅館	黑格，半葉十行，白口，單魚尾，四周單邊，版心上刻「古今姓氏遙華韻」七字，下刻「碧琳琅館鈔校本」七字。匡 22.3×16cm。	鈔本，元洪景修編《新編古今姓氏遙華韻》九十八卷（《北京大學圖書館藏善本書錄》）（注：此書《中國善本書提要》有錄，記版匡 21.6×15cm。）
龔易圖	藹仁	1830～1888	福州	雙驂亭	綠格，「版心下方有『雙驂亭』三字」。	鈔稿本，《循化廳志稿》八卷（《峨術軒篋存善本書錄》）
方濬師	小嚴	1830～1889	定遠	退一步齋	藍格，半葉八行，白口，單魚尾，四周單邊，版心下方鐫「退一步齋」四字。匡 18.2×12cm。	鈔本，《閨秀詩選》不分卷（復旦大學圖書館古籍部）
潘祖蔭	伯寅	1830～1890	吳縣	滂喜齋	紅格，半葉十二行，行二十一字格，白口，單魚尾，左右雙邊，版心下方鐫「滂喜齋」三字。匡 21.7×16cm。	鈔本，明文震亨《長物志》十二卷（《中國古籍稿鈔校本圖錄》）

丁　丙	嘉魚	1832～1899	錢塘	當歸草堂	紅格，半葉九行，行二十一字格，紅口，單魚尾，左右雙邊，版心下方鐫「當歸草堂」四字。匡 18.2×13.1cm。	鈔本，唐高正臣《高氏三宴詩集》三卷《附香山九老詩》一卷（《中國古籍稿鈔校本圖錄》）
				嘉惠堂	黑格，半葉十一行，黑口，無魚尾，左右雙邊，匡外左下方鐫「嘉惠堂鈔本」五字。匡 15.2×11.8cm。	謄清稿本，丁丙輯錄《風木盒圖題詠》一卷（復旦大學圖書館古籍部）
周星詒	季貺	1833～1904	祥符	勉憙堂	綠格，半葉十一行，行二十一字格，上細黑口，下白口，左右雙邊，版心下方鐫「祥符周氏勉憙堂校錄本」十字，匡外左、右上方均鐫「卷板行字」四字。匡 16.5×11cm。	鈔本，清傅以禮《莊氏史案本末》十二卷（《中國古籍稿鈔校本圖錄》）
沈景修	蒙叔	1835～1899	嘉興	井華館	紅格，「版口有『井華館手鈔本』六字」。	稿本，《蒙廬日記》不分卷（《蛾術軒篋存善本書錄》）
吳大澂	清卿	1835～1902	吳縣	春草閒房	綠格，半葉九行，白口，單魚尾，左右雙邊，版心下方鐫「春草閒房」四篆字。匡 17.7×12.2cm。	鈔本，清萬斛泉《通鑒綱目前編辨誤》一卷（《中國古籍稿鈔校本圖錄》）
					綠格，半葉九行，白口，左右雙邊，版心上方鐫「愙齋文稿」四字。匡 16.8×11.5cm。	稿本，《愙齋集古錄敦文考釋》一卷《爵文考釋》一卷（《中國古籍稿鈔校本圖錄》）
戴　望	子高	1837～1873	德興	長留閣	黑格，半葉十二行，黑口，無魚尾，四周單邊，版心下方鐫「長留閣正本／德清戴氏」九字。匡 17.8×12.8cm。	鈔本，清錢謙益《投筆詩集》一卷（《中國古籍稿鈔校本圖錄》） 參照：鈔本，清劉獻廷撰《廣陽雜記》四卷（《國立中央圖書館善本題跋真迹》）
汪鳴鑾	柳門	1839～1907	錢塘		綠格，半葉九行，行二十一字格，黑口，單魚尾，四周雙邊，版心下方鐫「郋亭寫本」四篆字。匡 17.5×12.5cm。	鈔本，清陳奐《師友淵源記》一卷（《中國古籍稿鈔校本圖錄》） 參照：鈔本，《竹崦庵金石目錄》（《著硯樓書跋》）

王 同	同伯	1839～1903	杭州		半葉十一行，版心上方鐫「唐棲志略」四字。	稿本，《唐棲志略稿》十三卷（《中國人民大學圖書館古籍善本書目》）
胡聘之	蘄生	1840～1912	天門		紅格，半葉十二行，白口，四周雙邊，「版心有『山右金石志卷』六字」。	稿本，《山右石刻叢稿》四十卷（《南京大學圖書館館藏古籍善本圖書目錄》）
姚振宗	海槎	1842～1906	山陰	師石山房	黑格，半葉九行，黑口，單魚尾，四周雙邊，版心下方鐫「師石山房鈔本」六字。匡 18.4×12cm。	鈔本，清姚振宗《崔實政論》一卷（《中國古籍稿鈔校本圖錄》）
宋書升	旭齋	1842～1915	濰坊		綠格，半葉十行，白口，順魚尾，四周單邊，版心中間鐫「周易宋氏義」五字。	稿本，《周易要義》十二卷（《山東大學圖書館古籍善本書目》）
毛 澄	叔雲	1843～1906	仁壽		紅格，半葉九行，白口，單魚尾，四周雙邊。卷一至二版心下鐫「乾元亨」三字，卷三版心下鐫「秀文齋」三字。	稿本，《毛稚澥詩》三卷（《中國人民大學圖書館古籍善本書目》）
勞乃宣	季瑄，別署矩齋	1843～1921	桐鄉		紅格，半葉十行，版心下方鐫「矩齋所學」四字。	稿本，《矩齋尚書手寫奏稿》一卷（《北京師範大學圖書館古籍善本書目》）
繆荃孫	炎之	1844～1919	江陰	雲輪閣	黑格，半葉十二行，黑口，單魚尾，四周單邊，匡外右上有書耳，左下鐫有「雲輪閣鈔」四字。匡 19.2×15cm。	鈔本，清李遜之《崇禎朝記事》四卷（《中國古籍稿鈔校本圖錄》）參照：鈔本，元劉詵撰《桂隱文集》四卷、宋文彥博撰《文潞公文集》四十卷《附錄》一卷（《山東大學圖書館古籍善本書目》）
				藕香籍	黑格，半葉十行，細黑口，雙魚尾，左右雙邊，匡外左下方鐫「藕香籍鈔」四字。匡 17.5×14cm。	鈔本，明葉紹袁《年譜別記》不分卷（復旦大學圖書館古籍部）參照：鈔本，明張萱《內閣藏書目錄》八卷（匡17.5×13.3cm，《中國古籍稿鈔校本圖錄》）
				潚香籍	黑格，半葉十行，細黑口，雙魚尾，左右雙邊，	鈔本，清佚名《洞庭紀遊》一卷（復旦大學圖

					框外左下方鐫「蒸香簃鈔」四字。匡 17.5×13.9cm。	書館古籍部）
				雲自在龕	綠格，半葉十行，白口，單魚尾，四周單邊，版心下方鐫「雲自在龕」四字。	鈔本，宋李元撰《李莊簡公集》十八卷（《山東大學圖書館古籍善本書目》）
袁　昶	爽秋	1846～1900	桐廬	漸西村舍	綠格，半葉十行，白口，單魚尾，四周單邊，版心上鐫有「漸西村舍」四篆字，下鐫有「陳郡袁氏」四篆字。匡 18.8×13.9cm。	鈔本，清張鼎《敬業編》三卷（復旦大學圖書館古籍部）參照：鈔本，元俞宗本《種樹書》一卷（匡 18.8×13.3cm，《中國古籍稿鈔校本圖錄》）
				漸西村舍	「書口印有『漸西村舍』四字」。	鈔本，《越南輿地略》一卷（《南京大學圖書館館藏古籍善本圖書目錄》）
陶濬宣	心雲	1846～1911	會稽		綠格，半葉九行，白口，單魚尾，博古欄，版心下方或鐫「心雲輯錄」四字，或鐫「稷山讀書樓」五字。匡 19.3×9.8cm。	稿本，《今體詩類鈔》一卷《唐宋詩目》一卷（《中國古籍稿鈔校本圖錄》）
孫文楷	模山	1846～1912	益都	老學齋	「刻印版框」，無魚尾，四周單邊，版心上方鐫「稽庵古印箋」五字，版心下方鐫「保鑄山房」四字。	稿本，《稽庵古印箋》四卷（《山東師範大學圖書館館藏古籍書目》）
吳慶坻	子修	1848～1924	錢塘	補松齋	綠格，半葉十行，白口，無魚尾，四周單邊，版心下右鐫「補松齋手鈔」五字。匡 18.7×12.8cm。	鈔本，清龔自珍《定盦文補遺》一卷（復旦大學圖書館古籍部）
				補松廬	綠格，「版心下方有『補松廬手鈔』五字」。	鈔本，清莊仲方撰《映雪樓雜著》不分卷《映雪樓文偶鈔》一卷（《蛾術軒篋存善本書錄》）
潘志萬	子娛	1849～1899	蘇州		黑格，半葉十行，白口，雙魚尾，左右雙邊。版心下方鐫「笏盦鈔藏本」五字。匡 18.7×11.8cm。	鈔本，《秀水朱氏家乘》一卷附《世系圖》（《中國古籍稿鈔校本圖錄》）參照：鈔本，《遼金正史綱目》三十卷（《蛾術軒篋存善本書錄》）

葉昌熾	頌廬	1849～1917	長洲	五百經幢館	綠格，半葉十行，白口，單魚尾，四周雙邊，版心下方鐫「五百經幢館」五字。匡 18.6×12.9cm。	鈔本，明顧苓《三吳舊語》不分卷（復旦大學圖書館古籍部）參照：鈔本，明姚廣孝《逃虛子詩集》十卷《續集》一卷（匡 18.2×12cm，《中國古籍稿鈔校本圖錄》）
高鴻裁	翰生	1852～1918	濰縣	辨蟫居	「半葉六行二十字，中無界格，書口下刊『辨蟫居高氏寫本』。」	鈔本，清李文藻撰《堯陵考》二卷（《中國珍稀古籍善本書錄》）
沈德壽	藥庵	1854～1925	慈谿	抱經樓	黑格，半葉九行，白口，單魚尾，四周單邊，版心下鐫「沈氏抱經樓鈔藏」七字。	鈔本，唐段公路撰、唐崔龜圖注《北戶錄》三卷、元白挺撰《湛淵遺稿》三卷（《山東大學圖書館古籍善本書目》）
董金鑑	靜吾	1859～？	會稽	行餘學社	黑格，半葉十行，白口，單白魚尾，四周單邊，版心下鐫「會稽董氏行餘學社」八字。匡 17.4×12.4cm。	鈔本，清沈復粲撰《劉蕺山弟子考》不分卷（《紹興圖書館館藏古籍地方文獻書目提要》）參照：鈔本，清佚名輯《漁渡董氏族譜人物傳》一卷（匡 17.7×12.4cm）（《紹興圖書館館藏古籍地方文獻書目提要》）
				行餘學社	紅格，半葉十行，上粗紅口，單魚尾，四周單邊，版心下鐫「行餘學社」四字。匡 17.0×12.0cm。	鈔本，清佚名輯《紹興名宦》一卷（《紹興圖書館館藏古籍地方文獻書目提要》）參照：鈔本，清朱彝尊輯《偉觀集》一卷《敦交集》一卷（匡 18.0×12.8cm）（《紹興圖書館館藏古籍地方文獻書目提要》）
				行餘學社	紅格，半葉十行，白口，無魚尾，四周單邊，版心下鐫「會稽董氏行餘學社」八字。匡 17.0×12.0cm。	稿本，《吳太夫人年譜》二卷（《紹興圖書館館藏古籍地方文獻書目提要》）
				行餘學社	紅格，半葉十行，白口，單魚尾，四周單邊，版心下鐫「會稽董氏行餘	鈔本，清王煦撰《漁渡太守廟卜辭》一卷（《紹興圖書館館藏古籍地方

					學社」八字。匡 16.9× 11.4cm。	文獻書目提要》） 參照：鈔本，清佚名輯 《董氏佚書五種》一卷 （匡 17.0 × 12.3cm） （《紹興圖書館館藏古 籍地方文獻書目提要》）
葉德輝	奐彬	1864～ 1927	長沙	元尚齋	黑格，半葉九行，白口， 單魚尾，四周雙邊，版 心下方鐫「葉氏元尚齋 鈔」六字。匡 16.7× 11.5cm。	鈔本，清孫星衍《孫氏 祠堂書目內編》四卷《外 編》一卷（《中國古籍稿 鈔本圖錄》）
李笙漁	亥福		石門	種梅山館	綠格，半葉六行，白口， 無魚尾，四周單邊，版 心上右鐫「種梅山館」 四篆字。匡 10 × 16.1cm。	鈔本，清朱琰《陶說》 六卷（復旦大學圖書館 古籍部）
曹元忠	君直	1865～ 1923	吳縣	箋經室	紅格，匡外左方鐫「箋 經室所著書寫稿本」九 字。	鈔本，《治奇疾方》一卷 （《蛾術軒篋存善本書 錄》）
莫 棠	楚生	1865～ 1929	獨山	經香閣	黑格，半葉十行，黑口， 雙魚尾，四周單邊，匡 外右上方鐫「經香閣」 三字，右下方鐫「獨山 莫氏寫本」六字。匡 21.7 ×14.5cm。	鈔本，宋魏野《鉅鹿東 觀集》十卷（《中國古籍 稿鈔校本圖錄》）
龍鳳鑣	澄盦	1867～ 1909	順德	知服齋	藍格，半葉八行，白口， 單魚尾，四周雙邊，版 心上方鐫「欽定四庫全 書」六字，下方鐫「龍 氏知服坌恭鈔文瀾閣藏 本」十二字。匡 19.8× 12.7cm。	鈔本，宋李若水撰《忠 愍集》三卷（《柏克萊加 州大學東亞圖書館中文 古籍善本書志》）
徐乃昌	積餘	1868～ 1943	南陵	積學齋	藍格，半葉十行，黑口， 單魚尾，四周單邊，匡 外右上方有書耳，內鐫 「積學齋鈔書」五字。 匡 18.2×12.3cm。外框 粗 5mm。	鈔本，清文廷式《雲起 軒詞鈔》不分卷（復旦 大學圖書館古籍部）
				積學齋	藍格，半葉十行，黑口， 單魚尾，四周單邊，匡 外右上方有書耳，內鐫 「積學齋鈔書」五字。 匡 12.4×18.4cm。外框 粗 4mm。	鈔本，清徐元潤《銅仙 傳》一卷（復旦大學圖 書館古籍部）

				積學齋	藍格，半葉十一行，黑口，雙魚尾，左右雙邊，匡外右上角有書耳，內鐫「積學書藏」四字。匡 15.7×11.2cm。外框粗 3mm。	鈔本，清蔣英《消愁集》一卷（復旦大學圖書館古籍部）
孫德謙	受之	1869～1935	吳縣		半葉十行，白口，四周單邊，版心下方鐫「四益宦叢書」五字。	鈔本，孫德謙輯《九金人集補遺》存八卷（《北京師範大學圖書館古籍善本書目》）
孫毓修	星如	1871～1923	無錫		「每葉版格右欄上有『留庵鈔書用紙』六字」。	鈔本，明張韓撰《論古閒眸》一卷（《蛾術軒篋存善本書錄》）
周大輔	左季	1872～？	常熟	鴿峰草堂	黑格，「版心有『鴿峰草堂藏書』六字」。	鈔本，《畏壘山人文集》四卷（《蛾術軒篋存善本書錄》）
				鴿峰草堂	藍格，半葉十行，白口，單魚尾，左右雙邊，版心下方鐫「虞山周氏鴿峰草堂寫本」十字。	鈔本，明翁孺安撰《素蘭集》二卷（《明別集版本志》）
瞿啓甲	良士	1873～1940	常熟	鐵琴銅劍樓	黑格，半葉十行，白口，單魚尾，左右雙邊，版心下方鐫「海虞瞿氏鐵琴銅劍樓影鈔本」十二字，匡外左下方鐫「臣瞿啓甲呈進」六字。匡 16.6×12cm。	鈔本，清黃廷鑒《琴川三志補記》十卷《補續》八卷（《中國古籍稿鈔校本圖錄》）
				鐵琴銅劍樓	半葉十一行，版心下方鐫「海虞瞿氏鐵琴銅劍樓影鈔本」十二字。匡 20.5×15.4cm。	鈔本，元孛蘭肹、岳鉉等撰《大元大一統志》殘存九卷（《中國善本書提要補編》）
劉岳雲	佛青	清	寶應	食舊德齋	綠格，半葉十一行，白口，無魚尾，四周單邊，版心下方鐫「食舊德齋寫本」六字。匡 18.4×12.8cm。	鈔本，清王斯燈《瘦生詩鈔》一卷（復旦大學圖書館古籍部）
黃中理	茗隱	清	南匯	觀稼樓	黑格，半葉十行，黑口，版心下方鐫「觀稼樓鈔書」五字。	鈔本，唐蕭嵩奉敕撰《大唐開元禮》一百五十卷（《文祿堂訪書記》）參照：鈔本，《宋人小集□□家》存四十七家（《藏園群書經眼錄》）

						鈔本,《兩宋名賢小集》殘存四十三卷、《春卿遺稿》一卷(《中國善本書提要》)
趙　坦		清			黑格,半葉十一行,黑口,版心下方鐫「小雲谷鈔書」五字。	鈔本,唐獨孤及撰《毗陵集》二十卷《補遺》一卷《附錄》一卷(《文祿堂訪書記》)
錢國祥		清			綠格,半葉十行,白口,四周單邊,「版心有『式古堂稿』四字」。	稿本,清錢國祥撰《式古堂詞譜證異》五卷(《南京大學圖書館館藏古籍善本圖書目錄》)
時　銘		清	嘉定	掃落葉齋	黑格,半葉十一行,白口,四周單邊,「下有『掃落葉齋詩稿』六字」。	稿本,《掃落葉齋詩稿》一卷(《南京大學圖書館館藏古籍善本圖書目錄》)
瞿世壽	玉璜	清	常熟		紅格,版心中間鐫「春秋年譜」四字,版心下方鐫「香綠居」三字。	稿本,《春秋年譜》(《中國珍稀古籍善本書錄》)
曹　鎮		清	歙縣		黑匡,無欄格,半葉八行,版心中間鐫「石鼓硯齋」四字。	稿本,《所藏書畫錄》四卷(《中國珍稀古籍善本書錄》)
蘇　馥 (鄒存淦妻)	佩萱	清	海昌	師竹友蘭室	黑格,半葉十行,黑口,四周雙邊,版心下方鐫「師竹友蘭室鈔」六字。匡 18.4×13.2cm。	鈔本,宋不著編人《九僧詩》一卷(《國立中央圖書館善本題跋眞迹》) 參照：稿本,《香閨鞋襪典略》二卷(《中國珍稀古籍善本書錄》)
蔣　杲	子遵	康熙五十二年(1713)進士	長洲	賜書樓	黑格,半葉九行,左右雙邊,「框外有『賜書樓鈔』四字」。	鈔本,唐皇甫湜撰《皇甫持正集》六卷(《中國珍稀古籍善本書錄》)
阮福瀚	仲阮	清	慈谿	聽瓶笙館	藍格,半葉九行,版心下方鐫「聽瓶笙館手錄」六字。	鈔本,清阮福瀚《聽瓶笙館駢體初稿》不分卷(《中國人民大學圖書館古籍善本書目》)
曹鶴清		清		尙卿居	紅格,白口,單魚尾,四周雙邊,版心下方鐫「尙卿居」三字。	稿本,《知自主齋詩稿不分卷(《中國人民大學圖書館古籍善本書目》)
就堂和尚		清			黑格,半葉九行,四周單邊,版心下方鐫「就	鈔本,明張適撰《甘白先生文集》六卷(《柏克

					堂藏書」四字。	萊加州大學東亞圖書館中文古籍善本書志》、《明別集版本志》)
楊峒	書巖	乾隆甲午舉人		吟梅書屋	黑格,「版口有『吟梅書屋』四字」。	鈔稿本,《詩古音》三卷(《蛾術軒篋存善本書錄》)
汪國蔚	麗文	清		梯山	黑格,半葉十六行,書口上方印有「梯山汪氏族譜」。	稿本,《梯山汪氏家譜》(《中國珍稀古籍善本書錄》)
李氏		清	東武	研錄山房	半葉十一行,版心下方鐫「東武李氏研錄山房校鈔書籍」十二字。	鈔本,明釋宗賢撰《傲僚集》二卷(《明別集版本志》)
陶介亭		清		賢奕樓	半葉十行,白口,左右雙邊,版心上方鐫「造造齋集」四字,下鐫「賢奕樓陶介亭氏鈔本」九字。	鈔本,明陶廷奎撰《庸齋先生集》二卷(《明別集版本志》)
吳幼雲		清		蕉葉山房	藍格,半葉五行,白口,單魚尾,四周雙邊,版心鐫「蕉葉山房」四字。	鈔本,清吳幼雲輯《蕉葉山房曲論》不分卷(《山東大學圖書館古籍善本書目》)
丁紹儀		清	無錫	聽秋聲館	黑格,半葉九行,白口,單魚尾,四周雙邊,版心下方鐫「聽秋聲館鈔書」六字。	鈔本,清丁紹儀編《聽秋聲館鈔書十二種》十四卷附《救命書》(《山東大學圖書館古籍善本書目》)
馮成熙		清		思滌軒	綠格,半葉十行,白口,四周雙邊。版心下方鐫「思滌軒」三字。	鈔本,清姚燮撰《胡氏禹貢錐指勘補》十二卷(《北京師範大學圖書館古籍善本書目》)
成沂	芷清	清	興化	小居竹軒	半葉八行,竹冊式,版心下方鐫「小居竹軒」四字。	稿本,《小居竹軒詞稿》二卷(《北京師範大學圖書館古籍善本書目》)
賈臻	運生	清	故城	躬自厚齋	半葉九行,白口,左右雙邊,版心上方鐫「賈氏叢書」四字,下方鐫「躬自厚齋」四字。	稿本,《慶雪堂雜纂五種》六卷(《北京師範大學圖書館古籍善本書目》)
胡惠孚	篷江	清	平湖	小重山館	藍格,「板心下有『小重山館』四字」。	鈔本,《小品類聚》十二卷(《木犀軒藏書書錄》)
趙嘉程		清		半畝天居	藍格,半葉八行,白口,無魚尾,四周單邊。匡	鈔本,宋宋祁《宋景文公筆記》三卷(復旦大

					11.3×17.7cm。	學圖書館古籍部） 參照：宋王得臣撰《塵史》三卷（《藏園群書經眼錄》）
查　氏			清	宛平	隱書樓	半葉十行，「版心有『隱書樓藏』四字」。	鈔本，宋何士信輯《草堂詩餘》三卷（《藏園群書經眼錄》）
盛　守	公約		清	海虞		半葉十行，「版心有『海虞盛氏述德堂繹』八字」。	鈔本，《范圍數》十卷（《藏園群書經眼錄》）
顧元熙	耕石			長洲	容安草堂	墨格，版心下方鐫「容安草堂」四字，左方自書「耕石顧元熙手鈔」七字。	鈔本，《浣綠居詞鈔》（《著硯樓書跋》）
岑　熔	仲陶	活動於嘉道間		甘泉	懼盈齋	紅格，半葉八行，版心下方鐫「懼盈齋」三字。匡20.3×12.9cm。	鈔本，清趙一清《水經注釋》四十卷《刊誤》十二卷《附錄》二卷（《普林斯頓大學葛思德東方圖書館中文善本書志》）
楊學沆			清		保蘊樓	版心中縫鐫「梅村詩集」四字，下方鐫「保蘊樓」三字。	稿本，清程穆衡原箋楊學沆補注《吳梅村詩集》（《著硯樓書跋》）
汪繼壕			清		環碧山房	半葉十一行，細黑口，四周單邊，版心下右鐫「環碧山房秘鈔」六字。匡19.3×14.1cm。	鈔本，宋熊克撰《中興小紀》四十卷（《國立中央圖書館善本題跋眞迹》）
趙輯寧		嘉慶年間		杭州	星鳳閣	黑格，半葉十行，白口，左右雙邊，版心下右鐫「星鳳閣正本」五字。匡18.8×14cm。	鈔本，元劉岳申撰《申齋劉先生文集》十五卷（《國立中央圖書館善本題跋眞迹》） 參照：鈔本，《星鳳閣手鈔宋詞》十種《唐詞》一卷（《藏園群書經眼錄》）
褚龍祥						黑格，半葉九行，白口，四周雙邊，版心下方鐫「希葛齋」三字。	稿本，《希葛齋文稿》不分卷（《天津圖書館古籍善本書目》）
洪　瑛						藍格，半葉八行，白口，單魚尾，四周雙邊。版心上方鐫「小容齋詩稿」五字，下方鐫「梅溪書屋珍藏」六字。	稿本，《小容齋詩稿》不分卷（《山東大學圖書館古籍善本書目》）

張之銘	伯岸	清末民初	鄞縣	古歡室	紅格，版心鐫「古歡室稿本」五字。	稿本，《歷代帝王中西紀元匯考》不分卷（《山東師範大學圖書館館藏古籍書目》）
李之鼎		？～1928	南城	宜秋館	半葉十行，黑口，左右雙邊，版匡外鐫「宜秋館精鈔本」六字。	鈔本，宋王阮撰《義豐集》一卷（《北京師範大學圖書館古籍善本書目》）
繆朝荃	蘅甫	清末民初	鎮洋	凝修堂	紅格，「版框外有『鎮洋繆氏疑修堂所著書』一行」。	鈔稿本，清葉裕仁撰《詩考箋證》六卷（《蛾術軒篋存善本書錄》）
韓繩大	價藩	清	華亭	讀有用書齋	黑格，半葉九行，白口，單魚尾，左右雙邊，版心下方鐫「讀有用書齋」五字。匡 18.2×13.9cm。	鈔本，清曹元忠撰《箋經室所見宋元書題跋》一卷《箋經室文錄》一卷（《柏克萊加州大學東亞圖書館中文古籍善本書志》）
劉體智	晦之	1880～1963	安徽廬江	遠碧樓	藍格，半葉十行，白口，單魚尾，左右雙邊，匡外左下方鐫「遠碧樓劉氏寫本」一行。	鈔本，元陳悅道、倪士毅撰《書義斷法》六卷《作義要訣》一卷（《山東大學圖書館古籍善本書目》） 參照：鈔本，宋李洪撰《芸庵類稿》六卷、宋陳藻撰《樂軒集》八卷、元艾性夫撰《剩語》二卷（《山東大學圖書館古籍善本書目》）
陳垣	援庵	1880～1971	新會	勵耘書屋	黑格，半葉十行，細黑口，四周雙邊，版心下方鐫「勵耘書屋」四字。	鈔本，《明實錄遼事匯鈔》不分卷（《北京師範大學圖書館古籍善本書目》）
劉承幹	貞一	1882～1963	吳興	嘉業堂	藍格，半葉十一行，藍口，單魚尾，左右雙邊，匡外右上方鐫「吳興劉氏嘉業堂鈔本」九字。匡 18.4×13cm。	鈔本，民國吳東發《商周文拾遺》三卷（復旦大學圖書館古籍部） 參照：鈔本，佚名編《求恕齋書目不分卷續編》不分卷（《山東大學圖書館古籍善本書目》）
邢端	勉之	1883～1959	貴陽	思適齋	半葉十行，白口，雙魚尾，四周雙邊，版心下方鐫「貴陽邢氏思適齋藏」八字。	稿本，《思適齋存書目》不分卷（《清華大學圖書館藏善本書目》）

余嘉錫	季豫	1884～1955	常德	讀已見書齋	藍格，半葉十行，白口，單魚尾，四周單邊，匡外左下方鐫「武陵余氏讀已見書齋鈔本」十一字。匡18×12.5cm。	鈔本，《永樂大典殘目》不分卷（復旦大學圖書館古籍部）
袁克文	豹岑，別署寒雲	1889～1931	項城		紅格，半葉十行，白口，雙魚尾，左右雙邊，匡外左下鐫「寒雲寫書格」五字。	稿本，《萬年室日記》（《收藏·拍賣》2004年3月）
				佩雙印齋	紅格，半葉十行，白口，雙魚尾，左右雙邊，匡外右下鐫「佩雙印齋製」五字。匡14×10.5cm。	稿本，《龜庵日記》、《癸亥日記》（《收藏·拍賣》2004年3月）
馬廉	隅卿	1893～1935	鄞縣	平妖堂	藍格，半葉十行，白口，單魚尾，版心下方鐫「平妖堂」三字。	鈔本，清姚燮撰《大梅山館藏書目》十六卷（《清華大學圖書館館藏善本書目》）
施廷鏞	鳳笙	1893～1983	休寧		半葉十行，白口，單魚尾，左右雙邊，版心下右鐫「協溪施氏稿」五字。	稿本，《清代禁燬書目》（《清代禁燬書目題注外一種》）
容庚	希白	1894～1983	東莞		綠格，半葉十行，綠口，版心下方鐫「玩司蔽聞室」五字。	稿本，《中國文字學》四章三十節（《北京師範大學圖書館古籍善本書目》）
陳乾	乃乾	1896～1971	海寧	慎初堂	黑格，半葉十行，黑口，左右雙邊，版框外鐫「陳氏慎初堂鈔本」。	鈔本，清方孝標撰《光啟堂文集》四卷（《北京師範大學圖書館古籍善本書目》）
				怡情室	半葉十行，黑口，單魚尾，左右雙邊，版心下右鐫「怡情室」三字。	稿本，《古今書目提要》（《清代禁燬書目題注外一種》）
黃孝紓	公渚	1900～1964	閩縣	碧慮簃	綠格，半葉十行，綠口，雙魚尾，左右雙邊，匡外右上方鐫「鐵嶺黃氏碧慮簃鈔本」九字。	鈔本，劉承幹編《嘉業藏書樓鈔本書目》不分卷（《山東大學圖書館古籍善本書目》）
王大隆	欣夫	1901～1966	吳縣	學禮齋	黑格，半葉十行，白口，無魚尾，四周單邊，版心下右鐫「學禮齋校錄」五字。匡19.5×15.1cm。	鈔本，清汪宗沂《說詩》一卷（復旦大學圖書館古籍部）

傅振倫	維本	1906～1999	河北新河		綠格，半葉十行，單魚尾，「版心下有『傅氏藏書』字」。	鈔校本，清王汝翰纂《（康熙）新河縣志》十卷（《中國人民大學圖書館古籍善本書目》）
陳之邁		1908～1978	番禺		紅格，半葉八行，白口，四周單邊，單魚尾，版心下方鐫「之邁稿紙」四字。	稿本，《陳蘭甫先生年譜》不分卷附書目（《清華大學圖書館藏善本書目》）
孫傳哲	南雁	1915～1995	寧波	蝸寄廬	半葉十行，白口，四周雙邊，版心下方鐫「蝸寄廬孫氏鈔藏」七字。	鈔本，題金元好問撰《續夷堅志》四卷（《北京師範大學圖書館古籍善本書目》）

結　語

　　中國發明的造紙術和印刷術，爲人類文明的持久延續做出了巨大的貢獻。本書以箋紙和套格紙爲中心，對中國傳統書寫用紙進行文獻學研究，試圖以學術的形式來彰顯這一貢獻。

　　本書採用文獻學的實證方法，將文獻與實物相結合，既重視文獻內容，也重視實物特徵，對作爲文獻載體的書寫用紙進行了綜合式的重新審視。在盡可能全面地調查前人研究成果，查閱尺牘、稿鈔本實物、圖錄的同時，還充分運用了曾經在上海圖書館、復旦大學圖書館古籍部研習古籍修補時獲得的古紙知識，對以箋紙和套格紙爲代表的傳統書寫用紙的材質、形制特徵進行了研究；同時通過對尺牘、古籍稿鈔本的紙張特徵與尺牘內容、稿鈔書籍進行綜合分析，探討了傳統社會以文人學者爲代表的書寫文化特徵和審美趣味。

　　由於時間、資料、前人研究成果和本人研究能力的限制，本書還是留下諸多遺憾。全書上下編的結構編排並不統一。上編主要進行典型個案的研究，下編則是綜合性的梳理、分析。此外，對文獻的搜集、解讀尚不夠透徹，如八行箋研究中，對八行箋的格式特徵未有明確解析，對套格紙的印製方式等問題也未能做出明確解答。

　　此外如坊售箋紙的製作、使用情況，未及研究，頗以爲憾。坊售箋紙比文人製箋具有更加廣泛的群衆基礎，其題材的選擇、售賣的情況能夠體現不同時代普通民衆的審美趣味的變化。文人在使用自製箋的同時，也會使用坊售箋紙，在某些情況下，坊售箋紙甚至比自製箋更加高雅、精美，選擇也更加豐富。作爲傳統書寫用紙的一部分，當能夠提供給我們更多的信息。

　　隨著尺牘、古籍圖錄、書志書目的不斷整理出版，本書附錄的套格紙譜也在不斷擴充完備中。若能親自目驗更多古籍稿鈔本實物，對照相關文獻記載，定能使套格紙譜更加全面、準確，爲文獻學研究，稿鈔本鑒定提供更加有效的參考。以上種種，有待日後深入研究。

參考文獻

一、古典部分

（一）史部

1. 《後漢書》，〔劉宋〕范曄撰，中華書局，1965 年。
2. 《清史稿》，〔清〕趙爾巽等撰，中華書局，1977 年。
3. 《方輿勝覽》，〔宋〕祝穆撰，清震無咎齋鈔本。
4. 《太平寰宇記》，〔宋〕樂史撰，清乾隆五十八年（1793）南昌萬廷蘭刻本。
5. 《全蜀藝文志》，〔明〕吳之皞修，明萬曆四十七年刻本。
6. 《天啓新修成都府志》，〔明〕馮任修，〔明〕張世雍等纂，《中國地方志集成》據 1962 年熊承顯鈔本影印。
7. 《蜀中廣記》，〔明〕曹學佺撰，民國廬江劉氏遠碧樓鈔本。
8. 《南中紀聞》，〔清〕包汝楫撰，清刻本。

（二）子部

1. 《唐國史補》，〔唐〕李肇撰，明虞山毛氏汲古閣《津逮秘書》本。
2. 《司馬氏書儀》十卷，〔宋〕司馬光撰，清雍正二年（1724）汪亮採刻本。
3. 《新編事文類聚翰墨全書》一百三十四卷，〔宋〕劉應李輯，收入《四庫全書存目叢書》子部 169～170 冊，據北京圖書館藏明初刻本影印，山東齊魯書社，1997 年。
4. 《新編古今事文類聚》，明內府刻本。
5. 《新編事文類要啓札青錢》前集十卷後集十卷續集十卷別集十卷外集十一卷，不著撰者，收入《四庫全書存目叢書》子部 171 冊，據日本德山毛利氏藏元泰定元年建安劉氏日新書堂重刻本影印，山東齊魯書社，

1997 年。

6. 《新刻資暇集》，〔唐〕李匡乂撰，明末刻本。

7. 《南部新書》，〔北宋〕錢易撰，清道光三十年（1850）《粤雅堂叢書》本。

8. 《海錄碎事》，〔宋〕葉廷珪輯，明萬曆二十六年（1598）劉鳳刻本。

9. 《雅尚齋遵生八箋》，〔明〕高濂撰，明萬曆十九年（1591）刻本。

10. 《考槃餘事》，〔明〕屠隆撰，明萬曆綉水沈氏刻《寶顔堂秘笈》本。

11. 《金粟箋説》一卷，〔清〕張燕昌撰，清道光間昭代叢書本。

12. 《通雅》，〔清〕方以智撰，清光緒六年（1880）刻本。

13. 《池北偶談》，〔清〕王士禎撰，清康熙三十年（1691）王氏三槐堂刻本。

14. 《日用酬世大觀》，世界書局編輯所輯，上海世界書局，民國二十一年（1932）石印本。

15. 《文房四譜》五卷，〔宋〕蘇易簡撰，清光緒七年（1881）陸心源刻《十萬卷樓叢書》本。

16. 《紙箋譜》，題〔元〕鮮于樞撰，《説郛續》第三十六，收入影印本《説郛三種》，上海古籍出版社，1986 年。

17. 《箋紙譜》，〔元〕費著撰，見《天啓新修成都府志》卷五十四，《中國地方志集成》據 1962 年熊承顯鈔本影印，巴蜀書社，1992 年。

18. 《天工開物》，〔明〕宋應星撰，收入《續修四庫全書》子部 1115 冊，據明崇禎十一年（1638）刻本影印。

19. 《蘿軒變古箋譜》，〔明〕吳發祥輯，朵雲軒，1981 年版。

20. 《十竹齋箋譜初集》，〔明〕胡曰從輯，榮寶齋新記，1952 年版。

21. 《十竹齋箋譜初集》，〔明〕胡曰從輯，九州出版社，2002 年。

22. 《文美齋詩箋譜》，〔清〕文美主人輯，清光緒十九年（1893）刻本。

23. 《榮寶齋製詩箋譜》，清光緒二十三年（1897）刻本。

24. 《百種花箋譜》，〔清〕松年繪，清光緒二十八年（1903）天津文美齋石印本。

25. 《百花詩箋譜》，〔清〕張和庵繪，清宣統三年（1911）刻本。

26. 《文美齋詩箋譜》，〔清〕文美主人輯，清宣統三年（1911）刻本。

27. 《北平箋譜》，周樹人編，民國二十二年（1933）榮寶齋刻本。

28. 《北平榮寶齋詩箋譜》，榮寶齋主人輯，民國二十四年（1935）榮寶齋刻本。

29. 《麗篔堂箋譜》，麗篔堂製，民國間麗篔堂刻本。

30. 《清秘閣箋譜》，清秘閣輯，民國間清秘閣刻本。

31. 《詩婢家詩箋譜》，鄭伯英輯，民國三十四年（1945）刻本。

32. 《曲園墨戲》，〔清〕俞樾撰，清光緒二十五年（1899）《春在堂全書》本。

33. 《集蘇一百八喜箋序目》，〔清〕徐琪撰，清光緒二十一年（1895）刻本。

34. 《寒松閣談藝瑣錄》，〔清〕張鳴珂撰，上海文明書局民國二十五年（1936）鉛印本。

35. 《須靜齋雲煙過眼錄》，〔清〕潘世璜撰，中國美術學院出版社，2000年。

36. 《七巧八分圖》，〔清〕錢芸吉撰，民國九年（1920）石印本。

37. 《益智圖》，〔清〕童葉庚撰，清光緒四年（1878）刻本。

（三）集部

1. 《先秦漢魏南北朝詩》，逯欽立輯校，中華書局，1983年。

2. 《玉台新咏》，清康熙間硯半齋刻本。

3. 《全唐詩》，〔清〕彭定求等編，中華書局，1960年。

4. 《全唐五代詞》，中華書局，1999年。

5. 《唐音癸籤》，〔明〕胡震亨撰，清康熙間雙與堂刻本。

6. 《詩淵》，影印北京圖書館藏明稿本，書目文獻出版社，1984年。

7. 《官場現形記》，〔清〕李伯元著，上海古籍出版社，2005年。

8. 《老殘遊記》，〔清〕劉鶚著，上海古籍出版社，2005年。

9. 《二十年目覩之怪現狀》，〔清〕吳趼人著，上海古籍出版社，2005年。

10. 《明清名人尺牘墨寶》一集二集三集，上海文明書局，民國十四年（1925）影印本。

11. 《明清兩朝畫苑尺牘》，故宮博物院，1941年。

12. 《曾國藩手札》，廣陵古籍刻印社，1997年影印本。

13. 《俞曲園書札》一冊，俞樾致戴望札，上海圖書館古籍部收藏。

14. 《曲園尺牘》四冊，俞樾致王同札，上海圖書館古籍部收藏。

15. 《曲園遺墨》一冊，俞樾致戴啓文札，上海圖書館古籍部收藏。

16. 《俞曲園尺牘》一冊，俞樾致唐樹森札，上海圖書館古籍部收藏。

17. 《俞曲園尺牘》二冊，俞樾致沈玉麒札，上海圖書館古籍部收藏。

18. 《俞樾手札》一冊，俞樾致陳方瀛札，上海圖書館古籍部收藏。

19. 《馮展雲中丞尺牘眞迹》一冊，馮譽驥致友人札，上海圖書館古籍部收藏。

20. 《梁昭明太子文集》，〔梁〕蕭統撰，《四部叢刊》本，上海書店，1985年。

21. 《宛陵先生集》，〔宋〕梅堯臣撰，《四部叢刊》本，上海書店，1985年。

22. 《石門文字禪》，〔宋〕釋德洪撰，《四部叢刊》本，上海書店，1985 年。

23. 《清容居士集》，〔元〕袁桷撰，清道光二十年（1840）上海郁氏《宜稼堂叢書》本。

24. 《幔亭集》，〔明〕徐熥撰，明萬曆二十九年（1601）刻本。

25. 《陳迦陵文集迦陵詞全集》，〔清〕陳維崧撰，《四部叢刊》本，上海書店，1985 年。

26. 《曝書亭集》，〔清〕朱彝尊撰，《四部叢刊》本，上海書店，1985 年。

27. 《敬業堂詩集》，〔清〕查慎行撰，《四部叢刊》本，上海書店，1985 年。

28. 《樊榭山房集外詩》，〔清〕厲鶚撰，《四部叢刊》本，上海書店，1985 年。

29. 《洪北江詩文集》，〔清〕洪亮吉撰，《四部叢刊》本，上海書店，1985 年。

30. 《潛研堂文集》《詩集》《續集》，〔清〕錢大昕撰，《四部叢刊》本，上海書店，1985 年。

31. 《頤道堂詩選》，〔清〕陳文述撰，收入《續修四庫全書》1504～1505 冊，據中國科學院圖書館藏嘉慶二十二年刻道光增修本影印，上海古籍出版社，1995 年。

32. 《蔗卜花館詩集》二卷《詩補遺》一卷《詞集》一卷《詞補遺》一卷，〔清〕徐鴻謨撰，清光緒刻本。

33. 《蓮因室詩集》二卷《詞集》一卷，〔清〕鄭蘭孫撰，清光緒元年（1875）刻本。

34. 《都梁香閣詩集》一卷《詞集》一卷，〔清〕鄭蘭孫換，清宣統三年（1911）刻本。

35. 《曲園自述詩》，〔清〕俞樾撰，日本博文館明治二十三年（1890）石印本。

36. 《香海盦叢書》，〔清〕徐琪輯，清光緒間刻本。

37. 《花磚日影集》，〔清〕徐琪撰，清光緒三十四年（1908）刻本。

（四）叢部

1. 《藝文類聚》，〔唐〕歐陽詢等撰，上海古籍出版社，1999 年。

2. 《說郛》，〔元〕陶宗儀輯，清順治三年（1646）宛委山堂刻本。

3. 《古今逸史》，〔明〕吳琯輯，明刻本。

4. 《學海類編》，〔清〕曹溶輯，清道光三年（1823）晁氏刻本。

5. 《楊升庵叢書》，〔明〕楊慎撰，天地出版社，2002 年。

6. 《春在堂全書》，〔清〕俞樾撰，清同治十年至光緒間刻本。

7. 《古今說部叢書》，國學扶輪社輯，清宣統二年至民國二年（1910～1913）鉛印本。

8. 《故宮珍本叢刊》，故宮博物院編，海南出版社，2000 年。

9. 《清代傳記叢刊》，周駿富編，臺灣明文書局，1985 年。

二、現代部分

（一）著作

1. 《薛濤》，張篷舟編著，念瑛齋，1949 年。

2. 《薛濤詩箋》，張篷舟箋，人民文學出版社，1983 年。

3. 《薛濤詩四家注評說》，劉天文著，四川出版集團巴蜀書社，2004 年。

4. 《唐五代書儀研究》，周一良、趙和平著，中國社會科學出版社，1995 年。

5. 《尺牘叢話》，鄭逸梅著，上海古籍出版社，2004 年。

6. 《余嘉錫論學雜著》，余嘉錫著，中華書局，2007 年。

7. 《俞曲園先生年譜》，徐澂輯，《民國叢書》第三編第 76 冊，據江蘇省立蘇州圖書館 1940 年版影印，上海書店，1991 年。

8. 《中國古籍善本書目》，中國古籍善本書目編輯委員會，上海古籍出版社。

9. 《北京大學圖書館藏善本書錄》，北京大學圖書館編，北京大學出版社，1998 年。

10. 《清華大學圖書館藏善本書目》，清華大學圖書館編，清華大學出版社，2003 年。

11. 《中國人民大學圖書館古籍善本書目》，中國人民大學圖書館古籍整理研究所編，中國人民大學出版社，1991 年。

12. 《北京師範大學圖書館古籍善本書目》，北京師範大學圖書館古籍部編，北京圖書館出版社，2002 年。

13. 《南京大學圖書館館藏古籍善本圖書目錄》，南京大學圖書館編，1980 年。

14. 《山東師範大學圖書館館藏古籍書目》，張宗茹、王恒柱編纂，齊魯書社，2003 年。

15. 《山東大學圖書館古籍善本書目》，山東大學圖書館編撰，齊魯書社，2007 年。

16. 《煙臺公共圖書館館藏古籍書目》，呂志正主編，齊魯書社，2002 年。

17. 《濰坊古籍書目》，栗祥忠、戴維政主編，北京圖書館出版社，2006 年。

18. 《貴州師範大學圖書館古籍珍善本提要目錄》，張新航主編，廣西師範大

學出版社，2011 年。

19. 《廣東省立中山圖書館古籍善本書目》，廣東省立中山圖書館編，國家圖書館出版社，2012 年。

20. 《法蘭西學院漢學研究所藏漢籍善本書目提要》，田濤主編，中華書局，2002 年。

21. 《柏克萊加州大學東亞圖書館中文古籍善本書志》，柏克萊加州大學東亞圖書館編，上海古籍出版社，2005 年。

22. 《普林斯頓大學葛思德東方圖書館中文善本書志》，屈萬里撰，藝文印書館印行，1975 年。

23. 《香港中文大學圖書館古籍善本書錄》，香港中文大學圖書館系統編，中文大學出版社，1999 年。

24. 《加拿大多倫多大學東亞圖書館藏中文古籍善本提要》，廣西師範大學出版社，2009 年。

25. 《西班牙圖書館中國古籍書志》，馬德里自治大學東亞研究中心編，上海世紀出版股份有限公司、上海古籍出版社，2010 年。

26. 《清宮藏書》，齊秀梅、楊玉良等著，紫禁城出版社，2005 年。

27. 《明別集版本志》，崔建英輯，賈衛民、李曉亞整理，中華書局，2006 年。

28. 《中國善本書提要》，王重民撰，上海古籍出版社，1983 年。

29. 《中國善本書提要補編》，王重民撰，北京圖書館出版社，1991 年。

30. 《中國珍稀古籍善本書錄》，沈津著，廣西師範大學出版社，2006 年。

31. 《蛾術軒篋存善本書錄》，王欣夫撰，上海古籍出版社，2002 年。

32. 《王子霖古籍版本學文集——古籍善本經眼錄》，王雨著，王書燕編纂，上海古籍出版社，2006 年。

33. 《書林清話》，葉德輝撰，岳麓書社，1999 年。

34. 《文祿堂訪書記》，王文進著，上海世紀初版股份有限公司、上海古籍出版社，2007 年（中國歷代書目題跋叢書第二輯）。

35. 《藝風藏書記》，繆荃孫著，上海世紀初版股份有限公司、上海古籍出版社，2007 年（中國歷代書目題跋叢書第二輯）。

36. 《著硯樓書跋》，潘景鄭著，上海世紀初版股份有限公司、上海古籍出版社，2006 年（中國歷代書目題跋叢書第二輯）。

37. 《章氏四當齋藏書目》，顧廷龍編，北京圖書館出版社，2007 年。

38. 《剛伐邑齋藏書志》，袁榮法撰，臺灣國立中央圖書館，1982 年。

39. 《木犀軒藏書題記及書錄》，李盛鐸著，張玉範整理，北京大學出版社，1985 年。

40. 《訂補海源閣書目五種》，王紹曾、崔國光等整理訂補，齊魯書社，2002年。

《楹書隅錄》五卷，《楹書隅錄續編》四卷，清楊紹和撰，王紹曾、崔國光、杜澤遜、劉心明、王承略整理訂補，王紹曾增訂。《楹書隅錄補遺》四卷，王紹曾輯。

《宋存書室宋元秘本書目》四卷，清楊紹和撰，杜澤遜移錄，王紹曾校訂。

《海源閣藏書目》一卷，清楊紹和撰，王紹曾、杜澤遜校訂。

《海源閣宋元秘本書目》四卷，清楊保彝撰，王獻唐校訂，王紹曾訂補。《海源閣宋元秘本書目補遺》一卷，王紹曾輯。

《海源閣書目》不分卷，清楊紹和撰，清楊保彝增補，崔國光整理訂補，王紹曾校訂。《海源閣書目補遺》一卷，崔國光纂，王紹曾校訂。

41. 《山東省圖書館館藏海源閣書目》，山東省圖書館編，齊魯書社，1999年。

42. 《藏園群書經眼錄》，傅增湘撰，中華書局，1983年。

43. 《自莊嚴堪善本書目》，天津古籍出版社，1985年。

44. 《清代禁燬書目題注外一種》，施廷鏞著，北京圖書館出版社，2004年。

45. 《中國版刻綜錄》，楊繩信編著，陝西人民出版社，1987年。

46. 《打開金匱石室之門：古籍善本》，陳先行著，上海文藝出版社，2003年。

47. 《稿本》，江慶柏著，江蘇古籍出版社，2002年。

48. 《佛經版本》，李際寧撰，江蘇古籍出版社，2002年。

49. 《中國書史（插圖本）》，陳斌穌、查猛濟撰，上海古籍出版社，2008年。

50. 《中國古籍稿鈔校本圖錄》，陳先行等編，上海書店出版社、世紀出版集團，2000年。

51. 《中國國家圖書館古籍珍品圖錄》，任繼愈主編，北京圖書館出版社，1999年。

52. 《國立中央圖書館善本題跋真迹》，台灣國立中央圖書館編印，國立中央圖書館，民國七十一年版。

53. 《中華典籍聚珍·國家珍貴古籍特展圖錄》，國家圖書館古籍館編，浙江古籍出版社，2009年。

54. 《楮墨芸香——國家珍貴古籍特展圖錄二○一○》，國家圖書館國家古籍保護中心編，國家圖書館出版社，2010年。

55. 《江蘇首批國家珍貴古籍名錄圖錄》，江蘇省文化廳，江蘇省古籍保護中心編，鳳凰出版傳媒集團、鳳凰出版社，2008年。

56. 《江蘇第二批國家珍貴古籍名錄圖錄》，江蘇省文化廳，江蘇省古籍保護中心編，鳳凰出版傳媒集團、鳳凰出版社，2010 年。

57. 《江蘇第三批國家珍貴古籍名錄圖錄》，江蘇省文化廳，江蘇省古籍保護中心編，鳳凰出版傳媒集團、鳳凰出版社，2011 年。

58. 《第一批山西省珍貴古籍名錄圖錄》，山西省圖書館，山西省古籍保護中心編，山西出版集團・山西人民出版社，2011 年。

59. 《第二批山西省珍貴古籍名錄圖錄》，山西省圖書館，山西省古籍保護中心編，山西出版集團・山西人民出版社，2012 年。

60. 《漢文古籍圖錄》，于蘭生、趙蘭香著，甘肅人民美術出版社，2010 年。

61. 《中國古籍文獻拍賣圖錄 2001～2002》，姜尋編，北京圖書出版社，2003 年。

62. 《中國古籍文獻拍賣圖錄年鑒 2003》，姜尋編，中華書局出版社，2004 年。

63. 《中國古籍文獻拍賣圖錄年鑒 2004》，姜尋編，中華書局出版社，2005 年。

64. 《中國拍賣古籍文獻目錄》，姜尋編，1993～2000 年，世紀出版集團、上海書店出版社，2001 年。

65. 《中國古舊書刊拍賣圖錄》，姜尋編，北京圖書館出版社，2002 年。

66. 《常熟翁氏藏書圖錄》，中國嘉德國際拍賣有限公司編，上海科學技術文獻出版，2000 年。

67. 《西諦藏書善本圖錄：附西諦書目》，國家圖書館古籍館編，中華書局，2008 年。

68. 《書香人淡自莊嚴——周叔弢自莊嚴堪善本古籍展圖錄》，國家圖書館、國家古籍保護中心編，國家圖書館出版社，2012 年。

69. 《中國造紙技術史稿》，潘吉星著，文物出版社，1979 年。

70. 《中國造紙史話》，潘吉星著，商務印書館，1998 年。

71. 《中國科學技術史：造紙與印刷卷》，盧嘉錫、潘吉星著，科學出版社，1998 年。

72. 《中國紙和印刷文化史》，錢存訓著，廣西師範大學出版社，2004 年。

73. 《造紙與印刷》，張秉倫、方曉陽、樊嘉祿著，大象出版社，2005 年。

74. 《造紙與紙張》，劉仁慶著，科學出版社，1977 年。

75. 《中國古代造紙史淵源》，楊巨中著，三秦出版社，2001 年。

76. 《文物五〇〇期總目錄索引》，文物出版社，1998 年。

77. 《文物考古學文獻目錄》，青海人民出版社，1981 年。

78. 《中國古紙譜》，劉仁慶著，知識產權出版社，2009 年。

79. 《紙鑒——中國古代書畫、文獻用紙鑒賞》，田洪生編，山西古籍出版社，2004 年。

80. 《說箋》，梁穎著，上海圖書館，2006 年。

81. 《說箋（增訂本）》，梁穎著，上海科學技術文獻出版社，2012 年。

82. 《尺素風雅・明清彩箋圖錄》，梁穎編著，山東美術出版社，2010 年。

83. 《花箋掇英》，王樹村輯，黑龍江美術出版社，1999 年。

84. 《上海圖書館藏明代尺牘》，上海圖書館編，上海科學技術文獻出版社，2002 年。

85. 《錢鏡塘藏明代名人尺牘》，上海圖書館編，上海古籍出版社，2002 年。

86. 《顏氏家藏尺牘》，上海圖書館編，上海科學技術文獻出版社，2006 年。

87. 《上海圖書館藏明清名家手稿》，上海古籍出版社，2006 年。

88. 《翰札精華》，上海書畫出版社編，上海書畫出版社，2007 年。

89. 《俞曲園手札・曲園所留信札》，上海科學技術文獻出版社，2011 年。

90. 《曾國藩等往來信稿眞迹》，太平天國歷史博物館編，河北人民出版社，1990 年影印本。

91. 《江紹原藏近代名人手札》，江小蕙編，中華書局，2006 年。

92. 《趙之謙書畫編年圖目》，齊淵編，上海古籍出版社，2005 年。

93. 《清代名人手札彙編》，北京大學圖書館古籍善本特藏部編，國際文化出版公司，2002 年。

94. 《晚清八大名臣手札釋文》，甘肅人民出版社，1998 年。

95. 《浙江圖書館館藏名人手札選》，浙江人民出版社，2000 年。

96. 《廣東省立中山圖書館館藏名人手札選萃》，廣東省立中山圖書館編，商務印書館，2002 年。

97. 《吉林省圖書館藏名人手札五輯》，全國圖書館文獻縮微複製中心，2005 年。

98. 《復旦大學檔案館藏名人手札選》，復旦大學出版社，1997 年。

99. 《百年復旦——復旦檔案館藏名人手札珍本・典藏本》，上海人民出版社，2005 年。

100. 《魯迅手稿全集・書信》，魯迅手稿全集編輯委員會編，文物出版社，1979 年。

101. 《周作人俞平伯往來通信集》，周作人、俞平伯著，孫玉蓉編注，上海譯文出版社，2013 年。

102. 《鄭觀應檔案名人手札》，上海圖書館、澳門博物館編，上海古籍出版社，2007 年。

103. 《北京琉璃廠》，葉祖孚著，北京燕山出版社，1997 年。

104. 《百年琉璃廠》，胡金兆著，當代中國出版社，2006 年。

105. 《中國古代瓦當圖典》，趙力光著，文物出版社，1998 年。

106. 《瓦當彙編》，錢君匋、張星逸、許明農編，上海人民美術出版社，1988年。

（二）論文

1. 《近百年薛濤研究述評》，劉天文撰，《天府新論》2004 年第 3 期。

2. 《薛濤史料考辨》，劉天文撰，《成都大學學報（社科版）》2004 年第 3 期。

3. 《薛濤交遊考略》，劉天文撰，《成都大學學報（社科版）》2003 年第 4 期、2004 年第 1 期。

4. 《憑史實探薛濤身世》，申及甫撰，《成都大學學報（社科版）》2000 年第 1 期。

5. 《薛濤箋》，費在山撰，《朵雲》第六集，1984 年 5 月。

6. 《書儀的名與實》，陳靜撰，《中國典籍與文化》2000 年第 1 期。

7. 《「別紙」考釋》，陳靜撰，《敦煌學輯刊》1999 年第 1 期。

8. 《中古書儀的型制變遷與社會轉型》，吳麗娛撰，《史學月刊》2005 年第 5 期。

9. 《關於〈朋友書儀〉的再考察》，吳麗娛撰，《中國史研究》2001 年第 3 期。

10. 《書儀緣起蠡測及敦煌書儀概説》，杜琪撰，《社科縱橫》2002 年第 6 期。

11. 《司馬光〈書儀〉版本考略》，宮雲維撰，《浙江工業大學學報》2002 年第 6 期。

12. 《敦煌書儀語言研究》，張小艷著，浙江大學 2004 年中國古典文獻學博士學位論文。

13. 《流入東瀛的俞樾遺札》，王寶平撰，《文獻》2002 年第 2 期。

14. 《關於榮寶齋歷史的幾個問題》，鄭茂達撰，《榮寶齋》2006 年第 4 期。

15. 《劉喜海：海岱高門古雅人》，常誠撰，《大眾日報》2006 年 8 月 2 日。

16. 《劉喜海年譜》，胡昌健撰，《文獻》2002 年第 2 期。

17. 《〈歲華紀麗譜〉、〈箋紙譜〉、〈蜀錦譜〉作者考》，謝元魯撰，《中華文化論壇》2005 年第 2 期。

18. 《魯迅書信的箋紙》，王得後撰，《魯迅研究月刊》2002 年第 6 期。

19. 《花箋光華》，薛冰撰，《東方藝術》2006 年第 5 期。

20. 《漫話彩箋》,梁穎撰,《收藏家》2007 年第 12 期～2008 年第 7 期。

21. 《從寫樣到紅印──〈豫恕堂叢書〉中所見的晚清書籍刻印試印程序及相關史料》,陳正宏撰,《中國典籍與文化》2008 年第 1 期。

22. 《LUOXUAN BIANGU JIANPU AND SHIZHUZHAI JIANPU: TWO LATE-MING CATALOGUES OF LETTER PAPER DESIGNS》, SUZANNE E. WRIGHT, 《Artibus Asiae》2003, vol. 63, no1, pp. 6~122.

後　記

　　2008 年完成博士論文《中國傳統書寫用紙的文獻學研究——以箋紙、套格紙爲中心》、從復旦大學古籍所畢業之後，由於工作與家庭的關係，我已很少有時間、精力繼續中國古典文獻學的學習與研究了。今年年初，導師陳正宏教授建議我將論文交由臺灣花木蘭文化出版社出版，讓我有機會重新審視這篇完成於五年前的論文，內心頗多感慨。2002 年我考入復旦大學古籍所，在導師的引領下，邁入古典文獻研究之門，一步步發現文獻之美。在復旦文科圖書館、上海圖書館古籍部查閱古籍時那份靜謐安寧，每月師門讀書報告會上大家相互切磋時的熱烈懇切，都是值得記取的美好回憶。即使在臨近畢業時身染微恙，加上學識能力有限，沒能把論文做到滿意狀態，我仍深深懷念這甘苦自知的六年研究生生活。

　　感謝導師陳正宏教授，論文從選題到具體寫作，老師一直給予我不倦教導。在此書準備出版之際，亦根據老師對論文結構、內容上的建議進行了修改。當然，無論是論文還是書，都距離老師的期望相去甚遠，深感愧對老師的教誨。

　　感謝上海圖書館梁穎先生。梁先生有關中國傳統箋紙的幾部著作，一直是我研究、寫作時的重要參考文獻。此外，在論文寫作及修改成書的過程中，在文獻資料的查找、釋讀方面，梁先生亦給予熱心相助。

　　在古籍所求學期間，還曾聆聽過很多師長的教誨，受益良多。在此向所有曾給予我幫助的老師、同學致以誠摯謝意。

　　最後，還要感謝一直支持我的父母，讓我可以任性地做喜歡的事。感謝我的先生和孩子，你們改變了我的生活，讓我有機會成爲更好的自己。